GERTRAUD STEINER

GEHLÜSTE

GERTRAUD STEINER

GEHLÜSTE

Alpenreisen und Wanderkultur

OTTO MÜLLER VERLAG

Dank
Die Entstehung dieses Buches wurde von der Salzburger Land Tourismus Ges. unterstützt. Mein persönlicher Dank gilt überdies jenen, die mir bei der praktischen Durchführung behilflich waren: Christian Schneider, Helmut Strasser, Margarethe Steiner, Viktor Knopf, Marko Feingold, Wernfried Gappmayer, Käthe Perner, das Salzburger Museum Carolino Augusteum (Graphik und Bibliothek), das Alpinmuseum Kempten, das Kärntner Landesmuseum und das Alpenvereinsmuseum Innsbruck.

Die Deutsche Bibliothek – CIP-Einheitsaufnahme

Steiner, Gertraud:
Gehlüste : Alpenreisen und Wanderkultur / Gertraud Steiner. – Salzburg ; Wien : Müller, 1995
ISBN 3-7013-0914-0

ISBN 3-7013-0914-0

Gestaltung: Leo Fellinger, Salzburg
Satz: Fotosatz Rizner, Salzburg
Repro: Reinhold Czerlinka, Grödig
Druck und Bindung: Landesverlag, Linz

Inhaltsverzeichnis

Vorwort 7

I. STURM UND DRANG AUF DEM UNTERSBERG
Der „reisende Franzose" Johann Kaspar Riesbeck 9
Reisen in der Ordinaripost 11
Lebensweg eines Unbeständigen 13
Fußreisen in himmlische Regionen 19
Ein alpenländisches Arkadien 24
Eine Karriere in Zürich 31
Ein biografisches Denkmal 34

II. NATUR IM KOPF – NATUR IN DER ERFAHRUNG
Zur Erschließung des Gebirgsraums 36

III. TAUERN-TREKKING IM JAHR 1785. BELSAZAR DE LA MOTTE HACQUET UND CARL EHRENBERT VON MOLL 45
Zillertaler Naturstudien 49
Eine Fußreise über den Radstädter Tauern 55
Wie man am zweckmäßigsten Gebirge bereist 58
Speik für den Orient 65
Über die Kette der Hohen Tauern nach Westen 68
Heimkehr 76

IV. WANDERWELTEN UM 1800
Hoch steigen. Ein Gipfelsieg 79
Mit verschleiertem Gesicht auf den Glockner 81
Weit gehen. Die Genies der Landstraße 85
Der Weg zur Sommerfrische. Wandern wird Mode 90
Das Urmodell des Wanderers 92
Eine Ochsentour über den Tauern 94
Armut hinter Bohnenstangen 97

V. FUSSVOLK IM GEBIRGE 98
Kalser Weber im Tauernschnee 108
Schwarze Geschichten von unterwegs 109

VI. SCHRITTMACHER UND MESSKÜNSTLER. ALEXANDER VON HUMBOLDT UND DER SCHLOSSER JULY 114
Der Schlosser July 116
Alexander von Humboldt und die Salzburger Polhöhe 119
Wetterstationen 124

VII. BLAUE BLUMEN UND ANDERE GEWÄCHSE. EIN BOTANISCHER PFAD DURCH DEN ALPEN-ADRIA-RAUM
Hippolytus Guarinoni. Ein Pflanzenkenner der Renaissance 130
Von Wurzengräbern und Kräutlbrockern 135
Rautensteiger 138
Glücksblumen 140
Valentin Stanig und der Pflanzengarten des Hohen Göll 145
Ein botanischer Pfad durch den Alpen-Adria-Raum 150
Salzburg – Triest 158

VIII. BÄR, WOLF UND GEIER. BESUCHER AUS VERLORENER WILDNIS 164
Von Kuschelbären und Bestien 166
Bärenängste unterwegs 172
Achtung! Geier! 176

IX. BETTINA BRENTANO UND DIE RITTER VOM WATZMANNORDEN 180
Gaisbergfeuer 185
Ende einer Kindheit 189

X. LUST UND SCHRECKEN DER ALPENWELT: DER WEG IN DIE FREIZEITGESELLSCHAFT 194
Peter Carl Thurwieser. Das Edelweiß am Touristenhut 195
Auf dem Weg zum Saisonbetrieb 199
Bergkameraden 205
Ein Fluchtweg über den Krimmler Tauern 211

XI. HIMMELSLEITERN: LEBENSWEGE DES HERMANN BAHR UND GEORG STEINER 219
„Bergführer, angenehm!" 222
Hermann Bahr geht sich gesund 227
Irg Steiner geht fort aus dem Krieg 234

XII. UNMÖGLICH SCHÖN: DER FEDERN-BARTL 240

XIII. GEHLUST HEUTE
Bodo Hell: „Übergänge" 247
Ernst Gehmacher: „Bekenntnisse eines Geh-Süchtigen" 248

Literaturverzeichnis 252

Bildverzeichnis 256

Ortsregister 258

Vorwort

Gehen versetzt in die bewegliche Mitte der menschlichen Natur. Im Gehen kommen uns die besten Gedanken und die schönsten Einfälle. Gehen entfesselt die Motorik unseres Intellekts, und es beschert dem Erdenbürger jene beflügelte Stimmung, die er braucht, um schöpferisch zu sein.

Gehen hat immer schon Mühe – und Spaß gemacht. Aber erst Jean Jacques Rousseau, der französische Philosoph der Aufklärung, hat aus dem urwüchsigen Naturgenuß eine Kulturleistung geschaffen. Er gab der Menschheit den Spaß am aufrechten Gang zurück, indem er die Überheblichkeit in Frage stellte, mit der Berittene auf Fußvolk herabblickten und sich Besitzende in Sänften, Karossen und Kutschen wegschlossen, um kraft ihrer geschnürten Leiber Untertanen unter Joch und Zügel zu halten. Rousseau proklamierte dagegen die Gehlust des Menschen, und er wollte ihn damit nicht nur von schlechten Gewohnheiten, sondern auch von schlechten Herrschern befreien.

Der erste dieser Wanderer mit Jakobinermütze, die sich couragiert und anteilnehmend unters Fußvolk mischten, war im Land Salzburg Johann Kaspar Riesbeck, genannt der reisende Franzose. Er veröffentlichte seine Wanderungen ins Gebirge und durch Dörfer in fiktiven Briefen an seinen Bruder nach Paris. Sein Reisebündel trug er selbst. Über schwankende Wege, die an Ketten über Schluchten hingen, wanderte er Richtung Innergebirg bis nach Dienten und Alm.

Etwa zur gleichen Zeit belebten sich diese Gebirgsstraßen mit umtriebigen Pionieren der Naturwissenschaft, die mit gewichtigen Apparaten oder wenigstens mit Pflanzenpresse und Geologenhammer nach dem Bauplan der Schöpfung suchten. Belsazar de la Motte Hacquet und Carl Ehrenbert von Moll waren die ersten, die in einem gemeinschaftlichen Tauern-Trekking die Natur des Landes Salzburg erkundeten.

1799 und die Jahre danach gipfelte die Alpenerschließung in den groß und teuer angelegten Expeditionen zur Erstbesteigung des Großglockners. Der übererbte Schrecken des Hochgebirges wurde ausgeräumt und das letzte Zauberreich Europas zu einem Exerzierfeld wissenschaftlicher Naturbeherrschung. – Aber auch nostalgischer Rückzugsort, der vom Maschinenlärm der Industrialisierung unberührt blieb.

Die Wanderer der Biedermeierzeit brauchten für ihre alpenländischen Exkursionen keine besondere Legitimationshilfe mehr. Weder Pflanzenbüchse noch Höhenmesser, es genügten die wetterfeste Ausrüstung und Schuhe, die nicht drückten. Man sammelte nun Werte von immaterieller Natur. Malerische Ansichten, prachtvolle Gipfel und die Gemütserfrischung der Idylle. Bettina von Arnim brach gelegentlich ihrer Salzburgreise einen Granatschmuck in Teile, um im Freundeskreis einen Watzmannorden zu stiften.

Nach 1850, da sich der Bergraum in die Infrastruktur von Vereinshütten und markierten Steigen fügte, wurden die Gipfel zum Turngerät und die Alpen rustikaler Gegenstand einer Heimatliebe, in die sich bald nationale Töne mischten. Der Körper, seine Leistungsfähigkeit, seine Gesundheit und sein Vergnügen wurden damals, im heraufziehenden Zeitalter der industriellen Arbeit, zum Maßstab der Alpintouristik. Peter Carl Thurwieser begründete den Urtyp dieses Bergtouristen, der sich seit dem Ausbau des Eisenbahnnetzes sprunghaft vervielfältigte und über Höhen und Täler zerstreute. Einer dieser Gesundheitssucher war auch Hermann Bahr, der 1912 mit geschwächter körperlicher Konstitution in Salzburg Wohnung bezog, um alsbald wie die Dampflokomotive in den Bergen unterwegs zu sein.

Wandern wandelte sich zum Breitensport, an dessen Rändern nach wie vor stille Sensationen liegen. Geschichten von Bergfexen, Wilderern, Landstreichern und Flüchtlingen.

Seit einem guten Jahrzehnt ist diese Szenerie auf Waldpfaden und Bergsteigen wieder in Bewegung. Das bezeugen die zwei Beiträge am Ende dieses Bandes. Der Schriftsteller Bodo Hell, er hat im Dachsteingebiet sein sommerliches Retiro, und Ernst Gehmacher, der seine geschäftsführende Tätigkeit bei IFES durch notorische Ausbrüche von Gehlust evaluiert, geben die Ansichten und Reflexionen zweier Bewanderter wieder. - Weitgehen als zeitgemäßes Abenteuer. Vorwärtsgehen und zu sich kommen die Maxime einer re-animierten Tradition, in der Bewegtsein und Stillstand zusammenfließen.

Salzburg, im Juli 1995

I. Sturm und Drang auf dem Untersberg

Der „reisende Franzose" Johann Kaspar Riesbeck

Der Höchster Schnupftuchfabrikantensohn Johann Kaspar Riesbeck, einige Jahre später als der „reisende Franzose" in aller Munde, hatte sich Italien in den Kopf gesetzt – und blieb in Salzburg hängen.

Gleich zwei Jahre lang, 1777 bis 1779, hielt er sich, der aus der Priesterlaufbahn ausgestiegen, beim Verwaltungsdienst nie angekommen und vom Theaterleben zurückgetreten war, in der geistlichen Fürstenstadt auf. Zum Bleiben veranlaßt hatten ihn die südlichen Reize des Baustils und das Credo des Landesfürsten Erzbischof Hieronymus Graf Colloredo.

Seit dessen Regierungsantritt im Jahr 1772 wehte der Geist der Aufklärung um die Kirchtürme der Stadt. Die Büsten Voltaires und Rousseaus zierten das erzbischöfliche Gesellschaftszimmer. Auch wenn diese neuen Propheten bedarfsweise mit Tüchern verdeckt wurden, das Salzburger Gesellschaftsleben war etwas weniger von der Bigotterie und vom Spieltrieb bestimmt, seit sich Abendgesellschaften zur gemeinschaftlichen Lektüre von *Candide* und *Emile. Oder über die Erziehung* im kleinen Kreis versammelten.

Aber die eigentliche Ursache für diese zwei Salzburger Jahre ist wohl in der Ziellosigkeit dieses 23-jährigen Dichters, Schauspielers und Übersetzers zu sehen, der sein väterliches Erbteil in Salzburg so gut wie in Italien aufzehren konnte. Bis er endlich herausgefunden haben würde, was er mit seiner angebrochenen Lebenszeit beginnen und wofür er sie einsetzen wollte. Einiges von seiner Kraft hatte er bisher darauf verwendet, sich den Aufstieg in die Ränge staatsdienerlicher Würden zu verriegeln. Aber noch waren alle möglichen Windrichtungen offen. Der vom Geniewesen seiner Zeit durchgebeutelte Johann Kaspar Riesbeck räumte sich in Salzburg eine Denkpause ein.

Er ist entzückt von der Gegend und von den Lebenskosten angenehm überrascht. Bald steht er auch hier mit halbem Fuß in der Literaturwelt.

Der Klagenfurter Buchhändler Walliser, der in Salzburg die Mayrische Buchhandlung führt, macht Riesbeck den Vorschlag, dessen autobiografische *Briefe über das Mönchswesen* fortzusetzen. Die wütende Abrechnung mit dem geistlichen Stand durfte im Salzburg Colloredos mit einem kalkulierbaren Skandal und zudem auf einige Sympathien rechnen.

Schließlich verließ den Buchhändler die Courage, und er vermittelte seinen skandalverdächtigen Dichter an den Verlag Orell, Gessner und Füssli im pietistischen Zürich. Ein Kontakt, der zum Wendepunkt in Riesbecks Lebenslauf wird. Denn ebendort saßen die späteren Herausgeber der Zürcher Zeitung, seine zukünftigen Arbeitgeber.

Aber zurück zu seinen zwei Salzburger Jahren. Hier durchstreift der ungestüme Bürgersohn aus Deutschland im kurzen Mantel und mit Reisestiefeln Täler, Winkel, Berge. Auf Fußreisen macht er sich zum Landeskundigen, sammelt und notiert, was ihn beeindruckt, bewegt und amüsiert. Bemerkungen zur Ökonomie, Statistik, Politik, zu den Straßenverhältnissen, über ledige Geburten und den Salzburger Loden. Schließlich über Schmalzpfannen, Fleischverbrauch, Kröpfe und Fexen.

Den Schutzraum seiner gutbürgerlichen Herkunft hat er bereits weit hinter sich gelassen, die gefällige Schale des Wiener Theaterlebens ist abgelegt. In Salzburg wird er Student, stiller Leser, Übersetzer, Spaziergänger, Schriftsteller, schließlich Wanderer und Gebirgsreisender. Einer, der sich übt im genauen Hinschauen, der zur Notiz nimmt und Zusammenhänge herstellt. Schließlich betätigt er sich journalistisch und nimmt dabei im Bayrischen Erbfolgestreit Parteienstellung. Damit hat sich seine Zeit in Salzburg bereits erfüllt.

Das Gepäck, das er nach Zürich bringt, ist gefüllt mit Salzburger Notizen und Aufzeichnungen. In immerhin vier Briefen seines Reisewerks wird er diesen Aufenthalt verarbeiten.

Noch aber war es nicht soweit.

Reisen in der Ordinaripost

In Johann Kaspar Riesbeck haben wir keinen Vertreter der Kavaliersreise vor uns. Er fuhr nicht im goldenen Käfig einer eigenen Kutsche über Land, der das Familienwappen aufgeprägt war. Auch die Extra-Post der gemieteten Luxusfuhren war seine Sache nicht. Riesbeck übertrat nicht nur Landesgrenzen, er überstieg auch Schranken gesellschaftlicher Art.

Er saß mit dem Volk in der Ordinari-Post. Aus Überzeugung, wie er im Vorwort seiner Reisebriefe bemerkt: „Übrigens kennst du meine Art zu reisen. Kann ich nicht auf den öffentlichen, ordinairen Fuhren, die mir der Gesellschaft wegen (und sollte sie auch nur aus Juden, Kapuzinern und alten Weibern bestehn) außerordentlich lieb sind, zu Wasser oder zu Lande fortkommen, so bin ich meistens zu Fuße, die Ritte auf meinem Steckenpferde abgerechnet."

Sein Erfolg wird darauf bauen, daß er den Schritt herab zum Fußvolk wagt. Wie dieses bewegt er sich im Staub der Landstraße, kommt auf die Leute, auf die Natur und schließlich zu sich selbst. Die Indifferenz der Straße wird zum Spielraum der Erfahrung, wo sich die Ideale der Aufklärung auf das ungebundene, bewegliche, aufgeschlossene Element des Reisens übertragen: „Man muß sich in alle Klassen des Volks mischen, das man will kennen lernen. Selten tun das die Herren, die uns ihre Reisen beschreiben; selten können sie es tun. Gemeiniglich bleiben sie in dem engen Zirkel von Leuten, in die sie von ihrem Interesse, ihrer Laune, ihrem Vergnügen, ihrem Stand usw. gezogen werden, und sehen dann alles nur einseitig an. Kurz, man muß ein studierender Reisender von Profession sein, um in das Eigentümliche eines ganzen Volks einzudringen."

Die Handschrift seines Lebens, der man etwas Flüchtiges und Unbeständiges nachsagt, ist – bei günstigem Licht besehen – eine, die eindrucksfähig ist für das nicht Autorisierte. Aus der zersplitterten Form seines Lebenslaufs holt Riesbeck die Ausdruckskraft des Reiseschriftstellers, der dem beschriebenen Lebensraum ein großes Stück näher kommt als seine Vorgänger.

Nicht ohne Häme vermerkt er über diese: „Wenn du mir also ein wenig Beobachtungsgeist zutraust, so kannst du in meinen Briefen etwas mehr erwarten, als du in den Reisebeschreibungen einiger unserer Landsleute und einiger Engländer von Deutschland gesehen hast. Gemeiniglich sind dies Leute, die nur die großen Höfe besuchen. Da fahren sie die Heerstraßen her, fahren in ihren wohlverschlossenen Wagen, als wenn sie, wie Freund Yorick dem Tod, entfliehen wollten, brüten in dem Gewölke ihrer Ausdünstungen Grillen aus, die sie uns dann für echte Produkte des Landes geben, welches sie mit Extrapost bereist haben, und haschen allenfalls am Stadttor, am Gasthof, bei ihrem Wechsler, bei einem Mädchen von gutem Willen, im Opernhaus oder bei Hofe ein Anekdötchen, woraus sie uns den Charakter und Geist eines Volks gar geschickt herauszuklauben wissen. Gar oft verstehn sie kein Wörtchen von der Sprache des Volkes, das sie uns schildern, und lernen einen kleinen Teil der Einwohner einer Hauptstadt, mit dem sie auf Geradewohl in Bekanntschaft kommen, durch eine fremde Sprache, und eben dadurch auch in einem fremden und falschen Lichte kennen."

Riesbeck weist den Titel eines Kavaliersreisenden, der reist, um seine Empfehlungen an hochgestellte Persönlichkeiten einzulösen, ironisch zurück. Genausowenig will er mit einem jener knochentrockenen Gelehrten verwechselt werden, die, wie

Friedrich Nicolai oder Philipp Wilhelm Gercken, Land und Leute nach Professorenart abweiden.

Das Richtungslose seiner Lebensreise läßt touristischen Fremdgeruch gar nicht erst aufkommen. Dabei ist dieser bodenlose junge Deutsche, der die stationären Aufenthalte seines Lebenswegs als Auszeichnung nimmt, selbst nicht frei von literarischer Kulisse.

Aber davon später. Rekapitulieren wir zuerst die Anfänge.

Lebensweg eines Unbeständigen

Johann Kaspar Riesbeck wurde am 12.1.1754 in Höchst bei Mainz geboren. Sein Vater hatte sich vom einfachen Weber zum Besitzer einer kleinen Textilmanufaktur hochgearbeitet, die auf die Herstellung leinener Schnupftücher spezialisiert war. Als er 1761, im Alter von 55 Jahren stirbt, hinterläßt er drei unmündige Kinder. Zur Sicherung von Familie und Betrieb verehelicht sich die Mutter bereits drei Wochen später mit dem Weber Matthäus Mühlfelder. Johann Kaspar besucht die örtliche Stiftsschule und soll Priester werden. Bald wird er davon nichts mehr wissen wollen. Um 1770 bezieht er die Universität Mainz, studiert Jura und schließt sich der katholischen Aufklärung an. Aber er findet dazu Gesinnungsfreunde anderer Art: Friedrich Maximilian Klinger und Jakob Michael Reinhold Lenz. Was ihn dazu anregt, Balladen, Gespenster- und Mordgeschichten zu schreiben.

Riesbecks Freund und Biograf Johann Pezzl, auch er 1776 bis 1780 als Jurastudent in Salzburg, wo sich ihre Wege neuerlich kreuzen, urteilte über dessen künstlerischen Umgang als von „borstigen, ungekämmten, kraftgefühlvollen Kalibanen, welche die eisernen Fesseln der Regeln zermalmten, bloß mit der Materie Natur buhlten, und im Rausch der wildesten Gärung ... Mißgeburten zeugten.“

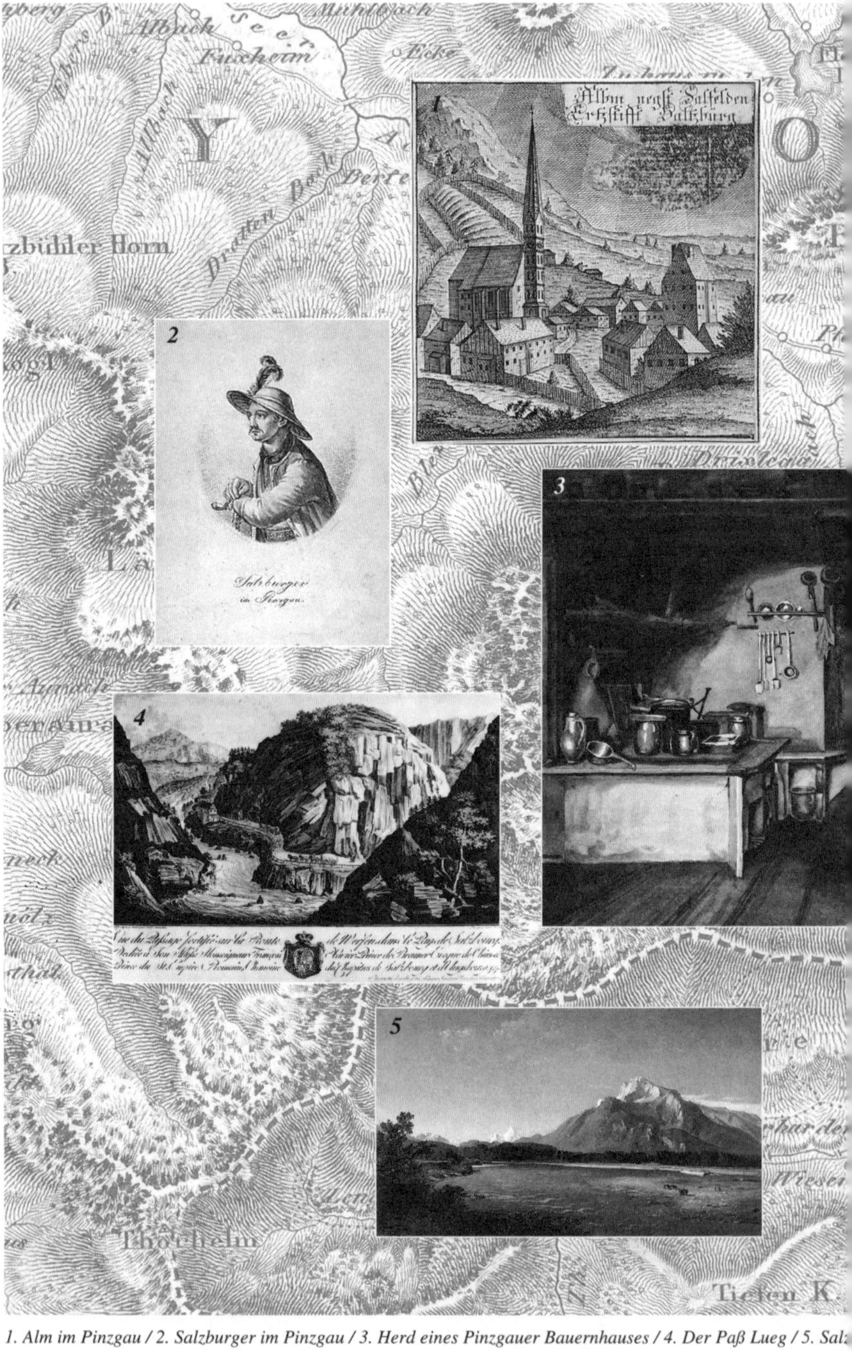

1. Alm im Pinzgau / 2. Salzburger im Pinzgau / 3. Herd eines Pinzgauer Bauernhauses / 4. Der Paß Lueg / 5. Salz

berg / 6. Johann Kaspar Riesbeck

Nach einer vielversprechenden Anfangszeit verliert Riesbeck durch den Tod des Mainzer Kurfürsten Emmerich Josef seine Gönner, und er bricht als Draufgabe einen kleinen Skandal los, der seinen Abschied von Mainz erzwingt.

Auf einem Karnevalsfest machte ein Domherr Riesbecks Begleiterin schöne Augen. Der legte eine Probe seiner „Genie- und Kraftmeierei" ab und begann eine Rauferei. Seiner Landesverweisung oder gefänglichen Einziehung kommt er zuvor und verläßt fluchtartig das Land. Über Nürnberg und Regensburg geht es nach Wien, wo er zu Landsleuten Kontakt aufnimmt. Darunter auch hier einflußreiche Persönlichkeiten wie Georg Michael de la Roche oder, so ist zu vermuten, der Berliner Reiseschriftsteller Friedrich Nicolai. Denkbar ist eine Wiener Begegnung mit Goethe.

Trittsteine zu einer Karriere hat er sich daraus nicht gebaut.

Sein Sinn stand ihm ohnedies mehr nach Abwechslung als nach der dünkelhaften Beengtheit einer Beamtenlaufbahn. Als sich beim Theater am Kärntnertor eine Gelegenheit auftut, greift er zu, spielt Komödie, Tragödie, Pantomime und macht sich dazu als Übersetzer und Dramaturg nützlich. Und natürlich versucht er sich als Theaterautor.

Zwei Jahre später zieht es Riesbeck zusammen mit einem Schauspielkollegen nach Prag. Vergebens rechnen sie auf ein Engagement. Ihre nächste Station ist Linz, wo sich die beiden stellungslosen Schauspieler trennen. Riesbeck kann sich ein ganzes halbes Jahr nicht entschließen, die Stadt zu verlassen.

Er liest, schreibt, übersetzt, privatisiert. Unterstützt vom Geld seines väterlichen Erbes, das ihm die Schwester überweist.

Der tröpfelnde Geldfluß aus Höchst mag die zeitgeistige Utopie eines bedürfnislosen Lebens unter südlicher Sonne zusätzlich genährt haben. Riesbeck macht sich im Herbst 1776, wie manche Quellen meinen, eher aber 1777, auf den Weg nach Italien und trifft, laut seinem Biografen Pezzl, an einem Dezembertag in Salzburg ein.

Er ist entzückt von der Gegend, läßt sich nieder, bleibt.

Der Zauber der Gartenlandschaft inmitten des kolossalen Gebirgspanoramas verlockt zum ungebundenen Umherschweifen. Johann Kaspar Riesbeck wird zum ersten Fußreisenden und Alpenwanderer im Stile Rousseaus. Er zieht nicht über Land und Berg, um der Natur ihren geheimen Bauplan abzuschauen. Natur verheißt ihm vielmehr einen wild grünenden Ausstieg aus einer Salonwelt, wo man seine Schritte auf gläsernen Boden setzt. Unter den löckchenreichen Perücken dieser Rokokogesellschaft wittert er wenig schmeichelhafte Altersleiden: Blähungen, Schlaflosigkeit, Langeweile, Seelenschmerz, verstopfte Därme und hypochondrische Wehwehchen. Gehen heißt für Riesbeck dementgegen – in Bewegung sein und Leben atmen.

Ein Vorbild dafür war Rousseaus 5. Buch aus *Emile. Oder über die Erziehung*, 1732 erschienen:

„Wir reisen also nicht mit Extrapost, sondern wie einfache Wanderer. Wir denken nicht allein an die beiden Endpunkte unserer Reise, sondern auch an den Weg, der zwischen ihnen liegt. Die Reise selbst gewährt uns Genuß; sitzen wir doch nicht mißgestimmt und wie eingepfercht in einem kleinen festverschlossenen Käfig, noch reisen wir mit der Weichlichkeit und Ruhe der Frauen. Wir sperren uns nicht gegen die freie Luft ab, noch berauben wir uns des Anblicks der uns umringenden Gegenstände, noch lassen wir uns um die Gelegenheit bringen, sie nach Herzenslust und so oft es uns gefällt in Augenschein zu nehmen. Emile wird seinen Fuß nie in einen Postwagen setzen, nie mit der Post fahren, wenn nicht die größte Eile nötig ist. Aber was könnte Emile wohl je zur Eile bestimmen? Nur ein Einziges, der Lebensgenuß. Soll ich etwa noch hinzufügen, Gutes zu tun, wenn sich ihm die Möglichkeit darbietet? Nein, denn darin liegt ja eben der Lebensgenuß.

Ich kann mir nur eine Art zu reisen vorstellen, die noch angenehmer als das Reisen zu Pferde ist, nämlich das Reisen zu Fuß. Man bricht nach Belieben auf, rastet, wenn es einem behagt, und macht größere oder kleinere Tagesreisen, je nach Lust und Laune. Man betrachtet die ganze Gegend; wendet sich bald zur Rechten, bald zur Linken; untersucht alles, was einen ergötzt, und macht an allen Aussichtspunkten halt. Sehe ich einen Fluß, so wandere ich sein Ufer entlang; bemerke ich einen Laubwald, so suche ich seinen Schatten; gewahre ich eine Grotte, so lenke ich meine Schritte nach ihr; stoße ich auf einen Steinbruch, so untersuche ich sein Gestein. Überall, wo es mir gefällt, weile ich. In demselben Augenblicke, wo ich mich zu langweilen beginne, setze ich meinen Wanderstab weiter. Ich bin weder von den Pferden noch vom Postillon abhängig. Ich brauche mich deshalb nicht an die fahrbaren Straßen und bequemen Wege zu binden. Ich komme überall hin, wohin sich ein Mensch den Weg zu bahnen vermag, ich sehe alles, was ein Mensch sehen kann, und da ich lediglich von mir abhängig bin, so genieße ich alle Freiheit, die irgendein Mensch nur genießen kann.

Wie mannigfaltige Vergnügen vereint man doch bei dieser angenehmen Art zu reisen, ganz abgesehen davon, daß die Gesundheit dadurch gekräftigt und die Laune heiterer wird. Ich habe stets die Beobachtung gemacht, daß die Reisenden, welche sich bequemer weicher Wagen bedienen, träumerisch, übelgelaunt, mürrisch oder leidend aussehen, während die Fußgänger beständig heiter, guter Dinge und mit allem zufrieden sind. Wie lacht das Herz, wenn man sich der Nachtherberge naht! Wie schmackhaft erscheint das einfachste Mahl! Mit welchem Behagen gönnt man seinen Gliedern bei Tische die verdiente Ruhe! Wie sanft schläft es sich auch in schlechtem Bette! Wer nur darauf ausgeht, sein Ziel zu erreichen, mag immerhin mit der Post fahren, wer aber reisen will, der muß zu Fuß gehen."

Was ihm Jean Jacques Rousseau, der Zivilisationskritiker der Aufklärung literarisch vorgemacht hatte, das tauscht der „reisende Franzose" Johann Kaspar Riesbeck im Salzburger Bergland Colloredos gegen eigene Erfahrung ein. Er steigt auf den Untersberg, er wandert Innergebirg, hinein bis in den hintersten Winkel von Dienten, und er nähert sich so den Bewohnern des Landes. Das einfache Dasein der Gebirgler wird in Riesbecks Panoptikum zum idyllischen Urbild gelungenen Lebens.

Vierzehnter Brief. Salzburg.

„Mit Entzücken durchwandre ich nun dieses herrliche Land, das mit dem gebirgigen Teile der Schweiz sehr viel Ähnlichkeit hat. Bald bin ich auf unermeßlichen Gipfeln, wo ich wie der Herr der Welt um mich her die Wolkenheere, unabsehbare Ebenen, unzählige Seen, Flüsse und Bäche, schauerlich tiefe Täler und die kahlen Häupter von ungeheuern Granitfelsen mit dem Gefühle, das den himmlischen Regionen eigen ist, zu meinen Füßen betrachte. Bald lagere ich mich auf dem hohen Abhang eines Berges in die Hütte einer Senndtin (Hirtin), die mit ihrer Herde den ganzen Sommer durch in dieser überirdischen Gegend wohnt, von niemand als bisweilen von ihrem Liebhaber, der oft 4 bis 6 Stunden zu klettern hat, einem Gamsjäger, oder allenfalls von einem irrenden Ritter meiner Art besucht wird, und da leb' ich einen Tag wie ein Patriarch der Vorwelt bei Milch und Käse, zähle die Herde, die sich abends auf einen Pfiff des Mädchens um die Hütte her versammelt, und die in diesem Augenblicke so gut als mein ist, schlafe auf einem Büschel Heu sanfter, als du auf deinen hypochondrischen Federn, und genieße dann des Schauspiels der aufgekenden Sonne mit einer Wollust, die du in der Oper, Komödie, auf dem Ball und auf allen den Gemeinplätzen des Vergnügens vergeblich suchst.

Bald besuch' ich einen See im Busen hoher Berge, und doppelt lieb ist mir's, wenn ich ihn bei Anbruche des Tages mit einem Nebel bedeckt finde. Mit wahrem Entzücken seh' ich dann zu, wie ihn die aufgehende Sonne in dem Tal einpreßt und niederdrückt, daß die glänzenden Häupter der Berge weit drüber hinausragen; wie der Wind nach und nach den Spiegel aufdeckt, und der Nebel sich wie ein Nachtgespenst durch die Einschnitte der Berge in die angrenzenden Klüfte verkriecht. Dann mache ich eine Spazierfahrt in einem ausgehöhlten Baum, der hier zu Lande meistens die Dienste eines Schiffes tun muß, und frühstücke dabei mit köstlicher Butter und Honig aus einer benachbarten Bauernhütte, und lache dich laut aus, wenn es mir einfällt, daß du soeben in deinem gelehrten Schlafrocke und mit deiner kritischen Schlafmütze am Teetische sitzest, mit dem Tee eine eben so wässerige und fade *Brochure du jour* hinabschluckst, und von all dem Geschlampe Blähungen bekommst, die du dann mit Rhabarber und all dem medizinischen Vorrat in deinem Glaskästchen umsonst wieder abzutreiben suchst.

Einer meiner Lieblingsplätze ist der nur 2 Stunden von hier entlegene Untersberg. Gegen die Stadt zu stellt er eine ungeheure Pyramide dar; aber rückwärts zieht sich sein holpriger und kahler Felsenrücken wohl auf 2 Stunden in die Länge, und man braucht gegen 6 bis 7 Stunden, um ihn an seinem Fuße zu umgehen. Auf dem gewöhnlichen Weg kann man ihn von seinem Fuße an in 5 Stunden ersteigen; aber ein geübter Gemsjäger, der wie eine Katze klettern kann, braucht nicht gar 3 Stunden dazu. Auf demselben hat man eine grenzenlose Aussicht auf das flache Land von Bayern. Auf den Türmen von München, welches 17 Meilen entlegen ist, sieht man seinen Gipfel sehr deutlich. Man zählt gegen 9 Seen in dem

Gesichtskreise umher. Die schönste Partie der Aussicht ist das Fürstentum Berchtoldsgaden, welches dem Berg gegen Süden liegt und in einem waldigen Tal besteht, das von den abenteuerlichsten Granitgipfeln ringsum eingeschlossen ist. Unter diesen nimmt sich der Watzmann durch seine vollkommene Kegelform vorzüglich aus. Mitten durch die finstere Waldung dieses Tales leuchten einige Seen hervor, die eine unbeschreiblich schöne Wirkung machen. Die Aussicht in einige benachbarte salzburgische Täler ist nicht weniger schön.

Das Volk in der Gegend erzählt sich, Kaiser Karl der Große sei mit seiner ganzen Armee in den Untersberg bis an den jüngsten Tag eingeschlossen und mache bis dahin zu seinem Zeitvertreib das schauerlichste Gepolter. An einem gewissen Tag des Jahres sieht man ihn nachts um 12 Uhr mit dem Gefolge von seinen Ministern und Generalen in einer Prozession in die Domkirche zu Salzburg ziehen. Von Zauberern, deren weiße Bärte in der Länge der Zeit 10 und 20 Male um die Tische herumgewachsen sind, an denen sie im Berge schlafend liegen, von tausendjährigen Eremiten, die verirrte Gamsjäger in das Innere des Berges geführt, und ihnen darin Feenpaläste von Gold und Edelgesteinen gezeigt haben, wollte ich dir eine Menge erzählen, wenn du nicht schon die Wunderdinge kenntest, die in der Sierra Morena beim Ursprung des Quadiana zu finden sind.

Ich könnte dir ein Manuskript mitteilen, worin diese Geschichten aktenmäßig bescheinigt und vom Gericht bestätigt sind. Aus der Spalte, worin man den großen Karl spuken hört, stürzt der Bach mit einem starken Geräusch und in den mannigfaltigsten Kaskaden durch einen tiefen und engen Schlund hinab, den er in den harten Marmor selbst gegraben zu haben scheint. Hier und da hat er sich in seinem Falle Marmorbecken ausgehöhlt, die keine Kunst schöner glätten und runden könnte. Ein Liebhaber von Altertümern in der Nachbarschaft ist sogar versucht worden, einige derselben für altrömische Bäder anzusehen. Ganz unten am Fuße des Berges hinter einer Mühle bietet der Wasserfall einen sehr angenehmen Anblick dar. Der Sturz ist hier zwar nicht hoch, aber doch sehr merkwürdig, weil sich das Wasser in unzählige Fäden zerteilt, die durch hingewälzte Felsenstücke sich so mannigfaltig und seltsam kreuzen, daß keine Fantasie die Kaskade eigensinniger anlegen könnte. Auf abgerissenen Steinen stehen hier und da kleine Fichten, die das Launige dieses Naturauftrittes unendlich vermehren. Das Wasser dieses Baches ist so kalt, daß du deine Hand keine 10 Sekunden darin halten kannst, und doch kannst du ohne die geringste Gefahr im größten Schweiße so viel davon trinken, als du willst. Du verdaust und verdünstest es so leicht wie Luft. In der größten Ermüdung wüßte ich kein besseres Erquickungsmittel, als dies Wasser. – Ihr armen Leute zu Paris, mit euren Diarrhoen und Verstopfungen, die euch das leimige Seinewasser wechselweise verursacht! Könnte euch doch eure allmächtige Polizei dieses Wasser verschaffen, das sich hier ungenützt in den Salzafluß verliert!"

Die Gedankenwelt, die Johann Kaspar Riesbeck auf die Rosittenalm und den Untersberg trug, hat vermutlich keiner vor ihm dort hinaufbemüht. Er war der erste, der dort oben nichts weiter suchte als ein Naturerlebnis. Also Aussicht, Einsamkeit, den Geruch von Moos und Fichte. Seine Blicke tasten nach prachtvollen Ansichten und berührenden Bildern. Er muß nicht nach Wurzen graben, keine Kräuter sammeln, kein Wild treffen, kein verlorenes Vieh finden. Selbst die Naturwissenschaft berührt ihn nur am Rande. Er hat zwar seinen Buffon gelesen, und er würde noch M. Th. Bourrits französische *Beschreibung der Penninischen und Rhätischen Alpen* ins Deutsche übertragen, aber der Forschergeist eines Belsazar Hacquet oder Carl Erenbert Freiherrn von Moll treibt ihn nicht auf die Berge. Dabei wäre ein Zusammentreffen gut möglich gewesen.

Riesbecks Touren in die „gelobten Bergländer" unterstehen keinem festen Tagesprogramm. Er ist einfach unterwegs, ein

Tourengänger und Gedankenwälzer, ein Ruheliebender und Schönheitssucher, ein Naturliebhaber und Grillenfänger.

Er pflegt diese Neigung zusammen mit seinem enzyklopädischen Wissensdrang. Sammelt historische, ökonomische und statistische Nachrichten. Aber in der Hauptsache sucht er „natürliche Menschen in unberührter Natur".

Sein Entzücken für das Unverbogene und Unverbildete teilt er mit einer Mode der ganzen Epoche, die mit dem Rascheln ihrer Seidengarderoben dem Einfachen und Ursprünglichen Applaus spendet. Riesbeck ist aber keiner, der deswegen Schäferkomödien schreibt oder den Hirten Savoyens, Piemonts oder der Schweiz nachläuft. Er will diese in seiner nächsten Umgebung finden. So kommt er auf die Passagiere der Ordinari-Post und auf den Salzburger Gebirgsbewohner.

Der Almboden des Untersbergs, auf den er hinaufsteigt, war gräflich Firmianscher Grundbesitz und vermutlich seit Jahrhunderten bewirtschaftet. Urkunden von 1211 und 1449 nennen Örtlichkeiten an und auf diesem Salzburger Wunderberg, was auf traditionelle landwirtschaftliche Nutzung hinweist.

Riesbeck kannte die Geschichte des Landes, dazu die Volksbücher und Sagen, die sich um den Berg gebildet hatten. Er war über die Marmorbrüche und den Fürstenbrunnen bei Glanegg im Bilde, von wo jeden Morgen vor Sonnenaufgang ein sogenannter Wasserreiter frisches Quellwasser in die Residenz brachte. Unterhalb der Quelle tat sich jener unscheinbare Felsspalt auf, den der Volksmund das Kaiser Karl-Ohr nannte. Denn dort ließ sich jenes geheimnisvolle Rauschen und ferne Donnern vernehmen, das heimische Phantasten mit dem Heer des entrückten Kaisers in Verbindung brachten. Etwas sprödere Köpfe setzten einen unterirdischen See als Ursache dieses rumorenden Innenlebens an, das in der Welt unter Berg zu hören war.

Riesbeck kennt die Geschichte und die Geschichten des Landes. Unterwegs auf Landstraßen und Gebirgssteigen mischt sich der bezopfte junge Herr aus Deutschland mit wacher Anteilnahme und einiger Zuneigung unters Salzburger Landvolk.

Ein alpenländisches Arkadien

Einer, der ihm dafür maßgebliche Anregung war, ist noch unerwähnt. Genau 50 Jahre waren vergangen, seit der 19-jährige Schweizer Albrecht von Haller zusammen mit seinem Freund und Gefährten Johann Gessner eine Fußreise in die Schweizer Berge angetreten hatte. Sein Gedicht *Die Alpen*, 1732 publiziert und damit in enger zeitlicher Nähe zu Rousseaus *Emile* entstanden, ist ein schwärmerisches Preislied auf ein alpenländisches Arkadien, wo ein biederes Hirtenvolk sein Glück in naturbelassener Anspruchslosigkeit lebt. Hallers hoher Ton, der heutigen Ohren eher unbehaglich ist, hat die Begeisterung, die er bei Zeitgenossen weckte, vermutlich auch bei Riesbeck nicht verfehlt. Zum Ende dieser lyrisch-griechischen Alpenfeier heißt es bei Haller:

„Oh, selig, wer wie ihr mit selbst gezognen Stieren
Den angestorbnen Grund von eignen Äckern pflügt,
Den reine Wolle deckt, belaubte Kränze zieren
Und ungewürzte Speis' aus süßer Milch vergnügt.
Den Zephirs leis Gezisch bei kühlen Wasserfällen
In leichten Schlaf gewiegt, auf weichen Rasen streckt,
Den nie in hoher See das Brausen wilder Wellen
Noch der Trompetenschall in blut´gen Lagern weckt,
Der seinen Zustand liebt und ihn nicht wünscht zu bessern,
Gewiß, der Himmel kann sein Glücke nicht vergrößern."

Auch Johann Kaspar Riesbeck schätzt an der ländlich-alpinen Welt, in die er in Salzburg ein- und untergetaucht war, die Einfachheit der Lebensweise. Aber sein Blick ist nüchterner.

Er mag begeistert sein, der Brustton seiner Erlebnisse wird von rationaler Beobachtung und Faktenwahrheit überstimmt, euphorischer wie polemischer Überschwang ist zwischen den Abschnitten plaziert. So entstand ein erstes Abbild der Salzburger Gebirgsbewohner, angelegt zwischen literarischer Stilisierung und sozialer Reportage.

„Der hiesige Bauer kann sich nicht, wie der Bergschweizer, mit Käse und Erdäpfeln behelfen. Durchaus muß er zu seinem Fleische, welches er bei der Mahlzeit, so fett es auch sein mag, immer noch bissenweise in zerlassenes Schmalz zu tunken pflegt, gutes Brot und Bier und Branntwein in Überfluß haben. Diese für seine natürliche Lage zu kostbare Lebensart müßte das Land zu dem ärmsten in Europa machen, wenn er diesen Aufwand nicht durch eine kluge und bewundernswürdige Sparsamkeit in den andern Teilen seiner Wirtschaft ersetzte. Er kleidet sich selbst von Kopf bis zu Fuße. Jede Familie webt aus ihrer eigenen und von ihr selbst zubereiteten Wolle eine Art von grobem, dunkelgrauem Tuch, woraus sie sich selbst die Hauptstücke der nötigen Kleidung verfertigt. Leinenzeug, Schuhe und Strümpfe, alles macht sich der Bauer selbst. Seine Kleidung ist dabei reinlich, einfach, bequem und schön. – Das Gleichgewicht zwischen der Einnahme und Ausgabe des Landes wird aber hauptsächlich durch die Ausbeute der Bergwerke hergestellt. Unter diesen ist das Salzwerk zu Hallein ohne Vergleich das beträchtlichste."

In seinem 15. Brief dehnt Riesbeck seine Salzburger Alpenreise bis nach Dienten hinein aus. In dem Waldgraben zwischen Hochkönig und Steinernem Meer ortet der „reisende Franzose" jenes paradiesische Ursprungsland, von dem seit Rousseau soviel die Rede gewesen war.

Fünfzehnter Brief. Salzburg.

„Der Mensch ist wie sein Erdreich, wenn die Erziehung und die gesellschaftlichen Verbindungen keine Veränderung mit ihm vornehmen. Der Bauer im Innern dieses Landes trägt ganz das Gepräge der Natur um ihn her. Sein Gang ist schnell, wie der eines Waldstroms; er ist in seinen Leidenschaften stürmisch, wie die Luft, die er atmet; stark wie die Eiche, die ihn beschattet, und bieder, treu und fest wie der Fels, der seine Hütte trägt. Die Lebhaftigkeit und Mannigfaltigkeit der Auftritte, welche ihm die Natur darstellt, machen seinen Kopf reicher an Begriffen, und sein Herz wärmer, als es sein würde, wenn er auf einer einförmigen Ebene wohnte und wie hier bloß der Natur überlassen wäre. Die Entfernung von großen Örtern, und die zerstreute Lage der Hütten, wodurch ihm viel Gelegenheit zu schädlichen Ausschweifungen benommen wird, erhalten seine Sitten reiner, und machen ihn zum Nachdenken aufgelegter, und auf seine Wirtschaft aufmerksamer. In seinem Bau, in seiner Gesichtsbildung, seinen Gebärden und seinem Gespräch zeichnet er sich vor dem bayrischen Bauer sehr zu seinem Vorteile aus. Ich bedaure unendlich, daß ich wegen Mangel an Kenntnis der hiesigen Provincialsprache die Bergleute nicht so genießen kann, wie ich es wünsche. Die unbeschreibliche Offenherzigkeit, welche sie äußern, und die Züge des Wohlwollens, des guten Humors und des launigen Witzes, die man auf ihrem Gesicht liest, machen sie beim ersten Anblick dem Menschenfreund vorzüglich lieb. Viele von ihnen tragen noch lange Bärte, und die in den abgelegenen Gegenden duzen jedermann, auch ihren Fürsten. Die Kröpfe sind zwar nicht selten unter ihnen, aber doch lange nicht so häufig, als einige Reisebeschreiber zu melden belieben. Überhaupt genommen sind sie ein schöner Schlag Leute.

Die Mädchen in diesen verborgenen Winkeln des festen Landes, alle frisch wie die Rosen und munter wie die Rehe, verstehen sich auf die Künste der Koketterie so gut wie unsere Pariserinnen, nur sind die Reize, womit sie auf Eroberungen ausgehen, natürlicher als bei diesen. Ihr gewölbter Busen, dessen Umrisse sie sehr sorgfältig oben und auf den Seiten des Brustlatzes zu entfalten suchen, ist kein Betrug eines lügnerischen Halstuches, oder einer hohlen Schnürbrust. Sie wissen das Schöne ihrer Kleidung ganz zu ihrem Vorteil zu benutzen. Wenn sie einen Liebhaber glücklich machen wollen, so macht ihnen weder die Schande einer unehelichen Geburt, noch die Besorgnis, ein Kind ernähren zu müssen, einige Bedenklichkeit. Die Sitten setzen sie über das erste, und die Leichtigkeit des Unterhalts eines Kindes über das andere hinaus. Die Strafe, die sie für einen Fehltritt von der Art erlegen müssen, ist kaum nennenswert. Die Kindermorde sind daher hier zu Lande äußerst selten. Ohne allen Zwang, ohne alle Zurückhaltung überläßt man sich hier dem Triebe der Natur. Die Mädchen nehmen sonntags in der offenen Kirche den lauten Gruß und Handschlag von ihrem Geliebten an. Beim nächtlichen Besuch hat aber der Liebhaber einen harten Stand. Die Witterung mag noch so unfreundlich sein, so wird ihm die Türe oder das Fenster doch nicht eher geöffnet, bis eine gewisse Losung gegeben ist, die gemeiniglich in langen Reimen besteht, worin er sein Leiden und Sehnen in einer mysteriösen Sprache zu erkennen geben muß, und die das Mädchen reim- oder strophenweise beantwortet. Diese Sitte ist uralt und in den entlegeneren Teilen dieses Gebirges unverbrüchlich. Die Bekanntschaft und der Genuß bei den Liebenden mag noch so lange gewährt haben, so dürfen sie sich doch nicht darüber hinaussetzen. Sehr selten läßt ein Bauernjunge sein Mädchen sitzen, wenn er es auch erst nach 2 bis 3 Kindbetten heiraten kann.

Die Bewohner dieser Berge sind mit ihrem Zustand so vergnügt, daß sie ihr Land für eine Art von Paradies halten. Die Einwohner des sogenannten Dientner Tales, einer scheußlichen

Kluft zwischen nackten Felsen, die vom Dientenbache durchströmt wird, haben das Sprichwort:

Wenn einer aus dem Himmel fiele, so müsse er ins Dientnertal fallen: welches so viel sagt, als, dieses Tal sei der zweite Himmel.

Ich konnte lange nicht ausfindig machen, warum die guten Leute einen so hohen Begriff von dem Schlund haben, der oft viele Wochen so verschneit ist, daß kein Mensch weder heraus noch hineinkommen kann, und der von einigen benachbarten, viel reizenderen Gegenden so stark absticht. Ich nahm es anfangs für Ironie; aber ich erfuhr endlich, daß es voller Ernst sei; und daß die uneingeschränkte Freiheit, welche die Bewohner dieses seltsamen Paradieses zu genießen haben, ihnen die große Hochachtung für dasselbe eingeflößt hat. Sie bestehen bloß aus einigen Hirten, Bergwerksleuten und Eisenschmelzern, die fast ganz von Abgaben frei sind, und auf welche die Obrigkeit in Betracht des geringen Ertrags und der Entlegenheit dieser Gegend wenig acht hat. – Die Abgaben der hiesigen Landleute sind überhaupt sehr mäßig, und die Befreiung von den Erpressungen, worunter die übrigen Völkerschaften Deutschlands seufzen, mag das meiste zu dem guten Humor beitragen, welcher in diesem ganzen Gebirge herrscht.

Viele der hiesigen Bauern tragen noch lange Bärte, und den Hals und die Brust zu jeder Jahreszeit offen. Diese ist dann von der Sonne und der Luft gebräunt und meistens stark behaart. In einiger Entfernung sehen sie schrecklich aus; aber in der Nähe macht sie der freundliche Blick und das unverhehlbare Gepräge der Redlichkeit willkommen. Sie sind mutig und stark, und würden bei einem Angriff in Verteidigung ihres Landes fürchterlich sein; aber außer ihrem Lande sind sie nach dem Geständnisse der erfahrensten hiesigen Offiziere keine guten Soldaten. Sie bekommen wie alle Bergbewohner gern das Heimweh, und das Eigentümliche ihrer von Jugend auf gewohnten Lebensart, welches sie in der Fremde entbehren müssen, macht sie oft in einem Feldzug unbrauchbar. Zum Glück hat ihr Landesherr mit der Erhaltung des Gleichgewichts unter den europäischen Mächten wenig zu schaffen. – Übrigens sind sie viel gefälliger, und nicht so gewinnsüchtig, wie die Landleute in den meisten Gegenden der Schweiz, die, so sehr sie allen Abgaben feind sind, die Fremden bei jeder Gelegenheit gern in schwere Contribution setzen. Ich habe häufige Proben, daß hiesige Bauern auf große Strecken mit mir gegangen sind, um mir den Weg zu zeigen, und mir noch mehrere kleine Dienste getan haben, ohne eine Belohnung annehmen zu wollen. Lebe wohl!"

Es ist ein grün geschöntes Alpenbild, das Riesbeck von seinen Wanderungen ins Salzburger Gebirge zurückbrachte. Seine Prägung durch Rousseau und Haller hindert ihn daran, den Druck und die unterdrückende Moral, die auf der Bevölkerung lastet, anders als mit der Blauäugigkeit des Touristen zu beurteilen. Sicht einschränkend wirkte zudem die Reverenz, die er Fürstbischof Colloredo erweist.

Trotzdem sind seine Beobachtungen bahnbrechend. Überraschend und neuartig ist nicht nur die Fülle des Erfahrenen, gekonnt ist auch die Verschmelzung von statistisch-historischer Recherche und literarischen Stimmungsbildern. Jahre vor Franz Anton Reisigl, Carl Ehrenbert von Moll, Franz Michael Vierthaler, Lorenz Hübner, Friedrich Graf Spaur und Joseph August Schultes entdeckt der „reisende Franzose" Riesbeck das Volksleben des Landes. Das Gasslgehen und Fensterln, die ledigen Mütter und späten Heiraten, die fette Kost und den hausgemachten Loden, die uns Riesbeck schildert, zeigen eine bis dato unbekannte Auseinandersetzung mit der Alltagskultur und den Lebensbedingungen der einfachen Bevölkerung. Die Motive und Themen, die er damit in die Literatur einbringt, decken sich mit dem Stoff, auf dem die Volkskunde des 19. Jahrhunderts aufbauen wird.

Doch nicht einmal ansatzweise erkennt Riesbeck, der Colloredos Reformgeist immerhin sehr nahe stand, Umfang und Ausmaß von dessen Kulturrevolution, die in eben diesen Jahren dem Landleben allen Schmuck und Flitter abgeräumt hatte. Die Farbenpracht und der Rausch der katholischen Feiertage, ihr Aberglaube und theatralisches Übermaß sollten nach dem Willen Colloredos dem Einheitsgrau ausgedehnter Werktage weichen. 1772 hatte er deswegen, zusammen mit Österreich und Bayern, eine kräftige Feiertagsreduktion durchgesetzt.

Die Bigotterie, mit der Erzbischof Siegmund von Schrattenbach gegen Freinächte, Tänze und alle andern Vergnügungen vorgegangen war, ersetzt sein Nachfolger Colloredo durch Verbote im Sinn des Rationalismus. Davon sind die kurzen Röcke der „Weibspersonen", die nichts lieber tun, „als ihre dicken, runden Waden" zu zeigen, genauso betroffen wie die Passionsspiele, Wallfahrten und Bittgänge. Kirchenschmuck und Kirchenmusik wurden beschnitten, Weihnachtskrippen und Ritterprozessionen abgeschafft. Die Fronleichnamsprozessionen durften nur noch bei Weglassung ihrer „pompösen Äußerlichkeiten" stattfinden. Schließlich wurde das Wetterläuten und Wetterschießen, die Kräuter- und Speisenweihe sowie die bildlichen Darstellungen der Himmelfahrt durch Verfügung von oben eingestellt.

Der scharfe Beobachter Riesbeck versagt, wo es um die rationalistische Einebnung und Normierung gewachsener Regionalkultur geht. In Verkennung dieses Aufklärungsprozesses, den er weder als notwendige Entrümpelung noch als kalte Vernichtung von Kulturleben wahrnehmen kann, bietet auch er nur schöne Ansichten aus dem Kramladen der Reiseschriftstellerei: „Der Bauer im Innern dieses Landes trägt ganz das Gepräge der Natur um ihn her."

Indessen nähern wir uns dem Jahresende 1779. Die Zeit des ungebundenen Lesens, Schreibens, Studierens und Übersetzens, also jener paradiesische Zustand kulturphilosophischen Vagabundierens, davon zwei ganze Jahre auf die Gegend von Salzburg entfallen waren, ist abgelaufen. Riesbecks Schwester, Maria Anna, die das väterliche Erbe verwaltet, teilt mit, die Barschaft habe sich erschöpft, und es ergehe hiemit die allerletzte Sendung an ihn. Dieser kann den Schock, den ihm die Nachricht bereitet, in Unternehmungsgeist auflösen.

Von allen Hebeln, die er in Bewegung setzt, greift ein in hohem Maße wirkungsvoller. Johann Wolfgang von Goethe verwendet sich in Zürich für den noch weitgehend unbekannten literarischen Kollegen aus Sturm- und Drangtagen. Die ersten zwei Nummern der „Zürcher Zeitung", eines Organs der Schweizer Aufklärung und Bürgergesinnung, hatte noch Salomon Gessner, Maler, Schriftsteller, Ratsherr und Verlagsteilhaber, redigiert. Für die dritte Nummer stand bereits Riesbeck zur Verfügung.

Ende Dezember 1779 hatte dieser Mantelsack und Dachsranzen aufgepackt und war in Richtung Zürich aufgebrochen, wo er Anfang des Jahres 1780 eintrifft. Die Art der Fortbewegung kennen wir aus seinen Reisebriefen. Durch keine Extrapost von der Schar der einfachen Reisenden abgehoben, drängt er sich zusammen mit Weinhändlern, Stubenmädchen, Kapuzinern und Studenten in der Ordinaripost.

Das Wegenetz im deutschen Süden galt als vergleichsweise zufriedenstellend, doch eine Winterreise Salzburg – Zürich war nichtsdestotrotz eine Ochsentour. „Die Wege durch dieses bergige Land (Salzburg) sind überhaupt sehr gut", heißt es in Riesbecks 14. Reisebrief, „ob sie schon hier und da über schauerlichen Abgründen auf Holzgerüsten schweben, oder gar in Ketten an den hohen Felsen hängen. Die schwersten

Fuhren haben nichts zu befürchten, als etwa von einem gewaltigen Sturmwinde umgeworfen, oder im Frühjahr von einer Schneelawine bedeckt zu werden."

Vielleicht haben die Länge der Reise und die Jahreszeit ihn auch dazu bewogen, die holperige Wagenfahrt passagenweise gegen einen Fußmarsch durch das verschneite Land zu vertauschen. Die winterlichen Temperaturen, die einem warm verpackten Fußreisenden erträglicher sind als einem zum Sitzen verurteilten Fahrgast in ungeheizter Postkutsche, mögen eine solche Lösung begünstigt haben.

In Zürich angekommen, ist Riesbeck wie ausgewechselt. Eingespannt in journalistische und literarische Aufgaben beginnt er zu arbeiten wie ein Salzburger Büffel. In seinen Nebenstunden als Redakteur übersetzt er Jonathan Swifts sozialkritische Satiren, die Salomon Gessner illustriert. Er überträgt Shakespeares Stücke aus dem Englischen und M.Th. Bourrits *Beschreibung der Penninischen und Rhätischen Alpen* aus dem Französischen, setzt die Arbeit an den *Briefe(n) über das Mönchswesen* fort und erntet schließlich mit seinem Hauptwerk *Briefe eines reisenden Franzosen über Deutschland. An seinen Bruder zu Paris*, die 1783 in Zürich erscheinen, literarischen Lorbeer.

Aus Angst vor polizeilicher Verfolgung oder wenigstens erheblichen Nachteilen hatte er seine Reisebriefe unter dem Pseudonym eines französischen Anhängers Turgots, eines Ministers und Wirtschaftsreformers zur Zeit Ludwigs XVI., veröffentlicht. Aber die Maskerade hielt ohnedies nicht lange dicht.

Der „reisende Franzose" von der Zürcher Zeitung sorgte für Aufregung und erntete verdächtig rumorenden Beifall.

Die Gegner formierten sich, blieben jedoch in Deckung. Riesbeck sollte den unorthodoxen Geist seiner Reisebriefe und das Bohémienleben seiner Jugendjahre noch teuer bezahlen.

Aber noch steckte Lebenskraft, Witz und unbändiger Freiheitsgeist in ihm. Er genießt das offene, kunstsinnige Haus seines Freundes Gessner. Im übrigen schnürt ihm der behäbige Geist des Zürcher Zeitungszirkels langsam den Kragen zu.

Bald machen die Lungen nicht mehr mit. Er wälzt Übersiedlungspläne, denkt an Aufenthalte in Wien oder Paris. Aber seine Lebenskraft nimmt spürbar ab. Eine größere Umstellung seiner Lebensweise traut er sich nicht mehr zu. Also zieht er sich zurück.

Statt seinem Drang nach Weite nachzugeben, verkriecht er sich in Aarau. Aarau, eine Kleinstadt bei Bern. Es ist das Jahr 1783. Freunde nehmen ihn dort auf, er kann seine literarische Arbeit fortsetzen. Ab 1785 zwingen ihn die kranken Lungen zur Bettlägerigkeit. Literarische Erfolge, die sich einstellen, heben die Stimmung. Das Geld für Arzthonorare kann er damit nicht aufbringen. Sich selbst überlassen und völlig mittellos stirbt er am 8. Februar 1786 in Aarau.

Es ist das Jahr von Goethes italienischer Reise.

Dieser hatte sich Anfang September dieses Jahres 1786 von seinem Geburtstagstisch in Karlsbad heimlich weggestohlen und auf den Weg nach Süden gemacht. Weit fort von den Gezwungenheiten und Ziereren eines gefühlskalten, kleindeutschen Hoflebens. Ohne Rast einzulegen, war er über die Alpen hinweggejagt. „Hängen" bleibt er nördlich des Brenner nirgendwo.

Aber er erinnert sich gelegentlich dieser Fahrt, die mehr Ausbruch als Reise war, an den kürzlich verstorbenen Reiseschriftsteller Johann Kaspar Riesbeck. Dessen Salzburger Wanderjahre waren in Goethes Gedächtnis haften geblieben.

Für den 6. September 1786 vermerkt er in seinem Tagebuch:

„Morgen geht es grad nach Innsbruck! Ich lasse Salzburg, wovon ich dir so gerne erzählt hätte, um den reisenden Franzosen auszustechen, das Zillertal mit seinen Turmalinen, die Bergwerke von Schwaz, die Salinen von Hall! Was laß ich nicht alles liegen? Um den Einen Gedanken auszuführen, der fast schon zu alt in meiner Seele geworden ist."

Riesbecks Tod rief da und dort Nachrufe in verstreuten Blättern hervor. Man richtet den für seine Reisebriefe Gefeierten weniger mit gewetzten Messern als mit Mauern des Schweigens zugrunde.

Allzulaut hatte der Verstorbene zu Lebzeiten auf die Pflichten der Obrigkeit, auf das Selbstbestimmungsrecht der Bürger, auf Religions-, Handels- und Gewerbefreiheit gepocht, auf freien Kornhandel, auf die Erleichterung des internationalen Geldverkehrs und dergleichen mehr.

Man rächte sich an dem Geschwächten durch unterlassene Hilfestellung und verbannte schließlich den Toten in die halben Spalten einiger Konversationslexika, wo Riesbecks Lebensdaten zu einem flüchtig-lieblosen Bild der Unruhe und Unbeständigkeit zusammengefügt sind. Schließlich ignoriert man ihn.

Einzig Johann Pezzl, ein Freund seit den Wiener Tagen, verfaßt ihm eine von Wohlwollen diktierte Biografie. Sie mag das Porträt dieses „reisenden Franzosen", der auf dem Bergrücken des Untersbergs seinen Träumen nachgehangen war und dort seinen Freiheitsgeist hatte in den Wolken fliegen lassen, abschließen.

Ein biografisches Denkmal

„Riesbeck war von mittelmäßiger Größe, schmächtig, und gut gebaut. Er hatte ein offenes, sprechendes Gesicht, mit einer hohen gewölbten Stirn, und überhaupt eine etwas romantische Physiognomie; einen agilen Körper, leichte Manieren, und sehr guten Anstand.

In seinen jüngern Jahren machte er auch manchmal Verse. Und noch vor einigen Jahren fing er eine dramatische Posse in Versen an, unter der Aufschrift: *Die keusche Susanna.* Sie war im Geschmack der *Pucelle d'Orleans,* ein bißchen profan, aber äußerst drollig.

Riesbeck hatte seine ordentlichen Studien, sprach französisch, verstand englisch und italienisch. Er hatte gute statistische, geographische und politische Kenntnisse; und war ein feiner Kenner von Schriften aus dem Fach der schönen Wissenschaften, die er aber die letzten sechs Jahre wenig mehr kultivierte.

In seinem Umgang war er außerordentlich lebhaft, gesprächig und witzig. Er war imstande, eine ganze Gesellschaft aufzumuntern und bei guter Laune zu erhalten. Ich habe wenig bessere Gesellschafter gekannt, als er war. Er liebte Scherz, Schmaus und Freude; und war, wie jeder Mann von Geist, ein eifriger Verehrer des schönen Geschlechts. Eine starke Dosis Leichtsinn hing ihm bis an sein Ende an, welches seine ökonomischen Umstände manchmal in große Verwirrung brachte. Dann arbeitete er wieder, und dies mit einer unbegreiflichen Schnelle und Leichtigkeit. Ich habe gesehen, wie er die Briefe über das Mönchswesen nur auf einzelne Blätter schrieb, und sie so von der Hand weg eines nach dem andern in die Drukkerei gab; ja oft vom letzten bloß die letzte Phrase auf ein Papierfleckchen notierte, und nach einigen Tagen bloß von der einzelnen notierten Phrase im Zusammenhange weiterschrieb, als ob er das ganze Manuskript vor sich hätte. Auch die *Briefe eines reisenden Franzosen,* denen zwar jedermann hie und da einen guten Teil von Flüchtigkeit anmerkt, bearbeitete er mit einer Leichtigkeit, als ob er eine Zeitung schrieb.

Übrigens war er ein guter, wohltätiger, verträglicher Mann, der keine Seele beleidigte, sich in alle Gesellschaften schicken, und alles mitmachen konnte, was zur Ermunterung seines Zirkels diente. Schade! daß er gar zu geschwinde lebte, und sich dadurch seine Tage zu sehr kürzte.

Seit seiner Abreise aus Mainz hat sich Riesbeck nie mehr mit Eifer um ein ordentliches Amt beworben. Die Unabhängigkeit wurde ihm zum Bedürfnis: und wenn er arbeitete, so geschah es, um die Früchte seines Fleißes ganz, und nach seiner Laune zu genießen."

II. Natur im Kopf – Natur in der Erfahrung

Zur Erschließung des Gebirgsraums

Es war im Jahr 1779 und bereits Mitte November, als sich Johann Wolfgang Goethe, damals auf der Reise durch die Schweiz, zu einem äußerst gewagten Aufstieg zum St. Gotthard entschloß: „Den 21. halb 7 Uhr aufwärts; die Felsen wurden immer mächtiger und schrecklicher, der Weg bis zum Teufelsstein, bis zum Anblick der Teufelsbrücke immer mühseliger. Meinem Gefährten beliebte es hier auszuruhen; er munterte mich auf, die bedeutenden Ansichten zu zeichnen. Die Umrisse mochten mir gelingen, aber es trat nichts hervor, nichts zurück; für dergleichen Gegenstände hatte ich keine Sprache."

Das Zeitalter der Alpenerschließung lag noch in seinem ersten Entwicklungsstadium. Aus den Code-Zusammenbrüchen und Code-Neubildungen des ausgehenden 18. Jahrhunderts hatten sich neue Formen der Naturerfahrung ergeben: Man schwamm und badete nackt. Man lief Schlittschuh, unternahm Flugversuche und rüstete zu Ballonfahrten. Auf Spaziergängen vertrat man sich die Philosophen- und Dichterbeine und lenkte seine Reiselust neuerdings auf die schrecklich schönen Reize der Gebirgsnatur. Hatte man die Alpenkette lange als lästiges und gefährliches Hindernis auf dem Weg nach Italien betrachtet, so erfaßte der Raumdurst und die kybernetische Manie des 18. Jahrhunderts nun diese letzte, steinerne Festung der Unwegsamkeit. Auf diesen Bergfahrten bahnte sich mit dem naturwissenschaftlichen Unternehmungsgeist der Mineralogen, Geologen, Biologen und Landvermesser auch ein neues Verständnis des Naturschönen seinen Weg. Immanuel Kant faßte dieses Schrecklich-Schöne der Natur in den Begriff des Erhabenen und ortete dieses vorzugsweise „in ungestalten Gebirgsmassen, mit ihren Eispyramiden übereinandergetürmt", dazu in Wasserfällen, Vulkanen und auf tobender See.

Erhaben ist immer auch das, was sich Distanz verschaffen kann. Was verhindert, daß einer zu nah kommt und die gesetzten Schranken übersteigt. Was im Zeitalter der Französischen Revolution zumindest zwei Bezüge herstellt. Die erwähnte Unwegsamkeit und chaotische Unbeherrschtheit wilder Natur nach der Kantschen Definition genauso wie die Raumschranken, die eine aristokratische Feudalgesellschaft in Festungen, Wällen, Schlössern, Paradeplätzen, Zollstationen und sozialen Verhaltenskodices aufgerichtet hatte.

In diesem Sinn „erhaben" waren auch die majestätischen Alpengipfel, zu deren Sturm man nun ansetzte. Die verwegene Betriebsamkeit, die sich im ausgehenden 18.Jahrhundert auf Felsköpfen, Gletschern und unzugänglichen Gipfeln entfaltete, trug also deutliche Züge einer untermalenden Geschichtshandlung.

„Unter den für die Physik der Erde wichtigeren Begebenheiten des zu Ende laufenden 18ten Jahrhunderts verdient auch das Unternehmen, die Kuppe des wegen seiner ausnehmenden Höhe und seltenen Form weit umher berühmten Berges Großglockner zu ersteigen, seinen Platz." So beginnt Carl Ehrenbert Freiherr von Moll sein *Tagebuch einer Reise auf den Glockner* (1800), in dem er einleitend ausführt: „Es waren bisher nicht nur von Naturforschern aus verschiedenen Ländern mehrere, jedesmal fruchtlose Versuche gemacht worden. Selbst die Bewohner der Hochgebirge Kärntens und Salzburgs vermochten es bis jetzt noch nicht, ihren sonst des Kletterns gewohnten Fuß auf die Spitze dieser mächtigen Felspyramide zu setzen. Mut und Kräfte waren immer schon erschöpft, als man kaum noch die Hälfte dieses furchtbaren Berges hinangeklimmt war; daher hielt man auch seine Besteigung zu allen Zeiten für schlechterdings unmöglich. Das Jahr 1799 löste auch diesen Knoten."

Geologen, Botaniker, Mineralogen und Vermessungsmathematiker waren unter den Teilnehmern dieser Expeditionen in die Eisregion der Hohen Tauern. Dem überwältigenden Eindruck chaotisch-uriger Natur rückten sie messend, sammelnd und ordnend an den mütterlichen Leib. Man fand nun auch die Sprache, „um derlei Gegenstände auszudrücken". Reiseliteratur und Naturschilderungen überfluten den kleinen Markt der Leser. Geboten wurden *Die schönsten Gegenden, malerischsten Ansichten und sehenswertesten Denkwürdigkeiten* in Form von Briefen, Tagebüchern, Romanen, Reiseführern und Ratgebern *Für angehende Fußreisende.*

Joseph A. Schultes, ein Glocknererfahrener der ersten Stunde, notierte auf dem Übergang von Heiligenblut nach Rauris: „Ein Bild des Chaos. Die Trümmer der Berge schienen im stürmenden Oceane der Wolken zu schwimmen." Im vis á vis zu den Felsriesen von Rauris holte der wandernde Aufklärer Franz Michael Vierthaler zu einem Stimmungsbild von Ossianischer Prägung aus: „Der Sturm rasete auf denselben; der Schnee stöberte; es herrschte daselbst, mit Pytheas zu reden, ein düstres Elementengewirr. Wir standen auf einem Schneefeld hoch über dem kühlen Brunnen, und tiefe Schwermut überfiel uns. Matt und düster irrten unsere Blicke in den ätherischen Wüsteneien."

Christliche Naturangst und romantische Schauerpose, geschult an Goethes *Werther* und McPhersons *Ossian*, versprühten hier ihre Zauberfunken. Das 19. Jahrhundert bewältigte die überkommenen Schrecken vor der bedrohlichen Wucht der Natur, indem es die Ursachen dieser Angst im technisch-industriellen Fortschritt beseitigte, aber den melancholischen Schauder dieses Schrecklich-Schönen zugleich zu einer Quelle ästhetisch-sinnlichen Genusses machte.

Über das Land, das seiner feudalen Verriegelung hinter

Schloß und Zollhäuschen entledigt war, sollte nunmehr der souveräne Beobachter und sein forscherlicher Blick regieren. Land wurde zur Landschaft, Landschaft zur schönen Aussicht, die sich im Panorama zur Rundschau weitete. Durch das Claude-Glas betrachtet, ein dunkel getöntes, rund geschliffenes Glasstück, bot sich Landschaft dar wie von Claude Lorrain gemalt, die einfache Naturansicht wurde zum bildverwertbaren Landschaftsausschnitt. Diese Neu-Orientierung im Raum machte das frei bewegliche, alle Hindernisse überwindende, ‚erhabenen' Aussichtsorten zustrebende Individuum zu seinem Modell. Naturforschung und Naturliebe, unter dieser Klammer nahm das Zeitalter des industriellen Fortschritts seine Entwicklung, strebte mit dem Durchbruch in der Naturbeherrschung zugleich den Genuß des Naturschönen an. Unter dieser Prämisse wählte man seine Zugänge und Aufstiege in die schaurig-schöne Welt der Natur, die dort am verlockendsten war, wo sie von alters her geschützter, tabuisierter, ja, heiliger Bezirk gewesen war.

Die gelehrten Reisenden und Alpenerschließer, die sich hier Zutritt verschafften, stießen neben den Denkwürdigkeiten der Geologie, Flora und Gletscherkunde auch auf das in Land, Weg und Fels eingebildete Zauberwerk des heimischen Volksglaubens. Man begegnete diesem anfangs, so auch Vierthaler, im verbindenden Rückgriff auf klassisches Bildungsgut: „Die Menschen der Vorzeit waren Kinder und hingen an der Brust der Natur. Diese offenbarte ihnen oft leise, was sie den Weisen verschweigt. Sie lehrte sie, an leere Welträume nicht zu glauben, sondern alles mit Leben auszufüllen. In Abgründen sowohl als auf den Gipfeln von Bergen wohnten Riesen, Heroen und Götter, welche leicht, wie Homers Poseidon, über die Spitzen der Berge hinwegschritten. Von der Religion der Alten haben sich noch Überreste bei den Bergmännern erhalten. Diese, ohnehin so geneigt, alte Gebräuche, alte Sitten und Meinungen zu bewahren, glauben an Berggeister; bringen ihnen und

1. Der Großglockner mit dem Pasterzengletscher / 2. Vierthaler und Nesselthaler am Wasserfall / 3. Auf hoher Alm

ung des Großglockners

den Elementen kleine Opfer und vermeiden es sorgfältig, sie durch Worte und Handlungen zu reizen."

Naturerfahrung und Landschaftssicht aus dem heimischen Blickwinkel der Gebirgler und dem gelehrten Anspruch der Alpenforscher rückten aufeinander zu. Die Kartographen hatten neue Namen in ihr Kartenwerk einzutragen: Salm, Hohenwart, Purtscheller, Thurwieser. Alpenerschließer traten neben jene geschichtshaltigen Landschaftsmarken, die die heimischen Säumer, Kaser, Melker, Wallfahrer, Gemsjäger, Viehtreiber und Kristallsucher gebrauchten, wenn sie über die Törln und Scharten des Tauernfensters in die Fremde und wieder heimwärts zogen.

„Zwischen dem Ankogel und dem Tischkarkopf", schreibt Vierthaler 1799 „liegt die erste kleine Elendscharte; ober der Tischkaralpe folgt die zweite Elendscharte; und nun erhebt sich die Grenzlinie über den hintern Bocksteinkogel und die nahen Kegel; und fällt auf die dritte oder große Elendscharte nieder. Über diese Scharte führt ein Weg nach Gmünd in Kärnten. Die Menschen wandern in großer Zahl hin und her."

Auf ihren schmalen Steigen passierten sie eine Böse Platte oder eine Kalte Pein, berührten Pfade, wo schon frühgeschichtlicher Bergbau eine Trassierung des Geländes vorgenommen hatte. Ena-Wege nennt die Rauriser Sage diese Bergsteige, die sie mit den Wilden Frauen in Verbindung bringt. Koch-Sternfeld hatte in seinem Werk über *Die Tauern* (1820) den Begriff ‚enterisch' so übersetzt: Alles Ungeheure, Schauerlich-Große, Alte, Tiefe. Daher die Römerstraßen im Lungau die enterischen Wege heißen.

Bis ins innerste, unerschlossene Auf und Ab der Gebirgsfaltung überraschte das namentliche Nachklingen alter Kulturen, die, vom Gold- und Mineralienreichtum in die Glocknergruppe gezogen, hier den anhaltenden Rätselzauber ihrer befremdlichen Namen hinterlassen hatten. Hofmann und Stüdl notierten auf ihren Glocknerfahrten (1865) seltsames Wortgeröll, das sich über Talwände, Grate, Kessel und Kare hinzog: Grödöz, Muntaniz, Golomizil, Wolitischnitz, Gornetschamp, Spinawidrol, Ganaz, Rumesoi, Ganimez.

Setzten die Alpinisten ihrem erstürmten Gipfel das Kreuz auf den Scheitel, den „kein Fuß noch je betreten", so waren für den frommen Volksbrauch Wegkreuze unbestimmter Herkunft errichtet, die der Angst und Hoffnung des Reisens Ausdruck gaben.

„Ein hölzernes Kreuz, umwachsen mit bärtigen Flechten, verkündete uns, nachdem wir vier Stunden lang gestiegen waren, daß wir die Höhe des Tauern erklimmt und das Törl erreicht hatten. Wir machten hier halt und ruhten. Was uns an diesem Kreuz besonders auffiel, war, daß der Leib des Herrn mit einer namenlosen Zahl von Tüchern, Hemden und Kleidungsstücken aller Art und Farbe behangen war. Die gutmütigen Gebirgsbewohner, die diesen Tauern übersteigen, hängen teils als Opfer ihrer Dankbarkeit, daß sie die Reise glücklich bis an den Gipfel vollbrachten, teils in dem frommen Wahn, daß der Herr Christus hier ebenso frieren müsse als sie, demselben diese Reste ihrer Garderobe um.

Doch auch in den Alpen gibt es Ketzer. Ein armer Mann aus dem Heiligenblutertal, der sechs Kinder hatte, die er nur kümmerlich kleiden und gegen den herben Winter schützen konnte, und den sein Weg oft über diesen Tauern führte, ließ es sich zu Schulden kommen, dem Kreuz diese Tücher abzunehmen. Das Ärgernis über den begangenen Frevel war bald allgemein im Tal, und ein Mann, der sich selbst zum Großinquisitor qualifizierte, erkannte an dem Röckchen von einem der Kinder unseres Sakrilegen ein Stück Tuch, das dem Kreuz am Törl zugehörte. Der Vater des Kindes wurde gefänglich nach Großkirchheim gebracht, und da er zu seiner Entschuldigung nichts anderes vorzubringen wußte als das naive Geständnis:

Er glaube, daß seine Kinder mehr friere als das Kreuz am Törl, mit fünfundzwanzig Stockstreichen wieder heimgeschickt."

Kopfbestimmte und bauchlastige Varianten der Naturfurcht und Naturbeherrschung trafen aufeinander, als in diesem Jahrhundert der Alpenbegeisterung knorrige Gelehrte, aristokratische Vergnügungsreisende, Künstler, Bergfexen, Gamsjäger, Kristallsucher und Wirtsleute miteinander in Austausch traten. 1870, als die Alpenreise zur touristischen Breitenbewegung geworden war, und sich über der Baumgrenze eine ideologisierende Vereinswelt in Schutzhütten, Gipfelkreuzen und auf markierten Wegen etablierte, war dieser Mythenschauder der Berge nur noch sagenhafter Spuk. Der Alpinist Karl Hofmann, der sich zu jener Zeit von den martialischen Gestalten der Kalser Bergführer auf den Glockner begleiten ließ, gibt die aufschlußreiche Schilderung einer Abschiedsszene, da sie mit den besten Glückwünschen von den Wirtsleuten und vielen Einheimischen zum Dorf hinausbegleitet wurden. Unter den Schaulustigen war auch ein altes Mütterlein, das bei ihrem Anblick zu jammern begann, „daß wir noch so blutjunge Kerls seien und schon auf das schieche Luder hinauf wollten". Doch sollte dies besser gehen, so Hofmann, als sie geglaubt hatte.

III. Tauern-Trekking im Jahr 1785. Belsazar de la Motte Hacquet und Carl Ehrenbert von Moll

Am 27. August 1785 bestieg der junge Salzburger Verwaltungsbeamte, Botaniker, Insektenforscher und Mineraloge Carl Ehrenbert Freiherr von Moll den Lungauer Postwagen. Er wollte nach Tamsweg, wo er mit Belsazar de la Motte Hacquet, dem wohl imponierendsten Erforscher der Ostalpen, zu einer Gebirgswanderung verabredet war.

Geplant war ein mehrwöchiger Marsch mit Packpferden, der sie im Auf und Ab der Tauernkette von Zederhaus bis ins Zillertal führen würde, dem damals westlichsten Punkt des Fürsterzbistums Salzburg. Knappenhäuser in Hüttschlag, Gastein, Rauris, mitunter in extremer Höhe gelegen, sollten die maßgeblichen Stützpunkte ihrer Alpenreise bilden.

Es war keineswegs die erste ihres Lebens.

Beide hatten auf naturwissenschaftlichen Forschungsfahrten, Gletscherreisen und bei botanischen Studien Erfahrung für dieses Unternehmen gesammelt. – Mit einem wesentlichen Unterschied.

Belsazar Hacquet, bretonischer Aristokrat, von Jesuiten erzogen, in den Kriegsdienst verschleppt und schließlich 1773 durch die Berufung an die medizinische Lehrkanzel in Laibach seßhaft geworden, hatte dem jungen Salzburger Verwaltungsjuristen Moll 20 Lebensjahre und einige Ruhmeslorbeeren voraus. Der furchtlose Forschungsreisende auf Alpenpflanzen, Karsthöhlen, Versteinerungen und Mineralien war durch Reisewerke, die neben hervorragenden Naturkenntnissen auch die Kühnheit einer Persönlichkeit vermittelten, einem breiteren Publikum von Fachgelehrten und interessierten Laien bekannt. Zuletzt erschienen war 1784 seine *Mineralogisch-botanische Lust-*

reise vom Berg Terglou in Krain zu dem Berg Glokner in Tyrol im Jahr 1779 und 1781.

Hacquets *Physikalisch-politische Reise aus den Dinarischen durch die Julischen, Carnischen, Rhätischen in die Norischen Alpen im Jahr 1781 und 1783 unternommen. 2 Theile* wurde soeben für den Druck vorbereitet. Darin enthalten waren die Aufzeichnungen seiner ersten Tauernfahrten, die ihn mit Flora, Geologie und Bergbau des Landes in enge Berührung gebracht hatten.

Die für diesen September 1785 geplante Alpenreise brachte ihn letztmalig in seinem Leben in das Gebiet der Tauern.

Er nennt sie nach alter Bezeichnung die Norischen Alpen.

Als ebenso geselliger wie gefahrenbewußter Mann hatte er bei der fürsterzbischöflichen Münz- und Bergkammer um einen geeigneten Begleiter durchs Gebirge angefragt. Auf Anordnung des Erzbischofs war ihm der junge Freiherr von Moll zugeteilt worden.

Ein Porträt zeigt diesen als blonden, eine Spur rundlichen Mann von aristokratischer Haltung, der zum Zeitpunkt dieser Verpflichtung noch keine 25 Jahre alt und seit drei Jahren Verwaltungsbeamter des Landes Salzburg war. Die ihm übertragene Aufgabe hat er sicher als Auszeichnung angenommen. Im übrigen empfahl er sich für diesen Extradienst durch besondere Leistungen.

Sein Vater, landesfürstlicher Pfleger von Thalgau, war 1765 mit der Familie ins Zillertal übersiedelt. Dort hatte Carl Ehrenbert zusammen mit sechs Geschwistern, eingeschlossen von den Gebirgsriesen der Zentralalpen, die Jahre seiner Kindheit verbracht. Der mit naturhistorischen Studien vielbeschäftigte Vater stellte für die sorgfältige Erziehung seiner Kinder Privatlehrer ein. Ihre pädagogische Bemühung war nicht umsonst. Der junge Moll las im Mondlicht den *Julius Cäsar* und übersetzte im Angesicht der Tiroler und Salzburger Eisberge Voltaire ins Italienische.

Mit 14 übersiedelte er an die Ritterakademie von Kremsmünster, die für ihren naturwissenschaftlichen Unterricht einen außerordentlichen Ruf genoß. Jenes Dreigestirn aus Naturstudie, literarischer Betätigung und Gebirgsreise, das Molls wissenschaftliche Laufbahn steuern würde, machte sich also schon im Aufgang seiner Jugendjahre bemerkbar.

Er nutzt die Ferien für kleinere Schweizerreisen und besteigt den Rigi. 1780 ist erstmals der Lungau sein Reiseziel, wo Tante Clara, eine Schwester des Vaters, mit dem Pfleger Johann Wenzel von Helmreich verheiratet ist. Als erstes Reisewerk in Briefen bringt er die Eindrücke dieser Fahrt, untermengt mit Bildungsgut, zur Veröffentlichung. *Über eine Reise von Kremsmünster nach Moosheim im Salzburgischen. Im Herbst 1780* erschien als 11. Band von Bernoulli's Reisebeschreibungen. – Einer der entbehrlichen Titel der damals im besten Schwange stehenden Reiseliteratur. Aber er kündigt Größeres an.

Der Familientradition entsprechend bereitet sich Carl E. Moll auf eine Position im Verwaltungsdienst vor und übersiedelt an die Juristische Fakultät nach Salzburg. Die Sommermonate füllt er mit Naturstudien. Von Kindheit an mit dem Gebirgsleben vertraut, scheut der im Geist der Aufklärung erzogene Pflegerssohn nicht Bergpfade, Almen, Gletscher, noch den Umgang mit Melkern, Jägern, Hirten und Kristallsuchern. Sein Sammeleifer dehnt sich rasch auf alle Gebiete der Naturkunde aus, umfaßt Schmetterlinge, Kolbenkäfer, Pflanzen und Mineralien, und deutet so auf den arrivierten Kammerdirektor und Regierungspräsidenten Moll voraus, der einmal ein exorbitantes Naturalienkabinett mit Bibliothek anlegen würde.

Aber bis dahin vergingen noch einige Jahre.

Der junge Freiherr von Moll tritt im Herbst 1782 als Akzessist seinen Beamtendienst im Zillertal an. Seine Freizeit widmet er vorerst den Insekten, also dem wissenschaftlichen Fach der Entomologie. In Professor Franz Schrank, Mitglied der Münchner Akademie der Wissenschaften mit Wohn- und Arbeitssitz in Burghausen fand Moll einen Freund und Mentor, der seine

Naturstudien anregen und fachmännisch begleiten konnte. Zwischen Zillertal und Burghausen entspinnt sich ein Briefwechsel, durch den Moll die Alpenszenerie seiner Heimat in einen Schauplatz wissenschaftlicher Studien verwandelt.

Zum Naturbild tritt das der Gesellschaft, die es belebt.

Moll bringt Jäger, Melker, Viehhüter und Knappen zum Sprechen.

Begeistert für die innere Ordnung und Fülle des Naturreichs, zugleich empfänglich und wortgewandt im Erlebnis des Naturschönen, gelingt es ihm, die Naturverehrung des Rokoko vom Kopf auf die Beine zu stellen. Die alpinen Schäferszenen, die seine *Naturhistorischen Briefe* beleben, sind kein Puppenspiel und nicht aus Porzellan. Was er aus dem Zillertal berichtet, hat den Stellenwert einer Reportage. Seine Naturstudien zu Alpenpflanzen, Gletscherbewegungen, Kolbenkäfern und dem Elektromagnetismus der Turmaline geraten nirgendwo zur trockenen Knochenarbeit des Gelehrten. Kraft seiner Sprache und lebendigen Beobachtungsgabe fügen sich die Einzelheiten zum ländlichen Gemälde: Die Natursicht weitet sich zur Anschauung eines Lebensraums.

„Unser Wegweiser fing mir einstweilen mit einer bewundernswürdigen Behendigkeit einige Schmetterlinge: Ich erstaunte darüber, wie der Junge es wagte, an dem steil abhängigen Berg so schnell querüber zu laufen. Aber freilich war auch der größte Teil der gehaschten Exemplare ziemlich beschädigt. Es waren nur drei Arten. Davon ich aber eine, welche unter die goldglänzenden Falter (Papil. rutil.) gehörte, nicht mehr bestimmen konnte, weil sie gar zu sehr verwischt war. Die beiden andern waren eine starke Abänderung des Papil. Daplidice Linn.. Die dritte Art war ein Tagvogel, den ich für ganz neu halte und Papil. Danans festivus glacialis nennen will, weil er bei den Eisbergen gefunden ward."

Veröffentlicht wurden diese *Naturhistorischen Briefe* in eben jenem Jahr 1785, in dem Belsazar Hacquet und Carl E. von

Moll das gemeinschaftliche Unternehmen einer Tauernreise wagten. Ob dem jungen Moll davon schon druckfrische Exemplare vorlagen, sich vielleicht sogar in seinem Reisegepäck fanden, als er an jenem 27. August im Malle-Wagen Richtung Untertauern saß, muß offenbleiben.

Was er dem bretonischen Naturgelehrten mit Sicherheit vorlegen konnte, waren die erwähnten *Reisebriefe von Kremsmünster nach Moosheim im Salzburgischen*, ein *Verzeichnis der Salzburgischen Insekten* sowie eine *Abhandlung über die Schädlichkeit der Insekten*. Insgesamt ein beachtlicher Leistungsnachweis für einen 25-jährigen Naturforscher aus dem Zillertal, der sich zugleich als geübter Bergsteiger empfahl.

Belsazar Hacquet war, wie er in seiner *Reise durch die Norischen Alpen* anmerkt, von der Wahl, die man für ihn getroffen hatte, sehr angetan. Er stellt ihn als Herrn Moll aus dem Zillertale vor, „ein junger Mann, der große Liebe und Eifer für die Naturgeschichte zeigte."

Zillertaler Naturstudien

Die zermürbenden Stunden in der Postkutsche, die ihn dem vereinbarten Treffpunkt näherbrachten, mag sich Carl E. von Moll damit verkürzt haben, seine Zillertaler Naturstudien des letzten Jahres noch einmal durchzugehen:

Tagebuch einer kurzen naturhistorischen Reise nach den Eisbergen Zillertals. Vierter Brief. Zell im Zillertal den 28. Augustmond 1783. An Franz von Paula Schrank.

„Der 22. Heumond war's, als ich ungeachtet der ungewöhnlich heftigen Unwetter, die heuer mehr als andere Jahre in unsern Gegenden wüteten, meine lange schon vorgehabte Reise nach den Gletschern Zillertals antrat. Ein starker Junge vom Dorf trug all mein Reisezeug auf seinem Rücken; und so wanderten wir von Zell weg, um die Gletscher, davon wir im Hintergrunde des Tals schon die Vorboten vor uns liegen hatten, zu erreichen.

Ich eilte Höchstegen zu, wo ein rechtschaffener Landmann, Jakob Prosser, der auf dieser Reise mein Führer sein wollte, mich erwartete. Leben Sie mir wohl, recht wohl: im nächsten Brief will ich Sie in die Alpe Schwemm führen. Ihr Moll."

Fünfter Brief. Zell im Zillertal, den 7. Herbstmond 1783.

An Franz von Paula Schrank.

„Im letzten Brief habe ich meine Reisegeschichte in dem Augenblick abgebrochen, da ich zu Höchstegen ankam. Wir wollen hier nicht lange weilen, mein Freund; denn mein Führer hat schon seine Joppe über den Schultern und heißt mich gehen.

Nur noch ein Feldweg über eine Ebene war uns übrig: Und dann gings rund um an die Berge. Wir hatten hier zwei Täler vor uns liegen, davon sich das eine westwärts, das andere südwärts zieht. Das erste führt durch das Dörfchen Finkenberg nach dem Tux, einem Tal, darüber ich Ihnen allein eine ganze Reihe Briefe schreiben könnte, so gar sonderbare, ganz von den im angrenzenden Zillertal verschiedene Sitten, Kleidung und Gewohnheiten herrschen darin. Aber wann würden wir in unsere Eisberge kommen?

Wir bestiegen die Anhöhe, die in das südliche Tal führt. Man erreicht bald das letzte Bauerngut, die böse Dornau, so wie diese Gegend überhaupt der Dornauberg heißt.

Mein Führer sammelte hier weiches Pech von Fichten, um es zu kauen: Es ist dies eine Sitte der Ziller, die eine erfreuliche Wirkung hat, nämlich die blendende Weiße der Zähne, die man dadurch erhält. Auch hat das Pech keinen so unangenehmen Geschmack, wie ich aus einigen Versuchen gelernt habe. Zuverlässig ist es behaglicher als die abscheuliche Gewohnheit der Zillertaler, Tabak zu kauen. Nie kann ich an diese gräßliche Sitte ohne Ekel denken: und doch ist dies die Lieblingskost unserer Älpler. Mancher Mann kaut jede Woche seine halbe Rolle Tabak: und mehrere Bauernknechte versplittern damit ihren ganzen Jahrlohn. Die Zähne färben sich davon recht ekelhaft braun, und man kann sich nichts Abscheulicheres denken als den Speichel dieser Leute und ihren Geruch aus dem Mund. Augsburg schickt unserm Landmann diese artige Kost zu –, und Zillertal allein nimmt dem Kaufmann Delafont und einem gewissen Kindl, der im Bürgerspital daselbst lebt, jährlich gewiß an die 150 Zentner Kautabaks ab."

Auf dem weiteren Weg in die Eisberge des Zillertals passieren Carl E. von Moll und sein Begleiter Jakob Prosser die Voralpen Farmeben und Schliffstein, wo sie auf die Wüstungen der Schneelawinen treffen. Moll bewundert die schwer beladenen Heuschober der Bergmähder und legt auf seiner naturgelehrten Gebirgspartie idyllische Rast vor hölzernen Hütten ein.

„Etwas Zwetschgengeist, kalter Kalbsbraten, Brot und Wasser vom Zembach waren alle unsere Gerichte, und wir fühlten uns dabei so gut wie jeder Französische Generalpächter bei seiner wollüstigen Tafel."

Allmählich wird der Weg steiniger, die Landschaft rauher. Sennhütten liegen im Schatten dunkler Fichten. Moll vergleicht sie mit den Dörfern der Indianer, wie sie in Reisebüchern geschildert sind und vermerkt die heilige Stille des Bergraums, die ihm einen tiefen Eindruck macht. Die botanische Ernte beschränkt sich für diesen Teil des Weges auf die Berg-Hauswurz (Sempervivum montanum Linn.), die mit ihren hochroten Blumenblättern sein besonderes Gefallen findet.

Jakob Prosser erläutert ihm die Kultur des Sennlebens, in welcher sich jede Hütte durch einen besonderen Denkspruch auszeichnet. Er wird mit der Almwirtschaft vertraut gemacht, die auf Lagerung in eigenen Magazinen gründet und dafür einen Kastenhüter beschäftigt: „Zur Sicherheit ihrer Magazine halten sie hier einen Mann, der den ganzen Sommer über da wohnt und gegen nächtliche Einbrüche in die Warenlager zu wachen hat. Sie heißen ihn Kastenhüter, und seine Wohnung ist eine ebenso schlechte, kleine hölzerne Hütte, die runde Löcher hat, damit er sich mit dem Schießgewehr daraus verteidigen kann."

Auf ihrem weiteren Aufstieg machen sie Bekanntschaft mit dem fürstlichen Gemsenjäger, der nahe dem turmalinreichen Breitlaner Schinder seine Hütte hat und seinen mageren Verdienst mit dem Vertrieb von Mineralien aufbessert. „Recht erwünscht kam dieser gerade vom Berg her und trug einen gewichtigen Gemsbock auf dem Rücken. Der gute Alte öffnete uns die Tür seiner Hütte und bot mir die Leber von dem gefällten Tier. Da wir müde waren, so ruhten wir hier aus und leerten unsere Branntweinfläschchen."

Zu dritt setzen sie ihre Wanderung fort, bis sie abends zu ihrer letzten Station vor dem Gletscher, zur Hütte Jakob Prossers gelangen, die von Wacholderstauden umgeben am Ufer des Zembachs liegt. Hier verbringen sie, unter den Alpenliedern der Melker, Moll am Kochfeuer lesend, wo wieder Gemsleber brät, einen geruhsamen und müßigen Abend.

Sechster Brief. Zell, den 13. Herbstmond 1783.

„Dank sei dem Himmel! Es ist wieder ein heiterer, angenehmer Morgen. Die rosenroten Spitzen der Schneegebirge lachen mir von der Höhe herab entgegen – ein feierlicher Anblick! – und die fetten Kühe sehen schon mit Sehnsucht nach dem Melker, der ihren vollen Euter der Milch entladen soll. Aber es war auch heute eine schlaflose Nacht für mich. Denken Sie einmal, mein Freund! der obere Boden einer offenen Hütte, die aus Bäumen so nachlässig gezimmert ist, daß zwischen jedem Paar derselben ein offner Raum von mehr als einem Zoll bleibt, wodurch mir der frostige Wind so ganz bequemlich Hals und Gesicht beblasen konnte. Das war die Schlafstube, ein mäßig

Bündel Heu mein Bett. Dazu war die Nacht sehr stürmisch. Der Wind fuhr mir immer über mein Angesicht, und der starke Regen machte mich an der Möglichkeit naturhistorischer Untersuchungen für den künftigen Tag vollends verzweifeln. Ich war so voll Unmuts darüber, daß ich die Hälfte der Nacht wach blieb. Aber in den wenigen Stunden, die ich verschlief, hatte sich der Himmel entwölkt. Froh verließ ich mein Lager, blickte in die Natur und dachte im innigsten Wonnegefühl: Dank dir, Allvater! Es ist wieder ein heiterer, angenehmer Morgen."

Dieser Tag sollte ans Ziel der Reise führen. Im Aufstieg über den Grawander Schinder nähern sie sich der Gletscherregion. Die Landschaft war abschüssig und rauh, aber Moll wird durch ihren botanischen Reichtum entschädigt. „Ich klimmte auf dieser steilen Wiese, so unangenehm es bei der Nässe war, ganz begierig herum, und wenn es Stellen gab, an die ich mich bei aller meiner Mannheit nicht wagte, so warf Prosser die Schuhe von sich und kroch mit nackten Füssen hin:

Kleinste Schlüsselblume (Primula minima Linn.)
Bergmerzwurz (Geum montaneum Linn.)
Alpenatragene (Atragene alpina)
Alpensternblume (Aster alpinus Linn.)
Stammlose Silene (Silene acaulis Linn.)
Das geschwärzte Achillenkraut (Achillaea atrata Linn.)
Der gelbe Enzian: schon verblüht (Gentiana lutea Linn.)
Maiblümchen (Convallaria majalis Linn.)
Alpenhuflattich (Tussilago alpina Linn.)
Grössere Meisterwurz (Imperatoria ostrutium Linn.)
Pyramidenförmiges Knabenkraut (Orchis pyramidalis Linn.)
Die Berglilie (Lilium martagon Linn.)
Der Alpenquendel (Thymus Acinos Linn.)
Schwarzer Stendel (Satyrium nigrum Linn.)
Bergruhrkraut (Filago Leontopodium Linn.)
Alpenhabichtkraut (Hierarcium alpinum Linn.)

Mondraute (Osmunda lunaria Linn.)
Gemeiner Baldrian (Valeriana officinalis Linn.)
Geflecktes Saukraut (Hypochaeris maculata Linn.)
Wechselblätteriges Milzkraut (Chrysosplenium alternifolium Linn.)
Herzblätteriger Maßsüssel (Globularia cordivolia Linn.)
Alpenaretien (Aretia alpina Linn.)
Goldfärbiger Löwenzahn (Leontodon aureum Linn.)

Da ich zu sehr den Eisbergen zueilte, so sammelte ich für diesmal nichts mehr und sparte meine ferneren Untersuchungen bis zu meiner Rückkunft auf."

Über Pfade, die sich in wilden Krümmungen über Weideplätze schlängeln, steigen sie bergwärts auf die Alpe Schwarzenstein, die höchste der Gegend, die nur während weniger Sommerwochen belegt ist. Da der Regen hier rasch in Schneegestöber umschlägt, bringt das Vieh oft Tage im Unterstand zu, sodaß der Milchertrag entsprechend gering ist. In der Hütte überrascht sie ein lebhafter, rotbärtiger Melker, der sich als leutselig und gefällig erweist.

Moll hatte Vorsicht walten lassen und sich für diese letzte Wegstrecke in doppelten Loden gekleidet; er erwartete, auf eisige Temperaturen zu treffen. Aber zu seiner Verwunderung wehte ein laues Lüftchen um ihn her, das auch dann nicht abkühlte, als er, vom Wasser des Zembachs durchfeuchtet, sein Ziel erreicht. Der Schwarzensteiner oder Horngletscher lag vor ihm.

„Nun standen wir wirklich auf dem Eise. Der erste Schritt, den ich auf einen Gletscher tat! Da er sich vom Fuße weg eben nicht so gar steil, sondern allmählich erhebt, wurde es mir ganz leicht, ihn zu besteigen. Ich kann Ihnen nicht sagen, wieviel Vergnügen ich dabei fühlte und wie ich so gar nicht an den frostigen Wind und das regnerische Wetter dachte, bis mich meine erstarrten Hände daran erinnerten.

Die Oberfläche des Gletschers war schmutzig weiß, beinahe

schwärzlich. Wenn man noch keinen andern als den gewöhnlichen Winterschnee auf flachem Lande, der kein Alter erreicht, gesehen hat, so kann man sich nicht leicht einen Begriff vom veralteten, Jahrhunderte erhaltenen Schnee auf den Alpen machen."

Eine Fußreise über den Radstädter Tauern

Zurück zum 25. August 1785, an dem Carl E. von Moll, seinen Gedanken überlassen, im Postwagen nach Untertauern saß. Die Strecke Salzburg–Mauterndorf, eine leidlich instandgehaltene Teilstrecke der Triester Post- und Commerzialstraße, wurde damals mit 25 1/2 Poststunden berechnet.

Freiherr von Moll würde den Mallewagen allerdings schon in Untertauern verlassen. Dort erinnerte ein römischer Meilenstein beim Vikariatshaus an Militärkuriere und Garnisonssoldaten, frierende Syrer, Parther und Karthager, die im römischen Heeresdienst den gefahrvollen Weg über die Alpen gemacht hatten.

Sechs bis neun Stunden harter Fußmarsch waren für die Strecke Untertauern – Tweng zu berechnen, doch lag unterhalb der Paßhöhe, auf der Radstädter Seite, das Tauernhaus Wiesenegg, wo man Rast einlegen konnte.

Spätestens seit der Zeit Leonhards von Keutschach, der um 1500 die Tauernstraße fahrbar machte, dürfte dieser Unterstand für Reisende, der neben Verpflegung auch die Möglichkeit zur Übernachtung bot, – wieder? – in Betrieb gewesen sein. Ein Getreide- und Salzdeputat ermöglichte es den Betreibern dieser Raststation, auch die karitativen Aufgaben eines Hospizes wahrzunehmen und mittellose Wanderer mit dem allernotwendigsten zu versorgen. Seit 1721 hatte der Radstädter Tauern sogar geistliche Betreuung. In dem Kirchlein neben Wiesenegg waltete ein Vikar seines Amtes.

Von Wiesenegg stieg man in einer guten halben Stunde bis zum Scheitelpunkt des Passes hinauf, dessen windiger Höhe der „Friedhof der Namenlosen" ausgesetzt war. Hier fanden jene Opfer des Passes ihr Begräbnis, die unbekannter Herkunft waren, und hier wird auch die mit „In Alpe" bezeichnete Straßenstation oder „mansio" der Römerzeit vermutet. Eine Grabung des Jahres 1825, die die Wiederherstellung der verfallenen Mauer bezweckte, förderte folgende Funde zu Tage: „Eine kleine Beißzange von Eisen nach altertümlicher Form, die man noch öffnen und schließen konnte, einen großen menschlichen Totenschädel, ein kurzes breites Schwert mit eisernem Griff, einen Pferdezaum mit Silber belegt, eine Lanzenspitze mit Widerhaken, woran noch einige Holzsplitter waren, Steigbügel und Stücke von Pferdegeschirr, mehrere kleine römische Münzen, auf einer Seite nicht mehr leserlich, verschiedene Gebeine, darunter ein Knochen von drei Zoll Länge und vier Zoll Dicke, vermutlich von einem Kamel, Stücke von Geschirren aus terra sigillata und Anderes."

Körperliche Erschöpfung, Kälte und insbesondere der winterliche Schrecken der Lawinen haben auf diesem gefürchteten Paßweg immer wieder Tote verursacht. Neben Leuten aus dem ländlichen Milieu der Gegend verloren auch Unbekannte ihr Leben.

1743 war die Botin Maria Steinbacherin aus Radstadt neben dem Weg eingeschlummert und unter einen anrollenden Wagen geraten. Ein Jahr darauf war der erst 15jährige Schafhirt Simon Ehrenöger am 9. September auf dem Tauernweg erfroren. Am 20. April 1747 wurde ein 60jähriger Bettler aus Gastein erfroren aufgefunden. Gleichfalls im April, am 19. des Jahres 1764, war Simon Radter, ein Kleinbauer aus Unternberg, von plötzlichem Schneetreiben überrascht worden und umgekommen. 1771 war die 77jährige Maria Schnablin tot aufgefunden worden. Vermutliche Todesursache: Entkräftung.

Dem Freiherrn Moll rührten diese Unglücksraben vielleicht

ans Herz, erschrecken konnten sie ihn nicht. Von seiner Zillertaler Kindheit an war er geübt im Bergsteigen. Der Stand seiner Kenntnisse wie seiner Ausrüstung lag weit über dem, was arme Wanderer, Hirten, Bettler, Boten und Hausierer mitbrachten. Selbst im Staub und Schweiß der Gebirgsstraße blieb er ein Herr. Eine Spur dieses Herrentons, mit dem er sich von dem gewöhnlichen Fußvolk zu distanzieren weiß, ist einer Notiz seines Reiseberichts zu entnehmen, wo er zu seinen Höhenmessungen am Radstädter Tauern anmerkt:

„Das Vikariat Tauern ist 2160 Schuh hoch; ist auch gewiß nicht höher. Berge, die von allem Volke gewöhnlich und zu aller Zeit bereist werden müssen, kommen meistens in ein unverdientes Geschrei dadurch, weil die Leute, die darüber reisen, gerade solche sind, die nicht Lust haben, Alpenreisen zu machen; wo hingegen auf die hohen Hörner nur gesunde, starke und von der Begierde hoch herunter auf das Land um sich zu schauen, erfüllte Leute hinanklimmen."

Was Carl E. von Moll an jenem Augusttag des Jahres 1785 für seine Wanderung über den Radstädter Tauern benötigte, wird er am Leib getragen haben, sofern es nicht in dem Ranzen oder Tornister an seinem Rücken steckte. Also Herbariummappe, Geologenwerkzeug, Höhenmesser, Kompaß, Reiseschreibzeug und Mantel. Das weniger handliche Gepäck war noch vor ihm mit der Postkutsche in Tamsweg eingelangt. Ob ihn ein Träger auf diesem Marsch begleitete, erfahren wir nicht.

Jahre später, im Jahr 1799, als sich Carl Ehrenbert Freiherr von Moll längst mit einer Reihe stattlicher Titel schmückte und zum hochfürstlichen Kammerdirektor des Salzburger Salz-, Münz- und Bergwesens aufgestiegen war, wandte er sich Fragen der Ausrüstung auch publizistisch zu. Er druckte im *Jahrbuch der Berg- und Hüttenkunde*, als dessen Herausgeber er fungierte, Empfehlungen für den gebirgsreisenden Fußwanderer ab, die von Horace Bénédict de Saussure und Belsazar Hacquet stammten, und versah diese mit seinen persönlichen Anmerkungen. Er kam damit den gewachsenen Bedürfnissen eines Publikums entgegen, das nach den Kavaliersjahren des Reisens die Sturm- und Drangjahre des Wanderns und naturkundlichen Forschens entdeckt hatte.

Eine eigene Industrie hatte sich etabliert, um den Wünschen und Nachfragen dieses nach Horizonterweiterung drängenden Zeitalters dienstbar zu sein.

Greifen wir also etwas vor. Indessen der junge Moll unter der milden Glut der Augustsonne den Paßweg auf den Radstädter Tauern hinaufsteigt, auf die Koppenwand zu, in die Kesselklamm, vorbei am Kesselfall, dann zur Felsenenge am Kreuzbühel, über den Wasserfallbühel weiter hinauf zur Gnadenalm, schließlich zum Tauernkar und über Wiesenegg, wo das Tauernhaus Einkehr bietet, hinauf auf die zugige Scheitelhöhe des Radstädter Tauern, durchleuchten wir Aufmachung und Gepäck eines alpinen Fußreisenden der Aufklärungszeit. Nach Hacquets Regeln für die Gebirgsreise, bearbeitet von seinem Freund Carl E. von Moll.

Wie man am zweckmäßigsten Gebirge bereist

„Das Haupt braucht zu seiner Bedeckung nichts als eine lederne Mütze, die vorne und hinten wie ein Schirm herabgelassen werden kann. Sie muß mit Glanzleder gefüttert sein, und ihre Vorzüge sind Leichtigkeit, Biegsamkeit und Bequemlichkeit zum Tragen in der Tasche. Diese Hauben sind eine russische Erfindung, und von allen, die ich nur kenne und genutzt habe, die besten.

Die Haare müssen rund geschnitten sein oder in einen kurzen Zopf gebracht werden. Da man an heißen Tagen und nur an solchen hohe Gebirge besteigen kann, wo man also stets im Schweiße ist, so ist in diesem Fall nichts vorteilhafter als ein weißes Tuch, das um den Kopf gebunden wird, so, daß die zwei Zipfel über das Genick herabhängen, wodurch diese vom Winde leicht bewegt werden und also Kühlung verschaffen.

(Moll: Ich habe immer ein schwarzes oder grünes Netz, mit einer sackartigen Verlängerung zur Einlegung der Zopfhaare am bequemsten gefunden, um auf solchen Reisen die Haare in Ordnung zu halten.)

Der Hals bleibt am besten frei. Weste und lange Beinkleider, von Gemshäuten verfertigt, sind am vorteilhaftesten; nur müssen sie um die Knie weit genug sein. Der Rock muß kurz wie ein Courier-Rock und ohne Falten, auch mit breiten Klappen und vier Taschen versehen sein, und zwar zwei davon auswendig und zwei inwendig auf der Brust. In eine der Innern steckt man die Schreibtafel mit Papier zum Zeichnen und die Geldbörse, in die andere eine doppelröhrige Pistole. In die äußern Taschen kann man ein englisches kurzes Fernrohr, wie es die Offiziere im Felde haben, einen kleinen Kompaß und dergleichen tun. Eine Sackuhr ist notwendig, und diese muß man in einer kleinen Westentasche verwahren, so, daß sie in keiner Stellung herausfallen kann. Ebenso ist ein Vergrößerungsglas mit drei aufeinander zu schiebenden Linsen nötig.

An den Füßen braucht man nichts als von gutem Leder verfertigte kurze Stiefel;

(Moll: Ich habe mich auf meinen Bergreisen immer mit Nutzen juchtener Halbstiefel oder Bundschuhe bedient.)

Ohne ein paar lederne Handschuhe darf man nie sein. Denn beim Hinanklettern der Felsen sind sie von großem Nutzen, weil man so oft die Hände dazu nötig hat. Ebenso wenig kann man einen kurzen, von gutem Tuch gemachten Mantel entbehren, und zwar nicht nur, um sich vor Regen und Schnee zu bewahren, sondern auch wegen der großen Kälte, der man auf beträchtlichen Höhen ausgesetzt ist, wo man oft keine andere Decke und Lagerstätte hat als dieses Kleidungsstück.

(Moll: Übrigens sind lange Mäntel schwer und unbequem mitzuschleppen, am hinderlichsten aber ist es auf Gebirgsreisen,

1. Boschalpe im Obersulzbachtal / 2. Zillertaler Hausierer / 3. und 5. Naturstudien / 4. Schwarzer Turmalin / 6.

tte Hacquet / 7. Carl Ehrenbert Freiherr v. Moll

in sie gehüllt, auf- oder abwärts zu steigen. Kurze Mäntelchen von Wachstuch oder von grobem Tuch, die man über den Kopf hereinzieht, und die nur bis über den halben Leib herabreichen, ungefähr so, wie die Mäntel der Jakobsbrüder, sind gegen Regen und Schneegewitter die beste Verwahrung. Sie müssen rund um den Leib herum ganz sein, und nur vorne auf der Brust einen kurzen Schlitz mit Knöpfelchen haben, den man öffnet, um sie leichter zu schließen.)

Unbedingt nötig ist ein sechs- bis siebenjähriges Pferd, das weiß, oder doch weißgrau sein muß. Diese Farbe empfehle ich deswegen, weil man oft sein Pferd auf den halben Berghöhen, auf Alpenwiesen stehen lassen muß, wo dann bei der Zurückkehr jene Farbe sogleich von weitem ins Auge fällt. Die Mähne muß ein Gebirgspferd abgeschnitten haben, aber ja nicht den Schweif.

Auf dem Sattel kann man rückwärts zwei breite lederne Reittaschen anbringen. In diese Taschen kommt etwas notwendige Wäsche, ein Bettuch, einige Binden und etwas trockene Arzneimittel. In die Übertasche legt man das Löschpapier für Pflanzen, ein flanellenes Leibchen, ein Buch und dergleichen. Vorn am Sattel kommen an die Stelle der Pistolenhalfter zwei längliche lederne Säcke. In einen von diesen Säcken kommen die Steigeisen oder Strickschuhe, ferner das Beschlagzeug, weil man in der Not sein Pferd selbst zu beschlagen imstande sein muß. In die zweite Tasche kommt ein schmales Taschenlaboratorium, Stricke, Haken und Ring zu einem Bergstock und dergleichen.

An dem Sattelknopf geht durch einen flachen Ring ein Riemen, um den Mantel damit zu befestigen. Ein kurzes Seitengewehr ist auf langen Reisen notwendig. Es muß zugleich mit Messer und Gabel versehen sein. Nimmt man einen Barometer mit, so wird selbiger ungefüllt, wie ein Karabinier, auf der rechten Seite des Pferdes angehängt oder auch auf dem Rücken getragen.

Hat man sich einmal Führern, wer sie auch sein mögen, anvertraut, so muß man ihnen folgen und nicht den Doktor machen oder es besser wissen wollen. Denn es kommen meistens dumme Streiche heraus. Ich habe einigemal mit meiner übel angebrachten Weisheit das Lehrgeld gegeben, indem ich samt meinen Führern weder rück- noch vorwärts konnte. Das Versteigen in dem Gebirge kann das Leben kosten, und mehr kann man doch auf der Welt nicht verlieren. Wilddiebe sind die besten Geleiter, denn sie wissen sich in der größten Gefahr herauszuhelfen. Sie sind unermüdet, abgehärtet, können eine große Last tragen, wissen alle Schlupfwinkel ihres Gebirgs, und man ist sicher, bei ihnen nicht zu verhungern.

Weniger als zwei bis drei Mann soll man für eine lange und hohe Gebirgsbesteigung nicht nehmen, da sie die Lebensmittel, Stricke, Instrumente, Mäntel und dergleichen mittragen müssen. Der reisende Naturforscher darf auch sein Fern- und Suchglas so wenig wie seinen Linné, für die kaiserlichen Staaten aber Dr. Host, *Oesterreichs Flora* vergessen, damit er, wenn er eine Pflanze nicht gleich erkennt, nachsehen kann, um sich nicht mit längst bekannten Sachen herumzuschleppen. Er hat also nur die neuen, nicht genug bekannten oder seltenen Pflanzen, Steine oder Insekten mitzunehmen. Ferner braucht er ein Hemd zum Wechseln, und, was das Notwendigste zur Erhaltung der Gesundheit ist, ein von feinem Flanell verfertigtes Leibchen."

Soweit die Ratschläge des Ostalpenpioniers Belsazar de la Motte Hacquet. Aber kehren wir zurück auf den Radstädter Tauern.

An Gesteinsarten bot dieser, vielleicht mit Ausnahme des Marmorsteinbruchs am Schaidberg, den schon die Römer zur Herstellung ihrer Meilensteine benutzten, wenig Aufregendes. Aber die Kare, Hänge und Felsscharten des Passes galten als Schatzinsel für Botaniker. Das Seekar, Hundsfeld und die Gegend um den Friedhof wurden wegen der Artenvielfalt ihrer

Pflanzendecke von Apothekern, Wurzengrabern, Botanikern und Kräutersammlern aufgesucht. Es ist naheliegend, daß Carl Ehrenbert Freiherr von Moll sich hier umsehen wollte. Immerhin stand die Pflanzenkunde in der Rangliste seiner Naturstudien weit oben. Der geborene Sammler, der später ein exorbitantes Naturalienkabinett mit Bibliothek anlegen sollte, durfte sich von der Flora des Radstädter Tauern reiche Ernte erwarten.

Über die wenigen Sommermonate verteilt, kamen auf dem würzig mageren Gebirgsboden die folgenden Arten zum Gedeihen:

Bergbaldrian (Valeriana montana)
Felsenbaldrian (Valeriana tripteris)
Steinbaldrian (Valeriana saxatilis)
Krokus oder Frühlingssafran (Crocus vernus)
Alpenglockenblume (Campanula alpina)
Bärtige Glockenblume (Campanula barbata)
Stengelloser Enzian (Gentiana acaulis)
Schnee-Enzian (Gentiana nivalis)
Kärntner Enzian (Gentiana carinthiaca)
Binsen (Statice alpina)
Dreispelzige Binse (Juncus triglumis)
Alpensauerampfer (Rumex alpinus)
Knöllchenknöterich oder
Lebendig gebärender Knöterich (Polygonum Viviparum)
Moosmiere (Moehringia muscosa)
Rauhhaarige Alpenrose oder
Almrausch (Rhododendron hirsutum)
Traubensteinbrech (Saxifraga Aizoon)
Bursers Steinbrech (Saxifraga Burseriana)
Roter Steinbrech (Saxifraga oppositifolia)
Blaugrüner Steinbrech (Saxifraga caesia)
Fetthennen Steinbrech (Saxifraga aizoides)
Sternblütiger Steinbrech (Saxifraga stellaris)

Silberwurz (Dryas octopetala)
Blauer Eisenhut oder
Sturmhut (Aconitum Napellus)
Alpenhahnenfuß (Ranunculus alpestris)
Bartschie (Bartschia alpina)
Brillenschötchen (Biscutella laevigata)
Zwerggänsekresse (Arabis pumila)
Zottiges Habichtskraut (Hierarcium villosum)
Arnika oder Wohlverleih (Arnica montana)
Stumpfblättrige Weide (Salix retusa)
Bergkiefer oder Legföhre (Pinus montana)
Zwergwacholder (Juniperus nana)
Weißer Germer (Veratrum album)
Netzblättrige Weide (Salix reticulata)
u. a.

Zwei Tage später, am 29. August 1785, trifft Freiherr von Moll, zwischen den Löschblättern seiner Herbariummappe reichlich Pflanzen eingelegt, und mit den Ergebnissen seiner Höhenmessungen, in Ramingstein ein. Auch dies ein alter Bergwerksort. In seinem Reisebericht vermerkt er: „Tauern Vikariat 4.754 Schuh (1.530 m), Tweng 3.520 Schuh (1.140 m), Tamsweg 3.022 Schuh (978 m), Ramingstein 2.770 Schuh (897 m).“

Speik für den Orient

An den verbleibenden Tagen dehnte Carl E. von Moll seine botanischen Streifzüge in das alte Montanrevier Bundschuh aus und kam damit dem großen Naturforscher Hacquet sogar ein Stück weiter entgegen als vereinbart war. Dieser näherte sich von Süden her, über einen vielbegangenen Bergsteig zwischen Kärnten und dem Lungau, auf den vereinbarten Treffpunkt zu.

Hacquets letzter Begleiter, der Gurker Domdechant Sigmund von Hohenwart, ein beherzter Naturgelehrter auch er, der später unter den Teilnehmern der Salm'schen Glocknerexpeditionen war, hatte wegen unaufschiebbarer Amtsgeschäfte heimkehren müssen. Den Weg über die Turracher oder Teufelsalpen, wie sie damals noch hießen, trat der bretonische Professor aus Laibach allein an.

„Nachdem wir uns auf das freundschaftlichste beurlaubt hatten, kehrte er nach Osten zurück, und ich begab mich in bloßer Gesellschaft meines Gebirgspferdes gegen Norden zu den Teufelsalpen oder Turracher Alpen, wie sie sonst genannt werden.

Alle diese Felsschiefergebirge, welche mit Granit durchwebt sind, erzeugen sehr viel Speik, Valeriana celtica Linn., der den dortigen Alpenweiden sehr zum Nachteil gereicht. Denn diejenigen, die diese Pflanze für den Orient sammeln, haben solche in der Pachtung, wofür sie einen jährlichen Tribut bezahlen, ohne daß die Landesstellen sich im geringsten darum bekümmern, wie und auf was für eine Art die Einsammlung dieser Pflanze geschieht.

Wenn nun diese Leute ihre Sammlung anstellen, so pflegen sie nicht eine Pflanze um die andere aus der Erde zu ziehen, sondern stechen ganze große Erdflecke um, um sich das Ausreißen zu erleichtern. Bei einer solchen üblen Verfahrensart wird manchem Alpenbesitzer seine halbe Heuernte oder Viehweide zugrunde gerichtet, und das Übel wird noch mehr vergrößert, wenn Regengüsse auf das Umwühlen der Erde auf so steilen und dabei üppigen Höhen folgen. Öfters wird dadurch Gelegenheit gegeben, daß die Wasser einreißen und ganze Strecken auf ewig entblößen.

Nebst den Speikgräbern finden sich auch Tiroler in dieser Gegend ein, welche aus dem hier häufig wachsenden Enzian (Gentiana lutea Linn.) Branntwein brennen und den Kärntnern und Steiermärkern verkaufen, indem letztere nicht vermuten, daß diese Pflanze bei ihnen häufig genug wachse.

Bevor ich den Murfluß erreichte, kam ich zu einigen Hammerwerken, wo ein Teil der Turracher Flossen auf Stahl und Eisen bearbeitet werden. Da hier sehr reiner und harter Stahl gemacht wird, wird dieser zu den Stempeln der Münzbänke der Monarchie verwendet. Von der Güte des norischen Stahls etwas zu sagen, wäre hier überflüssig. Wenn man zurückdenkt, was schon die ältesten Schriftsteller davon erzählt haben; wie Homer und Ovid in *Metamorph.* Lib. XIII., welcher sich des Ausdrucks bedient: „Durior es ferro, quod noricus excoquit ignis." (Sehr hart ist das Eisen aus dem norischen Schmiedefeuer.)

In dem kleinen Städtchen Tamsweg oder, wie man schon vor Alters schrieb, Gamsweg, fand ich einen neuen Reisegefährten, den der Fürstbischof von Salzburg beordert hatte, die Reise durch sein Land mitzumachen. Dieser war Herr von Moll aus dem Zillertal, ein junger Mann, der große Liebe und Eifer für die Naturgeschichte zeigte, und sich auch schon viele Kenntnisse, besonders in dem Fach der Insekten und Pflanzen, erworben hatte.

Wir nahmen also unsern Weg gegen Süden und Südwesten zu, um in der Hauptgebirgskette von Felsschiefer und Granit zu bleiben. Der Tauern von Radstadt blieb rechts, und der sogenannte Korntauern und Murwinkel blieb links."

Der Botaniker Belsazar Hacquet war also mit Pflanzensammlern heimischer Art konfrontiert worden. – Mit Speikweibern und Wurzengrabern, die für Parfümeriewaren, Seifen und Kräuterschnaps Alpenpflanzen ernteten wie Heu. Der Lohn wird, wie man sich denken kann, gering gewesen sein, und die Vorgangsweise war offensichtlich wenig schonend für die Natur.

Was der Laibacher Professor auch kritisch moniert. Über die Landstraßenromantik eines Paracelsus weit hinaus, der seinem

Schulwissen den wilden Zweig altüberkommener Kräuterkunde aufgepfropft hatte, sieht Hacquet in diesen Leuten vor allem eine Bedrohung für die Ressourcen der Natur. Die merkantilistische Ökonomisierung hatte diese ländlichen Unterschichten auf ihre Weise erfaßt. Offensichtlich in Eigenregie tätig, mußten sie ein Stück Grund in Pacht nehmen, um diesen dann bis auf den letzten Stengel Valeriana celtica, Linnés Bezeichnung für die ätherische Öle enthaltende Speikpflanze, abzuernten.

Die Kräuterernte wanderte in getrocknetem Zustand ins Magazin nach Mauterndorf, wo der weitere Vertrieb dieses duftenden Rohstoffs in die Wege geleitet wurde. – Raubbau an der Natur? Belsazar Hacquet hat recht. Aber sein ökologisches Gewissen läßt ihn mitunter dort im Stich, wo der fürsterzbischöfliche Betrieb der Salzburger Bergwerke Schäden an der Umwelt verursacht. Der Laibacher Universitätsprofessor, der auf seinen naturkundlichen Streifzügen bei Pflegern, Vikaren, Domherren und Bergwerksverwaltern unentbehrliche Stützpunkte hat, befürwortet merkantilistische Effizienz und Wirtschaftlichkeit dort, wo sie kontrolliert eingesetzt wird. Warmes Interesse zeigt er an einer effizienten Ausbeutung der Bodenschätze. Die Emsigkeit, mit der ein zerschlissenes Landvolk speikblühende Bergwiesen umsticht und abrupft, stößt ihn ab.

Die Beziehung, die er zur Welt der Pflanzen unterhält, ist freilich anderer Art. Aber dies ist eine eigene kleine Geschichte.

Über die Kette der Hohen Tauern nach Westen

Belsazar de la Motte Hacquet, 1739 oder 1740 in der Bretagne geboren und von Jesuiten erzogen, war jahrzehntelang als Soldat und Feldchirurg über die Schlachtfelder Europas getrieben worden, bevor er an der Universität in Laibach eine

Professur erhielt und damit Halt fand. Der Kraftmensch und Abenteurer entdeckt im dalmatinischen Küstenland das zarte Reich der Flora. In seinen Nebenstunden und Sommerferien zieht er auf botanische Erkundungsfahrten, die ihn ins Hinterland des Karstes führen, nach Istrien, Krain und Serbien. Er legt eine naturkundliche Abhandlung *Plantae alpinae Carniolicae collectae et descriptae* Wien 1782, der Öffentlichkeit vor.

Sein auf Expansion gerichtetetes Wesen ließ ihn jedoch nicht beim Botanisieren ausharren.

Er wurde zum Pionier der wissenschaftlichen Erforschung der Karsthöhlen, versuchte die Erstbesteigung des Triglav in den Julischen Alpen, bezog Fragen der Erdgeschichte in seine Forschungen ein, maß Gebirgshöhen, untersuchte Gletscher und Mineralien, sammelte Versteinerungen, studierte den Vulkanismus, durchkämmte die Bergbaue des Landes Salzburg und stieg schließlich als erster bis auf die Höhe der Pasterze hinauf.

Die Kühnheit des Abenteurers und der Überlebenswille des Feldchirurgen fanden mit der Persönlichkeit Belsazar Hacquets Eingang in das aufblühende Reich der Naturwissenschaften.

Auf jener Gebirgswanderung, die Professor Hacquet und den Akzessisten Moll, Anfang September 1785 über Zederhaus, das Tappenkar ins kleine, dann ins große Arltal und weiter nach Westen führte, flossen Fragen des Pflanzensammelns, der Pflanzenbestimmung und ihrer fachgerechten Beschreibung immer wieder in die Gespräche ein:

„Aller Orten zwischen den abgestürzten Steinen fanden wir manche schöne Alpenpflanzen, und da mein Mitreisender sein Hauptaugenmerk auf diesen Teil der Naturgeschichte gerichtet hatte, um heute oder morgen eine Floram Salisburgensem bekannt zu machen; so sammelten wir alles, was nur merkwürdig war."

Der genaue Verlauf ihrer Tauernwanderung läßt sich anhand ihrer Aufzeichnungen nur in den Grundrissen nachvollziehen. Knappenreviere bildeten die einsamen Karawan-Serails auf ihrem Weg durch die Felsenwüste der Gebirge: Wagrain, St. Johann, Hüttschlag, Großarl, Gastein, Rauris, Fusch, Zell a.S. und von dort salzachaufwärts nach Krimml und über die Gerlos ins Zillertal. Hacquet hatte ein Gebirgspferd, seinen weißen bosnischen Schimmel dabei, dem das Gepäck aufgeschnallt war. Moll mag sich in Tamsweg seinerseits nach einem gebirgsgängigen Haflinger umgesehen haben. – Und er wird einen gefunden haben.

Zumindest Hacquet war auch an Nachtlager im Freien gewöhnt. Aber sie machen im Zusammenhang mit dieser Tour keine Angaben in diese Richtung. Wahrscheinlich waren die Tagesreisen ihrer Tour so bemessen, daß sie abends Unterkunft in den Knappenhäusern der Bergbauorte fanden. Aus dem Kreis der Bergleute kamen auch die Führer und Wegweiser, die ihnen über das verwirrende Stückwerk der Wege und Steige hin behilflich waren:

„Von dem Ort Fusch aus wandten wir uns gegen Abend zur Ersteigung eines steilen Gebirgs, das aus bloßem Glimmerschiefer mit wenig Quarz bestand. Unser Wegweiser war diesmal ein junges Mädchen von fünfzehn Jahren und so beherzt als ein Mann. Nach zwei Stunden erreichten wir den Berg Hirzbach, worin sich ziemlich ergiebige Goldgruben befanden, und zu deren Befahrung uns auch unsere Wegweiserin zum Teil begleitete."

Ein Hinweis darauf, daß im Salzburger Bergbau für schlecht bezahlte Tätigkeiten auch Frauen und Kinder beschäftigt waren. Diese Praxis bildete übrigens keine Ausnahme.

Über die landschaftliche Schönheit der erwanderten Tauern ist von den beiden Gelehrten nur wenig zu erfahren. Carl E. Moll zeigt in seinen *Naturhistorischen Briefen* aus dem Zillertal, daß er dafür empfänglich und der Sprache mächtig war, aus dem beobachtenden Blick des Naturforschers den sinnlichen

Eindruck einer Landschaftsansicht zu formen. In Belsazar Hacquets Schriften ist diese Neigung zur literarischen Prosa wenig ausgebildet, soweit es um die Darstellung von Landschaften geht. Die Sprachbarriere des gebürtigen Franzosen mag dafür die wesentlichste Ursache gebildet haben. Sehr ausführlich berichtet der bretonische Anatomieprofessor über Mineralienfunde, geologische Schichtungen und Pflanzenwuchs, eben alle Erscheinungen der Naturwelt, die dem Naturgelehrten „denkwürdig" und „merkwürdig" sind.

Was seinen Reiseberichten bis heute Kolorit und Spannung erhalten hat, ist die einsame Verwegenheit seiner naturkundlichen Fährtensuche. In Ergänzung dazu beweisen Belsazar Hacquet wie Carl E.von Moll einigen Scharfblick für die wirtschaftlichen und sozialen Aspekte ihrer „Alpenszenerien", die sie an ihre Leserschaft weitergeben.

Hacquet kommt auf einen besonderen Gebrauch zu sprechen, der in der Almwirtschaft vorkommt:

„Man heißt dieses die Sendinnen-Wapplung. Da man in dem Lungau, Pongau und Pinzgau anstatt Hirten Hirtinnen, hier zu Lande Sendinnen genannt, eines geringern Aufwands und mehr Reinlichkeit wegen, eingeführt hat. So hat sich die Geistlichkeit dawider aufgeworfen (Leute, die sich überhaupt in alles gerne mischen) und ein Verbot bei dem vorigen Bischof (Siegmund Graf von Schrattenbach) zuwegegebracht."

Es wurde schließlich einer eigenen Kommission überlassen, diese Erlaubnis zu erteilen:

„Der Pfarrer und noch andere Religionsbediente, eine oder zwei Gerichtspersonen, Gerichtsschreiber u.s.w. kommen zusammen und machen ein ganz lustiges Collegium castitatis (Keuschheitsgericht) aus. Nun werden die Sendinnen vorgenommen, und es wird von der Gemeinde ausgekundschaftet, ob sie schon mehrmals in den Alpen gedient hätten? Ob sie nicht dabei Mütter geworden seien? u.s.w. Wäre letzteres geschehen, so wird einer solchen diese Alpenreise untersagt, und ein anderes vollblütiges Mädchen, das noch mit seinem Hymen prangt, zieht in die Alpen, welches doch zuletzt auch oft Schiffbruch leidet."

Der synergetische Kerngedanke dieser Alpenreise ging damit auf. Der junge Zillertaler Pflegerssohn nährte den Laibacher Naturforscher mit dem Wissen eines Bodenständigen und fand dafür in dem weitgereisten, welterfahrenen Hacquet einen Freund und Mentor, der ihn in seinen Naturstudien förderte.

Die gemeinsam unternommene Tauernreise haben sie beide als Gewinn verbucht. Auch wenn sie den Brennkogel, den „höchsten Punkt gegenwärtiger Reise" nicht besteigen konnten. Ein Wettersturz verhinderte dies. Günstiger gestalteten sich die Bedingungen, als zweiten Zielpunkt ihrer Wanderung, den „so verschrieenen Berg Greiner" (3.205 m) zu erreichen.

Carl E. von Moll betrat damit heimatlichen Boden. Hier lagen die Ursprünge und Anfänge seiner Naturkunde, in die ihn sein Vater, er privatisierte in den Nebenstunden seines Pflegeramtes als Naturforscher, eingeführt hatte.

„Als wir uns nun bergab ins Zillertal wandten, sahen wir, daß die Gebirge aus Gestellstein, Quarzschiefer und Granit bestanden. Tiefer aber gegen den Ort Zell stellte sich viel talkartiger Schiefer ein, welcher mit einem sehr hell blendenden gelben Scharfmoos bedeckt war.

Mitten in dem Tal fließt der kleine Fluß Ziller, an dessen Ufer dann erwähntes Zell liegt, wo ich in die Heimat des Herrn von Moll kam und allda seine älteren und jüngeren Geschwister antraf, welche Familie in dieser Einöde ein ganz patriarchalisches Leben führte. Als ich das erstemal die Ehre hatte, mit dem Vater dieser Familie zu sprechen, der hier die Bedienung als Pfleger hat, so war ich nicht wenig betroffen, einen solchen Mann hier zu finden, der nicht allein ein Welt- sondern auch ein Staatsmann ist, der in allen Fächern der Wissenschaften Kenntnisse, nicht nach der Oberfläche, sondern nach aller Gründlichkeit besitzt, und der mit seinem Vielwissen auch einen angenehmen Vortrag verbindet. Ungeachtet er schon ein Mann gegen 60 Jahre ist, so ist doch seine ganze Seele sehr heiter, von allen Vorurteilen frei und kränkt sich nicht mit seinem Schicksal, sondern leistet mit warmem philosophischem Mut seine dem Lande sehr wichtigen Dienste. Da ich in diesem Tal ein Paar Tage Erholung brauchte, um meine Reise weiter fortsetzen zu können, so brachte ich mit diesem Philosophen einige vergnügte Stunden zu. In dieser Zeit hatte ich auch Gelegenheit, das Volk dieses Tals kennenzulernen, welches ich für das frischeste und beherzteste von allen deutschen Bergländern achte.

Ihre Tänze, denen ich beiwohnte, sind von den allergewaltigsten, die ich kenne; denn nebst dem ungemein ermüdenden Stampfen der Füße zur Erde, machen sie ganz besondere Bockssprünge und gewaltige Krümmungen des Leibes, worunter ein so heftiges Händeklatschen erschallt, daß man sich kaum etwas Erschütternderes von einem Menschen denken kann. Und dennoch habe ich Mädchen so wie Burschen gesehen, die diesen Bacchantentanz viele Stunden lang aushielten, ohne ihren Körper matt und müde zu finden. Sie gingen mit Anbruch des Tags ihrer schwersten Feldarbeit mit Vergnügen nach und so gut als wenn sie noch so lange ausgerastet hätten. Zwei Dinge mögen wohl die Ursache sein, daß hier das Volk so nervig, stark, und aufgeheitert ist, nämlich die reine Luft und die hinlängliche, nicht magere Nahrung, indem auch hier die Viehzucht der Hauptunterhalt der Älpler ist; und gewiß durch eben die fette Nahrung, welche hier üblich ist, geschieht es, daß auch das hiesige Volk sich die Pelzkleider zur Winterszeit nicht angewöhnt hat, indem ihr Blut mit hinlänglichem Phlogiston versehen ist. Das Volk ist schön, von gutem Wuchs, etwas hager, mit funkelnden, ja mit listigen Augen versehen. Er ist frei mit seinem Du. Ist er noch ledig, so trägt er eine

Hahnenfeder, oder auch wohl mehrere auf dem Hut. Ein Zeichen, daß er mit eben so vielen seinesgleichen zu raufen sich getraue; folglich auch mehr, oder weniger von den Schönen geliebt werde.

Da dieses Tal übervölkert ist, so haben hier die Menschen auf Auswanderung denken müssen, um Brot zu bekommen. Doch dieses haben sie nicht zum Vorteil ihrer Mitmenschen getan; denn sie treiben das gefährliche Handwerk der Quacksalber, das alle Notleidenden und oft liederliche Menschen so gerne ergreifen. Sie verkaufen allerlei unnütze und oft sehr schädliche Arzneien unter dem Titel der Theriak-Krämer. Man hatte zwar die Vorsicht im Pfleggericht von Zell, es nur jenen zu erlauben, die echte Mittel besitzen; allein die Betrüger mit dieser Ware wissen sich schon von den Gerichtsvorstehern in Tirol Pässe zu verschaffen, womit sie oft nebst ihrem eingekochten Harn, als Pferdarznei, in Tirol und weiter herumwandern. Es ist nicht zu begreifen, wie man kaiserlicherseits dieses dulden kann.

Freilich sind es oft Tiroler selbst, die dieses treiben; denn der Eingang dieses Tals gegen Norden gehört zu Tirol. Allein so was darf weder Einheimischen noch Ausländern erlaubt sein. Denn ein solcher beutelschneiderischer Handel macht nichts als verschmitzte oder liederliche Untertanen, welche meistens nur schlechte Familienvorsteher abgeben. Noch eins muß ich von den Zillertalern sagen, daß sie nämlich eine der ältesten deutschen Mundarten oder Dialekte haben. Ich wohnte eines Tages einem lateinischen Gottesdienst bei. Als hier der Priester sich mit einem Gesang in lateinischer Sprache an seine Gemeinde, welche es nicht verstanden, hören ließ, so glaubte ich ganz, einen Franzosen vor mir zu haben. Denn alle u wurden wie ue ausgesprochen; und so reden auch alle Einwohner. Anstatt gut sprechen sie guet u.s.f.

Hier im Zillertal hat man beinahe das schöne Geschlecht von den Alpen verbannt, indem man in die Alpenhütten, wo

Käse und Butter gemacht werden, nur Mannsbilder nimmt, um alle Zusammenkunft des Menschengeschlechts nach heuchlerischer Besorgnis zu verhüten. Welches doch der Natur der Sache so gemäß wäre. Durch das Fehlen fröhlicher Mädchen geschieht das, was uns das Buch des Propheten Ezechiel lehrt. Besonders sollen die weißen Ziegen vor allen den Vorzug haben. So einen schändlichen Schiffbruch leiden oft die Gesetze, welche von blödsinnigen Menschen gemacht werden, die wider das Natürliche handeln, und so werden auch niemals solche bestehen oder gehalten werden. Kränken kann man die natürlichen Triebe, aber nicht unterdrücken; und wird die Last zu groß, so müssen Empörungen entstehen. Dieses haben noch alle Gesetzgeber und Staaten erfahren, und werden es auch noch künftighin dulden müssen."

Die beiden Naturforscher lenken hier auf Wege ein, die wir bereits als Kulisse und Studienort von Carl E. von Molls *Naturhistorische(n) Briefe(n)* kennen. In Richtung auf den Berg Greiner zu berühren sie den Zembach, das kleine Gurkeltal, den Berg Gaul, das Hausengletscher-Gebirg und schließlich die Alpe Kaeselar.

In ihrer Umgebung erwarten sie ein Zusammentreffen mit jenem alten Gemsjäger, dessen vorzügliche, am offenen Feuer gebratene Gemsleber Carl E. von Moll noch in lebhaftester kulinarischer Erinnerung ist. Aber diesmal machen sie sich vergebens Appetit darauf. „Allein wir waren in unserer Hoffnung getäuscht, einen Schmaus von dem Eingeweide einer frischerlegten Gemse zu halten; denn er hatte keine geschossen. Er bot dagegen Granat-Platten feil, wovon einige mehrere Quadratschuhe maßen, die wir dem armen Alten abkauften."

Es war dies ein etwas enttäuschender Abschluß ihrer Gebirgspartie auf den Greiner. Aber sie konnten zufrieden sein, was ihre Naturstudien betraf, und schlossen diese mit einer Besichtigung der Zillertaler Goldbergwerke ab.

„Da wir nun die Alpen verließen und die fruchtbare Ebene von Zillertal und Zell wieder erreicht hatten, besuchten wir die Goldwerker dieses Tals, nämlich den Rohr- und Heinzenberg, welche hier ganz in der Tiefe liegen und gewiß die bequemsten Gruben von der ganzen norischen Alpenkette sind."

Heimkehr

Mit dieser Bergbesteigung schloß der hochalpine Teil ihrer Wanderung ab. Doch setzten sie das gemeinsame Unternehmen noch ein Stück weit fort. Carl E. von Moll begleitete Belsazar Hacquet zurück nach Goldegg, auch dies ein Ort von reicher Bergbautradition, wo sich ihre Wege trennten.

Zum Andenken schenkte der Laibacher Professor Hacquet dem jüngeren Reisegefährten einen Ring aus den Ruinen von Aquileia. Bis zum Todesjahr Hacquets (Wien, 1815) hielten sie über Briefe miteinander Kontakt. Gesehen haben sie sich nicht mehr.

Hacquet hielt ihren Abschied in einer Notiz seiner *Norischen Reise* fest: „Hier mußte ich mich von meinem mitreisenden Naturforscher, Herrn von Moll, trennen; und so verließ mich auch an eben diesem Tag der fröhliche Sommer. Es stellte sich der weißbärtige Winter mit häufigem Schnee ein, der mir die Zurückreise um so mehr langweilig und melancholisch machte, als sie des Sommers desto angenehmer war."

Durch den Lungau, dessen römische Altertümer er eingehend bespricht, die Steiermark und Kärnten, wo sein vordringlichstes Interesse wiederum dem Abbau und der Verarbeitung von Eisenerz gilt, zieht er südostwärts seinem Laibacher Wohnsitz zu. Die fortgeschrittene Jahreszeit und die Verpflichtungen, die ihn zu Hause erwarteten, mögen sein Reisetempo beschleunigt haben.

Es war seine letzte Alpenreise.

Sein Gepäck war mit Sammelstücken und Notizen prall gefüllt. Mineralien in den Satteltaschen, Alpenpflanzen zwischen Löschblättern eingelegt, dazu Aufzeichnungen auf losen Blättern. Sie stellten die Materialsammlung für die Abfassung seiner *Reise durch die norischen Alpen*, die er 1791 in Nürnberg veröffentlicht hat.

Im Jahr ihres Erscheinens hatte Belsazar Hacquet seinen Laibacher Lehrstuhl längst geräumt. Er nahm 1787, zögernd und mit Vorbehalten, eine Professur in Lemberg an, wo sich seinen Naturforschungen ein neuer Kontinent erschloß. Galizien, die Karpaten, das weite Land an der Ostsee bis nach Dänemark wurden das Forschungsfeld seiner Altersstudien, bevor er seinen letzten Wohnsitz in Wien aufschlug.

Am 20. Jänner 1813, zwei Jahre vor seinem Ableben, meldet er sich noch einmal bei Carl E. von Moll, der 1804 den churfürstlich-salzburgischen Staatsdienst verlassen hatte, und seit 1805 Mitglied der bayrischen Akademie der Wissenschaften war.

„Jetzt lebe ich vorbereitet für den geistlichen Himmel müßig und dumm wie ein Schaf; denn sacro sancto far niente, vom Himmel habe ich nicht gehört, daß man da was zu tun bekommt. Freilich wäre mir Muhamet's Paradies lieber, aber das Beschneiden ist mir zuviel. Nun lieber Freund, werden Sie fragen, Kerl, was machst du dann gegen die Langeweile? Ich mache kleine Lustreisen, besuche dann und wann meine alten Freunde wie unsern Fürst-Bischof Jacquin, den Präsident Leithner u.a., wohl auch ein schönes Weib, was ewig mein schätzbarstes ist. Lese Reisebeschreibungen und angenehme Romane wie Gabriel u. d. aber nichts von der Paläontologie oder wissenschaftlich... Wenn Sie mir jemals noch vor meinem Ende schreiben sollten, so bitte bloß meinen Namen hin zusetzen, denn ich gehöre ja lange nicht mehr zu der ominösen Kaste der Professoren."

Bei aller Wissensfülle und der Schärfe seiner Beobachtungskraft sucht man in Belsazar Hacquets Alpenstudien vergebens das theoretische Gehäuse.

Fragen der Erdentstehung und der Gebirgsbildung, die damals in dem Fach der Geognostik abgehandelt wurden und breiteste Aufmerksamkeit genossen, zogen selbstverständlich auch einen Belsazar Hacquet in ihren Bann. Doch scheute dieser das Theoretisieren. Auch er forschte – mit dem Einsatz des Abenteurers, womit er sich vom bloßen Stubengelehrten abgrenzte – der Frage nach, inwiefern die Gebirge vulkanischen Ursprungs waren oder durch die Ablagerung gewaltiger Urmeere entstanden. Er untersuchte deswegen die Karsthöhlen und bald andere Gebirgsstöcke, und er reiste schließlich selbst zum Vesuv und auf den Ätna. Aber er bequemte sich deswegen weder in das Lager der Neptunisten, noch in das der Plutonisten, wehrte vielmehr derartige Theorienbildung als „Romane über die Erdentstehung" ab. Es war die unmittelbare Anschauung und Lebendigkeit des Beobachtens, Forschens und Sammelns, die ihn Zeit seines Lebens gefangennahm. Er brauchte und genoß die Offenheit des freien Horizonts, die nicht jedes Rätsel des Naturreichs mit einer schnellen Antwort erstickte.

Dieser Gesinnung entsprechend behandelte er auch die wissenschaftliche Ausbeute seiner Tauernreise des Jahres 1785, deren theoretischen Gewinn er mit Lässigkeit herunterspielte:

„Ich habe eine Reise von zweihundert Meilen stets in der bei uns befindlichen Alpenkette nach Westen fort gemacht. Ich muß gestehen, bei dieser so beschwerlichen Untersuchung, auf die ich meine ganze Aufmerksamkeit verwandte, bin ich nicht viel klüger geworden in betreff der Gebirgsentstehung."

IV. Wanderwelten um 1800

Hoch steigen. Ein Gipfelsieg

Frühsommer 1800. Am Anfang des neuen Jahrhunderts sollte eine alpinistische Spitzenleistung stehen. In Klagenfurt und Salzburg wurden die Vorbereitungen für die Erstbesteigung des Großglockners getroffen. Man korrespondierte, schaffte wissenschaftliche Instrumente an, rekrutierte Handwerker und Bergknappen. Im Jahr zuvor war man an dem zugespitzten Gipfel dieses Eisriesen gescheitert.

Aber der 28. Juli 1800 sollte den lang erwarteten Triumph bringen. Fünf winzige Gestalten, durch das Fernrohr als Pfarrer Orasch aus Döllach, die Brüder Klotz und zwei Zimmerleute aus Heiligenblut erkennbar, erreichten den Scheitelpunkt dieser höchsten Erhebung der Ostalpen (3.798 m). Es sind die siegreichen Fünf aus einer 60 Mann starken Alpenexpedition, die Kardinal und Fürstbischof Graf Salm Reifferscheid als Organisator und Geldgeber zusammengestellt hatte.

David Heinrich Hoppe, Graf Sigmund von Hohenwart und der Pfarrer von St. Peter waren auf dem Kleinglockner zurückgeblieben, dessen Felsen man an drei Stellen mit fixen Seilen versehen hatte.

Aus dem Tal ertönten Böllerschüsse, auf der Adlersruhe und auf der Hohenwarte floß der Tokajer, und die Jubelsprache der Zeitgenossen meldete: Glockner bezwungen. Glockner errungen. Glockner eingenommen. Anderntags schleppten die Zimmerleute das hohe eiserne Kreuz auf die Spitze, das mit seinem vergoldeten Wetterhahn, zwei Blitzableitern, eingebautem Barometer und Thermometer die Erfolgszeichen einer christlich-wissenschaftlichen Welt trug.

Die Kosten dieses Unternehmens beliefen sich auf einige Millionen Schilling nach heutiger Währung. Ausgelegt hatte sie Franz Xaver Salm, Kardinal und Fürstbischof von Gurk, dessen Klagenfurter Hof im ausgehenden 18. Jahrhundert zu einer kleinen Gelehrtenrepublik aufgeblüht war. Er hatte für diese wissenschaftlich-sportive Großtat die Bauern, Handwerker, Bergleute, Mathematiker, Botaniker und Geologen nach Heiligenblut geladen. – Frühes Beispiel einer Konjunkturbelebung in förderungswürdiger Region.

Ende Juli 1800 war dort alles versammelt, was das Unternehmen zu seinem Erfolg brauchte. 47 Führer und Träger, 15 Männer der Forschung und schließlich 16 Pack- und Reitpferde. Das aufgeladene Gepäck umfaßte Mundvorrat und Kleidung, Herbarien und Teleskope, Barometer und Sextanten, Seile, Steigeisen und das zerlegte Gipfelkreuz.

Von Klagenfurt kamen Fürst Salm, Baron von Wulfen und Bergrat Dillinger, der durch den Bau von insgesamt drei Schutzhütten vorgesorgt hatte. In Heiligenblut wartete der Botaniker Hoppe aus Regensburg, von Salzburg reisten Mathematikprofessor Schiegg und sein Assistent Valentin Stanig an. Franz Michael Vierthaler und Redakteur Ludwig von Schallhammer legten den gewaltigen Fußmarsch von Rauris über den Heiligenbluter Tauern zurück, um sich dem Unternehmen anzuschließen.

Vierthaler schreibt dazu in seinen Erinnerungen: „Es war 10 1/2 Uhr, da wir endlich ermüdet das ersehnte Dorf erreichten, wo alles, vom Fürsten (Salm) bis zum Bauer, zur Reise auf den Glockner bereit war. Am folgenden Morgen nach sieben Uhr setzte sich die ganze Karawane teils zu Fuß, teils zu Pferde in Bewegung. Der Fürst ritt an ihrer Spitze. Das gute Volk, das sich aus nahen und fernen Tälern versammelt hatte, stand zusammengedrängt und staunend da und sandte dem kühnen Zuge seine frommen Wünsche nach.“

Mit dabei waren auch ein Koch und drei Diener. Denn die Anstalten zur Verpflegung waren außerordentlich: Malaga, Tokajer, Melonen und Ananas sind ausdrücklich erwähnt.

Es war ein Jahrhundertereignis und entsprechend gut dokumentiert finden wir es durch Tagebücher, Reisewerke, Briefe, wissenschaftliche Literatur und schließlich durch Gemälde und Gedichte. Sie verbreiten Aufbruchsstimmung für die kommenden „Wanderjahre der Naturentdeckung".

Bereits das 18. Jahrhundert hatte sich der Naturwelt als Ort der Erkenntnis- wie der Erlebnissuche verschrieben; eine erste Breitenbewegung der Touren- und Gehkultur sollte erst folgen. Sie nimmt Maß an diesen spektakulären Erfolgen, aber sie pflegt weiter die Philosophie eines Jean Jacques Rousseau, ist von Goethes *Werther* inspiriert, von der Geniezeit aufgewühlt, durch die Aufklärung intellektualisiert und dazu romantisch bewegt.

Aber bleiben wir noch kurz auf diesem Hochleistungsschauplatz der aufblühenden Gehkultur.

Mit verschleiertem Gesicht auf den Glockner

Im Tagebuch Sigmunds von Hohenwart wird zu diesem 27. und 28. Juli 1800 berichtet: „Wir ritten von Heiligenblut bis zu den Alpenhütten ‚am Troge'. Dort trennten sich einige von der Gesellschaft der Reitenden und gingen den näheren Weg über die sogenannte ‚Platte' mit einigen Trägern und Führern zu Fuß. Unter den Fußgehern waren Herr Dr. Hoppe, ich und die beiden Pfarrer.

Um halb 11 Uhr erreichten wir die sogenannte ‚Leiter-Ochsenhütte', wo wir etwas ruhten. Dann ging es wieder über diesen sehr steilen und abhängenden Fußsteig bis zum guten ‚Brünnl'. Dort erquickten wir uns an dem köstlichen Alpenwasser und ruhten, bis der Fürst, der den weiten Weg über die Alpenanhöhen ritt, zu uns kam, und die Reise mit uns bis zur Salmshöhe fortsetzte, wohin wir nach 1 Uhr kamen.

Der Herr Professor beschäftigte sich mit der trigonometrischen Höhenmessung des Glockners, und während wir dieser Arbeit zusahen, traf auch die dritte Abteilung der Karawane ein, und mit ihr der goldene Karg (der Koch des Fürsten), der uns in möglichster Geschwindigkeit ein köstliches Mahl bereitete. – Der Abend floß in Scherz und Laune hin, bis uns auf unserm Alpenbette der Schlummer sanft die Augen schloß.

Am 28. Juli mit Anbruch des Tages raffte ein Teil der Gesellschaft sich auf und rüstete sich mit einem guten Frühstück zur Reise. Zuvor waren die vier Zimmerleute vorausgegangen, um den Weg zu bahnen und Seile an den steilsten Abhängen zu befestigen. Die Bergsteiger dieses Tages waren: Dr. Hoppe, Dr. Schallhammer, die beiden Herren Pfarrer, Baron Seenus und ich. Jeder nahm seinen Führer und Begleiter mit, und jedem, auch dem geübtesten Bergkletterer ist zu raten, dieses ja nicht zu unterlassen.

Nach 6 Uhr verließen wir die Salmshöhe. Anfangs ging es fast eine halbe Stunde über Steinplatten, über welchen schon der Gletscher liegt, den man endlich erreicht, sobald man über dieses Steingerölle weggesetzt ist. Man geht nun auf Eis und muß sich der Fußeisen bedienen. Gegen 8 Uhr erreichten wir die zweite Hütte (nun ‚Hohenwarte' genannt). Wie sehr waren wir alle durch diese neue, so gut gebaute Hütte überrascht.

Nachdem wir neue Kräfte gesammelt hatten, stärkten wir uns mit einem Gläschen, und setzten unsere Reise den immer steiler werdenden Glockner hinan fort. Der Himmel war heiter und wolkenlos, nur der auf Alpen so gewöhnliche Wind war unser Begleiter; er war uns aber nicht lästig, vielmehr kühlte er uns, wiewohl etwas unsanft, in der beim Klettern unvermeidlichen Erhitzung. Hier bei der Hütte fing der Himmel schon merklich an, seine himmelblaue Farbe zu verlieren. Das Blaue wurde immer dunkler, je höher wir stiegen. Wir nahmen in verschiedenen Abstufungen blau bemalte Papiere (Kyanometer) mit, um dieselben jedesmal mit der blauen Farbe des Himmels zu vergleichen.

Der Wind verlor sich, wie wir uns dem Gipfel des Glockners näherten, und an der höchsten Spitze verschwand er fast ganz. Die meisten aus unserer Gesellschaft hatten ihr Gesicht mit einem Schleier gegen die Sonnenstrahlen, die von dem durch die Kälte kristallisierten Schnee zurückgeworfen wurden, verwahrt. Ich will im ganzen Ernste jedem, der den Glockner zu besteigen wagt, es aufrichtig geraten haben, sich mit einem ähnlichen Verwahrungsmittel zu versehen und es nicht zu wagen, den Glockner mit unverschleiertem Gesicht zu besteigen. Ich schreibe dies aus eigener Erfahrung, denn obschon ich mich im vorigen Jahr sowohl, als auch auf dieser Reise dieses Mittels bediente, und zum Überflusse mir dieses Mal das Gesicht noch mit einem Tuche verband, so kam ich doch mit aufgeschwollenen und aufgesprungenen Lippen, wie man dieselben nach einem starken Fieber zu haben pflegt, vom Glockner zurück; auch erneuerte sich nach ein paar Tagen beinahe die ganze Haut des Gesichts, während die alte stückweise wegfiel. Doch empfand ich dieses Übel in dem vergangenen Jahr in einem weit stärkeren Grad, als in dem gegenwärtigen. Keiner aus der ganzen Gesellschaft, als der einzige Fürst, kam ohne ein Merkmal am Gesicht vom Glockner zurück. Einer der Herren Pfarrer, welcher keinen Schleier nahm, bekam so sehr entzündete Augen, daß er durch länger als vier und zwanzig Stunden heftige Augenschmerzen empfand und das Sonnenlicht nicht ertragen konnte.

Als wir die Ausruhehütte nach halb 9 Uhr verlassen hatten, sahen wir, daß die vier Zimmerleute eben die letzte höchste Kuppe des Glockners erkletterten. Wir riefen ihnen unsern Beifall und unsere Freude über ihren Sieg zu. Wir sahen die Anstalten, die diese unermüdeten Leute jetzt treffen mußten, um am folgenden Tag das goldene Kreuz auf die höchste Kuppe hinauf zu bringen. Von der zweiten Hütte an bemerkten wir schon sehr deutlich die Folgen der verdünnten Luft. Das Atemholen wurde immer beschwerlicher, die Beklemmung der Brust ward immer stärker in eben dem Verhältnisse, als das Blau des Himmels immer dunkler ward.

Es war mir unmöglich, sechs oder sieben Schritte zu tun, ohne jedesmal stehen zu bleiben und ausruhen zu müssen. Es befiel mich manchmal so eine Schwäche und Entkräftung, daß ich auf die Knie sinken zu müssen glaubte, auch überfiel mich eine Art von Ohnmacht, von der ich mich aber, als ich mich im Schnee niedersetzte und etwas ruhte, bald wieder erholte.

In dem Schnee gab es eine Menge der Podura nivalis Linn. und einige halberfrorene Insekten aus der Ordnung der Diptera. Auch fing man am folgenden Tag auf der höchsten Spitze des Glockners eine Apis alpina Linn., die mir der Kammerdiener des Fürsten brachte. Linné beschrieb sie in Fauna Suecica Nr. 1719, und erklärte sie als eine Seltenheit.

Einige, welche kein Verlangen trugen, die höchste Kuppe des Glockners zu erreichen, trennten sich jetzt von uns, nahmen Abschied von den Gletschern, die den Glockner von allen Seiten umgaben, vorzüglich von jener der Pasterze, und kehrten dann wieder zur Hütte hinab. Die Aussicht war an diesem sonst heiteren Tage nicht die allerschönste, weil niedrigere Wolken als der Glockner die entfernteren Gebirge bedeckten. Nur hier und da ragte aus den Wolken, wie Felsen aus den Meereswogen, eine Bergspitze hervor.

Doktor Hoppe, ich und die Herren Pfarrer setzten die Reise unerschrocken fort. Nachdem wir eine ziemliche Strecke auf dem Schnee und Eise fortgewandert waren, erreichten wir endlich die steilste Anhöhe, wo von den Zimmerleuten drei Seile befestigt wurden, an welchen wir hinaufklettern mußten. Die Gefahr des Hinabrollens in die Tiefe ward zwar durch diese Seile gehoben, an welchen man sich festhalten konnte, indessen ging doch das Klettern an der fast senkrechten und nur sehr wenig sich neigenden Wand sehr langsam, da man bei jedem vierten oder fünften Tritte ausruhen mußte. Der Herr Pfarrer von Döllach gewann uns allen den Vorsprung ab, er schlich, wie die Schildkröte in der Fabel, langsam fort, und da er, weil er so langsam ging, weniger ausruhen mußte als wir, die mit mehr Anstrengung stiegen, kam er früher zum Ziele, und erreichte als der e r s t e die höchste Spitze."

Weit gehen. Die Genies der Landstraße

Am entgegengesetzten Ende dieser Geschichte der Gehkultur begegnet uns ein Johann Gottfried Seume, der im Jahr darauf, es ist Dezember 1801, einen Rekord eigener Art aufstellt. Nicht im hoch Steigen, sondern im weit Gehen. Nicht als Gruppenbewegung, sondern im Alleingang.

„Ich schnallte in Grimma meinen Tornister um und ging." So beginnt er seinen einzelgängerischen Fußmarsch, der ihn über insgesamt 9.000 km von Leipzig nach Sizilien und wieder nach Hause führt. Die Alpen überquert er an ihren östlichsten Ausläufern zwischen Wien und Graz.

Dieser Kraftakt war ein Ausbruch aus bedrückenden Verhältnissen gewesen, und er macht Seume zum berühmtesten Wanderer Deutschlands. Der Sohn eines verarmten Fronbauern setzt den Druck und die Enge, die auf ihm lasten, in virulente Bewegungslust um und wird so zu einem späten Protagonisten der literarischen Fußreise, wie sie das 18. Jahrhundert hervorgebracht hat.

Seume war eigentlich zum Priesteramt bestimmt. Beim Theologiestudium geriet er an Bücher, die seine Glaubensskepsis und seinen Freiheitswillen weckten. Er löste den Konflikt durch einen Marsch nach Paris. Unterwegs wurde er von Werbern des berüchtigten „Menschenmäklers", des Landgrafen von Kassel, aufgegriffen und als Soldat nach Amerika verkauft. Als das Schiff mit seiner versklavten Menschenfracht endlich Festland erreicht, ist der Unabhängigkeitskrieg bereits vorbei. Zurück in Deutschland kann er 1783 aus der hessischen Ge-

1. Blick von Maria Plain nach Osten / 2. Vierthaler und Nesselthaler auf dem Tauernpaß / 3. Wanderer mit Unifor

5

'städter Tauern, Anfang 19. Jh. / 4. Älteste Darstellung des Glockners / 5. Wanderer in alpiner Ausrüstung

fangenschaft fliehen und wird zum zweitenmal das Opfer von Häschern. Diesmal sind es Preußen, die seine martialische Offiziersgestalt in Beschlag nehmen, und wieder ist er „Soldat und halb Sclav". Durch eine Kaution auf freien Fuß gesetzt, kann er 1787 nach Leipzig zurückkehren und mit dem Studium der Philosophie und Jurisprudenz beginnen.

Die Fußreise, die ihn berühmt macht, ist eine vergleichsweise harmlose Episode seines Existenzkampfes. In ihrer Mischung aus Überlebenswillen und Lebenslust elektrisiert sie die Zeitgenossen. Der Mittellose, der unternimmt, wovon andere träumen, der nichts hat, aber zeigt, was er kann, und der tut, was er will, vertritt jenen Purismus des Fußreisens, der mehr durch die philosophische Haltung als durch die literarische Schilderung Eindruck macht.

„Anbei will ich Ihnen hier mein Inventarium liefern", so stellt er sich in *Spaziergang nach Syrakus* mit der Grandezza des poetischen Habenichts vor: „... was ich zur Bedeckung meiner huronischen Haut trage: 1. Meinen blauen Frack, 2. Zwei Westen, damit ich die Wintershawls abwerfen kann und doch noch eine in sacco behalte, 3. Zwei Paar Beinkleider inclusive der Unterziehhosen, 4. Ein Paar baumwollene und ein Paar wollene Strümpfe, 5. Zwei schwarze und zwei weiße Halstücher, 6. Zwei Schnupftücher, 7. Ein Paar Schuhe mit Schnallen, 8. Ein Paar Pantoffeln (Nachtmütze vacat). Nun kommt 9. die Bibliothek als a) ein alter Homer, b) ein abgenutzter Theokrit, c) ein funkelnagelneuer Anakreon, d) ein alter Plautus, e) ein Horaz, f) ein Virgil, g) ein Tacitus, h) ein Sueton, i) ein Terenz, k) ein Tibull, Catull und Properz in minima, und endlich zwei Schmieralienbücher ... Noch ist nicht zu vergessen ein Flickbeutel mit allen Requisiten Strümpfe zu stopfen, Knöpfe anzunähen etc. etc., und eine solide Bürste."

Seume beschließt die Pubertätsjahre des Individualismus.

Wer nun auf Schusters Rappen durch die Lande zieht, ist angepaßter und maßvoller als jene Aufbruchsgeneration des

18. Jahrhunderts, die wild pathetisch einen neuen Menschen fordert. Die Zivilisationskritiker im Stile Rousseaus, die Gesellschaftsverächter und geniezeitlichen Sturmköpfe, die Werther-Enthusiasten und versprengten Jakobiner sind auf dem besten Weg in papierene Vergangenheit, als Seume über alle Berge nach Italien geht. Er schließt diese finstergrüne Reihe rebellischer Paradiessucher ab, die mit dem ‚reisenden Franzosen' Johann Kaspar Riesbeck und mit Johann Jakob W. Heinse begonnen hat.

Um 1780 setzte die literarische Kultur der Fußreise ein. Heinse, gleichfalls Italienwanderer, der mit *Ardinghello* einen aufsehenerregenden Künstlerroman schreibt, gibt dieser Philosophie des Gehens die Maxime: „Es geht doch nichts über einen Reisenden zu Fuß mit fröhlichem Mut und heitrer Seele, und Stärke und Mut in den Gelenken, der seinen Reisebündel selbst trägt, wie Pythagoras und Plato." – Und übernimmt damit ein Wort Jean Jacques Rousseaus.

Hinter der beschwingten Leichtigkeit der Anschauung steckt auch hier der einengende Druck einer Lebenssituation. Johann Jakob Heinse, der sich zeitlebens gegen hohle Kirchenmoral und die aberwitzige Despotie von Duodezfürsten stemmt, verbündet sich mit der Natur gegen die Härten der Gesellschaft. Ihren Mängeln hält er seine „Ethik des Lebensgenusses" entgegen. Ein Teil davon ist das Reisen, Gehen und Wandern, das etwas von jener Freiheit spüren läßt, wie sie der Natur des Menschen entspricht.

Das Reisebündel, das er schnürt, um es, wie Pythagoras und Plato, selbst zu tragen, bildet eine Metapher für die epikureische Rebellion in Teilen der gebildeten Welt von damals, die Zwang und Einschränkung, die auf ihr lasten, durch Gegenbilder eines unbeschränkten Naturgenusses beantwortet.

Eine Paradoxie der Geschichte will, daß Heinse schließlich als Vorleser und Privatbibliothekar beim Erzbischof und Kurfürsten von Mainz ansässig wird und an dessen Hof das Gnadenbrot erhält.

Der Weg zur Sommerfrische. Wandern wird Mode

Noch einmal das Jahr 1800.

In der Mainummer des *Journal des Luxus und der Moden*, einem vielgelesenen Magazin für das moderne Leben von damals, erscheint ein Beitrag, der aus dem Rahmen des Üblichen fällt.

Ein Herborner Universitätsprofessor der Rechtswissenschaften mit Namen Christian Böttger wendet sich mit dem *Vorschlag einer Uniform für Reisende zu Fuße* an die Öffentlichkeit. – Eine Lanze für den fußreisenden Bürger, der mit Seiltänzern, Vagabunden und Handwerksburschen die Landstraßen teilte und diese Familiarität bei Gastwirten und Polizei zu büßen hatte?

Nun, es war immerhin d a s Jahrzehnt Napoleons, und Uniformen standen hoch im Kurs. Selbst die Damenwelt freute sich an Amazonenmänteln, die als blaue, weitfallende Offiziersmäntel geschnitten waren und zusammen mit einer grünen Ledermütze getragen wurden. Sie vermittelten ein Gefühl der Unabhängigkeit und bekundeten Sympathie für jene Bürgerstöchter, die den Feldzügen Napoleons in Männerkleidung nachfolgten.

Aber Professor Böttger hatte mit seinem Vorschlag anderes im Sinn als eine Militarisierung der fußreisenden Wanderkultur. Die ist gerade auf dem besten Weg, gemütlich und maßvoll zu werden. Dringlich angezeigt war freilich die Anhebung ihres Prestiges. Der Wanderer und Fußreisende mußte den despektierlichen Titel des „Umgetriebenen“ und „Dahergelaufenen“ erst noch ablegen, bevor man ihn zum Tourengeher und honorigen Wandersmann aufwerten konnte.

Um durch seinen sommerlichen Wandertrieb keinen Schaden an Amt und Würde zu erleiden, nutzte Professor Böttger sogar die Mittel der Diplomatie. Er schreibt: „Hin und wieder habe ich mich folgendermaßen vor erwähntem Verdacht bewahrt, daß ich einen Brief an den Gastwirt, dem ich zunächst mein Ich anvertrauen wollte, vorauslaufen ließ, worin ich meldete, daß die abschriftlich beiliegende Assignation an einen dortigen Geldmann den Beweis übernehmen könne, daß ich, ungeachtet ich zu Fuß ankommen würde, dennoch ein Pferd bis zum Herrn Gastwirt zu bezahlen vermöchte, und daß ich bäte, mich nicht deshalb, weil ich das Unglück hätte, bequemer, sparsamer und nützlicher zu Fuß als zu Pferde zu reisen, wie einen Landstreicher abzuweisen. Ein solcher Laufzettel hat nie seine gute Wirkung verfehlt, und ist stets auf Sicht honoriert worden."

Professor Böttger, mit dem sich der naturliebende Wanderer der Biedermeierzeit ankündigt, klagt mit einiger Ironie jene Zuvorkommenheit ein, die seine Zeit denen reserviert, die mit Pferd oder Kutsche am Ort ihrer Bestimmung eintreffen. Da er sich auf die Ebene des Fußvolks ausschließlich zu dem Zweck vergnüglicher Wanderschaft herabläßt, wünscht er keine Verwechslung mit Hausierern und Laufburschen. Mit Witz und einiger Schlagfertigkeit macht er so den Wendepunkt in der Geschichte der Gehkultur sichtbar.

Nach den geniezeitlichen Aussteigern, den Rebellen gegen Väter, Ämter, Würdenträger, nach den polizeilich gesuchten Unruhestiftern mit Jakobinermütze, nach dem ‚reisenden Franzosen' Johann Kaspar Riesbeck und verwandten Marschierern am Rande der Gesellschaft, nach all diesen Träumern, die sich der aufziehenden Rationalisierung und kalten Nutzbarmachung der Welt entgegenstellten und auch nach den Naturgelehrten, die sich zu Forschungszwecken in Berge, auf Einöden und Almen verstiegen, erscheint ein neues Gesicht in der Welt der Fußreisenden, ohne deswegen die übrigen, historisch ausgebildeten Facetten und Spielarten ganz zu verdrängen. – Der Wanderer, der nach seiner zivilen Erscheinung ein ebenso behagliches wie unauffälliges Leben führt, aber dieses um den zeitweiligen Genuß einer Tour bereichert. Noch vor dem Sommerfrischler kommt er auf den Geschmack der Fußreise und will dabei von Gastwirten und Polizei „mit vorzüglicher Hochachtung", also anständig, bedient werden.

Professor Böttger reklamiert, daß ihm diese Höflichkeit als Fußgänger auf dem Naturpfad häufig vorenthalten werde. In einem Gasthof als staubbedeckter Marschierer abgewiesen, erkundigt er sich nach der Ursache dieser schnöden Behandlung und erfährt: „Weil ich zu Fuß sei." Nach einigen klärenden Worten ist das Mißverständnis auf den Punkt gebracht. „Ein Professor der Rechte, sagte er, zu Fuße?? Eine Philosophie zum Erbarmen, dachte ich."

Also eine Uniform für die Etablierten unter den Fußreisenden?

Der Vorschlag mischt Satirisches in ein echtes Anliegen. Tatsache ist: Dieses gesellschaftliche Niemandsland, in das sich frühe Fußreisende abgedrängt sahen, sofern sie ohne Packtier und Bedienten unterwegs waren, entwickelte rasch Struktur. Charakteristische Ausrüstung und spezifische Artikel schufen ein kommunikatives Umfeld an Zeichen und Signalen, das die Gehkultur um 1800 regierte. Professor Böttger steht mit seiner Typisierung des Fußreisenden am Anfang dieser Geschichte. Was wir in seiner Beschreibung vorfinden, ist der Prototyp, das Urmodell des touristischen Wanderers:

Das Urmodell des Wanderers

„Halbgamaschen, schwarz und gewichst; auch im Sommer gute wollene Strümpfe; über die Waden Halbstrümpfe ohne Füße, von Baumwolle, oder Seide; – denn seidene gute Strümpfe sind fast in der Regel die dauerhaftesten, nehmen auch am wenigsten Schmutz an;

Beinkleider von feinem Leder mit gehörigem Spielraum; die Weste, wie gewöhnlich; ein kurzer Frack von leichtem feinen Tuche (feine Tücher sind die wohlfeilsten); die Westen aber nicht von Tuch, weil sich der Rock sonst so fest an die Weste hängt, daß das Fortkommen erschwert wird. Am lästigsten sind Beinkleider und Rock, wenn sie beide von Manchester oder Tuch sind, oder nur eins davon von Manchester, das andere aber von Tuch.

Über den Frack, der nicht bis in die Knie reichen darf, ein Überrock von dichter gefärbter Leinwand, der leicht ist und sich bequem waschen läßt.

An einer Schnur oder feinem Riemen von Leder von der rechten Schulter zur linken Hüfte hängt eine kleine lederne Tasche, worin in kleinen leichten und nicht steifen Fächern zu finden sind Schere, Messer, Feuerzeug, klein Geld, ein Terzerol, Nadel und Zwirn, das man im Fall der Not gleich zu Markte bringen und einen Zehrpfennig daraus lösen kann. Alle Riemen müssen lackiert sein, damit Regen und Staub ihr Spiel nicht haben.

Ganz geformt wie der menschliche Rücken, ruht auf ihm der Habersack für die nötigsten Bedürfnisse. Getragen wird er von einem über die Brust laufenden lackierten Kreuzriemen. Dick darf er durchaus nicht sein. Schwer noch weniger.

Nur das allernötigste an Strümpfen und Hemden. Gute dauerhafte Strümpfe und ein Paar Rahmenschuhe, allenfalls mit unterlegtem oder zwischengenähtem Korkholz, müssen unzertrennliche Gefährten sein. Auch ein Paar Pantoffeln.

Der Hut ganz leicht, rund, inwendig mit Stirnleder, und da, wo er auf dem Zopf zu ruhen kommt, mit einem schwarzledernen Puderabweiser versehen. Schnupftabak tut gute Dienste; Rauchtabak noch bessere. Die grünen Überzüge über Hüte taugen nicht. Der Wind fängt sich darin, bläst das dichte Zeug auf, und nun muß man fast rudern.

Um das Gelenk an der Hand wollene zwei Finger breite Binden, Handschuhe von Baumwolle gestrickt; von Wolle machen sie die Hand spröde, von Leder naßkalt; von Leinen schließen sie nicht.

Man sollte eigentlich nie so gehen, daß der Schweiß ausbrechen kann. Ists aber geschehen, so setze man sich nicht unter eine Linde, nicht auf die Flur oder Diele, nicht vor die Haustür, sondern sei fein bedächtig und trete in des Landmanns warme Stube, der in der Regel so vernünftig ist, seinen warmen Körper in der warmen Stube abzukühlen."

Eine Ochsentour über den Tauern

Dieser allein oder in Gesellschaft ausschreitende Fußreisende aus Passion begegnet in Salzburg seit etwa 1770. Damals stießen erste Pioniere, Naturwissenschafter, Reiseschriftsteller und Künstler in Gebirgstäler vor und stiegen auf Berge bis an den äußersten Rand der Gletscher. Belsazar Hacquet, Carl Ehrenbert von Moll und der ‚reisende Franzose' Johann Kaspar Riesbeck machen einen glanzvollen Anfang.

Mit einem kleinen Abstand folgt der Pädagoge, Philosoph und spätere Waisenhausdirektor Franz Michael Vierthaler, der Landesinspektion, Bevölkerungsstatistik, Kunstsinn und Landschaftsromantik miteinander verbindet. Häufig in seiner Begleitung ist der in Italien ausgebildete Landschaftsmaler Nesselthaler.

Bereits 1790 war einer – von der entgegengesetzten Seite her – über diesen Tauern gezogen, der sich mit der Rebellion des Sansculotten und Jakobiners durch den Staub der Landstraße bewegte. Seine *Reise von Venedig über Triest, Krain, Kärnten, Steyermark und Salzburg*, die er 1793 in Frankfurt anonym veröffentlicht, führt er teils zu Fuß und teils im Postwagen durch.

Auch dieser – ungenannte – Tauernreisende versieht seine Reiseeindrücke mit „historisch-statistischen Bemerkungen über die Regierung und Einwohner dieser Länder“ und untermauert so die Welt der Fakten mit jener der Erfahrung. Im Salzbergwerk Dürrnberg, das er sich als eine der bedeutendsten touristischen Attraktionen jener Zeit nicht entgehen läßt, finden die armen Bergleute seine Sympathie, die „sich über die Ankunft Reisender freuen, wo sie Trinkgelder bekommen.“

Aber noch haben wir diesen Wanderer mit Jakobinermütze jenseits des Tauern, in Tamsweg und Mauterndorf, von wo er seine Reise antritt. Den Reizen der Natur gewinnt er nicht viel mehr ab als das, was der Stil der Jahre vorgeprägt hatte, aber wo immer Menschen und ihre Arbeit im Spiel sind, zeigt er sich als guter Beobachter:

„Von Tamsweg, ein und eine halbe Post zu Tweng, fängt das hohe Gebirg der Radstädter Tauern an, welches mit abwechselnder Höhe bis Radstadt anhält. Auf diesem Gebirge sind ein Schloß, das Dorf Mauterndorf, und viele einzeln stehende Wohnungen. Bei Mauterndorf fängt sich das Gebirge erst recht zu erheben an, die Wege sind zwar gut, aber so steil und beschwerlich, daß man den Wagen Ochsen vorspannt, weil die Pferde allein nicht vermögend wären, die Wägen auf diese Anhöhen zu ziehen, wozu die Ochsen wegen ihres steten Gangs, und da sie an das Klettern gewöhnt sind, viel besser zu gebrauchen sind. Diese Tiere werden nicht paarweise, sondern immer einer hinter dem andern dem Wagen vorgespannt, weil sie wegen ihrer Größe in den schmalen Wegen nicht nebeneinander gehen könnten.

Die Wege sind meist der Natur nur abgestohlen, man hat von den Bergen hinweggehauen und Wege daraus gemacht, daher ist immer auf der einen Seite ein steiler Berg und auf der andern ein Abgrund. Diese Wege sind also fast immer, vorzüglich des Winters, gefährlich, könnten aber mit geringer Mühe besser und weiter gemacht werden und würden dem Land sehr viel eintragen, allein an solche löblichen Anstalten und Verbesserungen denkt man in diesem Lande nicht.

Die Postillons versicherten, daß man des Winters, wenn die Berge mit Schnee bedeckt seien, mit äußerster Vorsicht fahren müsse, weil leicht das Klatschen einer Peitsche oder starkes Rufen die eingespannte Luft so erschüttere, daß sich Schnee losreiße, der in seinem Herabwälzen immer größer wird und leicht, wenn er den Wagen unterwegs treffe, mit sich in den Abgrund reiße. Dieses geschah einige Jahre vorher, als ich diese Straße passierte.

Ein Lastwagen wurde von einer solchen Schneelawine mit Pferden und Menschen in die Tiefe gerissen und im Schnee lebendig begraben, sodaß man erst nach Abgang des Schnees die traurigen Überreste finden konnte. (Im Winter werden die Lastwägen gemeiniglich auf kleine Schlitten verteilt und die Wägen leer darüber geführt.)

Hin und wieder ist auf diesen Gebirgen ein Plätzchen urbar gemacht, wo Getreide wächst und ein einzelnes Haus steht. In vielen Jahren aber kommt das Getreide nicht einmal zur Zeitigung. Es war Oktober eines sehr heißen und fruchtbaren Jahres, als ich diese Gebirge passierte, und das Getreide wurde erst abgeschnitten und sah noch grün aus. Es ist auch so kalt auf diesen Gebirgen, daß mich die Leute versicherten, daß sie das ganze Jahr hindurch die Zimmer heizen müssen und selbst den damaligen außerordentlich heißen Sommer, der selbst den Italienern unerträglich fiel, die doch die Hitze gewohnt sind – unaufhörlich hätten einheizen müssen.

Diese Bergbewohner lieben aber auch die geheizten Zimmer außerordentlich. Ihre Öfen gleichen den Schmelzöfen und ihre Zimmer Badstuben, es ist unmöglich, in denselben auszuhalten. Gut für sie ist es, daß sie Holz genug und in der Nähe haben."

Der im Innviertel als Sohn eines einfachen Maurers geborene Schulmann und Aufklärer Franz Michael Vierthaler brachte die Vertrautheit mit dem Leben im Gebirge aus der eigenen Kindheit mit. Später hat er sich Natur und Lebensart des Landes erwandert, Eindrücke und Sittenbilder, wie das dazumals hieß, zur Notiz genommen und Landschaftsansichten gesammelt. Er machte Beobachtungen, stellte Recherchen an und führte Gespräche, bis diese Streifzüge Bücher füllten, in denen da und dort brillant getroffene Zeitbilder aufglänzen.

Die Armut und Dürftigkeit des Lungauer Volkslebens gibt er durch die Schilderung der Höfe und Keuschen wieder, über denen Scharen hungriger Häher flattern:

„Sie sind von hohen Gerüsten umstellt, auf welchen Puff-, Pferd- und Saubohnen – die gewöhnliche, beinahe einzige Mittagskost der Maurer, Zimmerleute und Taglöhner – an der Luft und Sonne getrocknet werden. Eine Menge Gebirghäher (Eichelhäher), im Lungau Kraksel genannt, flattern und krächzen beständig umher und rauben, wie die Harpyen dem blinden Phineus, den armen Einwohnern noch einen Teil ihrer Nahrung."

Der fußreisende Franz Michael Vierthaler, der, wie die meisten seiner Zunft, das Rüstzeug des Wanderers um klassisches Bildungsgut ergänzt und damit den harten Untergrund sozialer Realität idealistisch aufpolstert, läßt erahnen, was für ein Spielraum an Begegnungen sich mit dieser neu entstehenden Wanderwelt erschließt.

V. Fußvolk im Gebirge

Zehn Passagen, schmal eingeschnittene „Törln" über die Kette der Hohen Tauern, beschrieb der Archivar Friedrich Pirckmayer 1886 in seinem Bericht an den Salzburger Landtag, dort die Wege und Stationen aufführend, die seit dem frühen Mittelalter wieder instandsetzten, was Menschen in vorgeschichtlicher Zeit angelegt hatten: Handelswege und diplomatisch genutzte Verbindungslinien zwischen Nord und Süd.

Seit Bärenjäger der Altsteinzeit um 10.000 v. Chr. in den Alpenraum vorstießen, wurden diese Pfade begangen. Unter Felsendächern und in Höhlen fanden sich die Spuren ihrer Rast- und Lagerplätze. Einfache Klingen aus Silex und Bergkristall, verschiedene Steinbeile. Diese Jagdgruppen waren die ersten alpinen Ortskundigen, auf Strahlungsfeldern und Tierfährten drangen sie in die Tauernwelt vor. – Erhöhte elektromagnetische Bodenstrahlung verhindert stärkeren Pflanzenwuchs, weshalb schon dem Ursprung nach gilt: Gehen ist Aufladung mit Energie. (Wanderer heute nützen diese natürliche Wirkung gewissermaßen pur.)

Um 4.000 v. Chr. setzten sich erstmals Siedler im Bergraum fest. Das Nomadentum der Bärenjäger geht in Almwirtschaft und Sommerweiden über. Schon damals müssen Höhenwege den Nord-Süd-Verkehr über die Tauernkette ermöglicht haben; Bodenfunde legen dies nahe. Steinbeile vom Korntauern und vom Radhausberg markieren bereits für das 4. bis 3. Jahrtausend die Anwesenheit von Menschen im Hochgebirgsraum. Ob der Radhausberg damals schon das Ziel von Goldsuchern war, läßt sich nicht ermitteln, doch eröffneten diese Übergänge Jägern, Sammlern und Suchern eine Passage nach dem Süden.

Um 2.000 v. Chr., als sich die Herstellung von Bronze über Mitteleuropa verbreitet, gewinnt der inneralpine Raum Bedeutung als Lagerstätte von Kupfererz.

Im Salzachtal entstand Siedlung an Siedlung, mit wachsender Dichte im oberen Verlauf bis Krimml. Bei den Bodenfunden lösen nun Metallwerkzeuge die Steinbeile des Paläolithikums ab. Archäologische Zeugnisse belegen, daß die Verbindungswege über die Hohen Tauern intakt blieben.

Ein Bronzeschwert vom Kalsertauern, ein Bronzedolch von der Glocknerstraße, ein Kurzschwert vom Ritterkopf im Raurisertal sind die geschichtlichen Zeugnisse dieses Abschnitts. Die inneralpine Bronzezeit war eine nach Norden orientierte Kultur. Die Wege in die Mittelmeerwelt blieben zwar offen, waren aber ohne den Stellenwert von Wirtschaftsadern. Dies änderte sich mit Beginn der frühen Eisenzeit um 750 v. Chr.

Die Bewohner Norditaliens und Krains wurden zu dominierenden Handelspartnern, die im Tausch gegen das begehrte Kupfer Kultur und Handelsware in den Tauernraum brachten. Keramik, Schmuck, Glas wanderte über die Eisberge.

Nahtlos fügte sich daran der Tauschhandel mit Eisenerz, das durch keltische Schmiedekunst zu „norischem Eisen" veredelt wurde. Ein Markenbegriff, der den verhandelten Eisenbarren als Qualitätsmerkmal aufgeprägt war.

Mit den Kelten beginnt die erste Blütezeit des Tauernverkehrs. Man holte Waschgold und Eisen aus dem rauhen Land Innergebirg, das zusammen mit den Salzlagern des Dürrnbergs die Entfaltung der La Tène-Kultur ermöglichte. Ihre Zentren entstanden in Höhenlagen, und auf alpinen Saumwegen und Paßsteigen, die sich als feines Netz über die Tauern legten, entwickelte sich lebhafter Handelsverkehr.

Erstmals wird die Sprache zum Zeugnis der Geschichte. In Ortsnamen und Flurbezeichnungen überliefert finden wir die keltische Prägung dieses Bergraums, die hoch ins Glocknergebiet hinaufreicht. Keltisch ‚Alba' (weiß, licht) für die Alpen, ‚Ivarus' und ‚Igonta' für die Salzach, ‚Glan' rein, lauter, schön), ein Flußname, ‚Frutis' (Waldbach) für das Fritztal, ‚ambr' (Fluß) für das Ammertal (Felbertal).

Das Bruchstück eines Goldtorques (goldener Halsring), aufgefunden auf der Maschl Alm in Rauris, hat Vergleichsstücke in der Sanzeno Kultur an der Südseite der Alpen und repräsentiert möglicherweise die Devotionalie eines keltischen Bergkults, der bis in die Römerzeit und darüber hinaus synkretistisch fortlebte.

Wahrscheinlich ist dessen Verwendung als Weihegeschenk an eine Berg-, Natur- oder Quellgottheit. Vergleichbare Funde liegen vom St. Gotthard und St. Moritz in der Schweiz vor.

Als sich die Römer mit ihrer Rolle quasi kolonialer Handelspartner nicht länger zufrieden geben, erfolgt die politische Annexion des Alpenraums. Sie verläuft im Königreich Norikum vorläufig friedlich. Die römische Vormacht, die damit auch politisch besiegelt war, zieht die üblichen Verwaltungsmaßnahmen nach sich. Die keltischen Höhenburgen wurden aufgelassen, die Saumpfade und Steige zu Militärstraßen befestigt und teilweise fahrbar gemacht.

Die Römer konnten auf ein bereits bestehendes Wegenetz aufbauen, das die Unterwerfung des verwinkelten Bergraums „trans Alpina" binnen eines einzigen Sommers ermöglicht hatte.

Nach dem Zeugnis Strabos behielten diese Keltenpfade trotz ihres Ausbaus zu Römerstraßen viel von ihrer halsbrecherischen Gefährlichkeit bei: rauh, steil, enge, am Rande schwindelnder Abhänge durch schauerliche Felsenschluchten, über trügerische Schneelawinen und gefährliches Felsgerölle sich fortschlängelnd.

Wer sich heute durch das Gebiet der Tauern bewegt, kann hoch über der Baumgrenze noch die Geländespuren dieser „Heidenwege" entdecken, kapillare Lebensadern aus prähistorischer Zeit, die bis knapp an die Gletscher heranführen. Am Korntauern, der von Gastein durch das Anlauftal, an Radhausberg und Kreuzkogel vorbei, gegenüber den Spitzen von Feuerseng, Hoher Stuhl und Tischlkar, in einer Höhe von 2.500 m, nach Mallnitz in Kärnten führt, haben sich im Gelände die

Reste der römischen Fahrstraße erhalten. – Ein alter Keltensteig, an den römische Ingenieure den geodätischen Ehrgeiz setzten, sich selbst im Hochgebirge als Meister des Straßenbaus zu behaupten.

Auch der Heidenweg über den Felbertauern, dessen prähistorische Anlage aus Bodenfunden und Trassierung hervorgeht, beweist – wie der Extremfall Glocknerroute – einen ununterbrochenen Nord-Südverkehr in frühgeschichtlicher Zeit.

Die bestausgebaute Römerstraße, die Handelsverkehr und Truppenbewegungen in größerem Ausmaß erlaubte, lief über den Radstädter Tauern. Straßenstationen im Abstand einer Tagesreise deckten alle Bedürfnisse der Reisenden. Nach Reschenpaß und Brennerroute war dies die östlichste der offiziellen Reichsstraßen über die Zentral- und Ostalpen. Im Unterschied zu den weniger frequentierten Seitenarmen bot die Route über den Radstädter Tauern, von der bei der Straßenstation Immurium (Moosham) ein Weg über den Katschberg (Leißnitzgraben) nach Teurnia führte, alle Sicherheiten einer geregelten Staatsverwaltung. Meilensteine, eine Reihe davon ist bis heute erhalten, zeigten die Entfernung zur nächsten Station oder Stadt an.

Erst die Jahrhunderte der Völkerwanderung haben dieses Straßenleben unterbrochen oder auf wilde Durchzüge eingeschränkt, um aber dann unter dem Schutz der Kirchen zu neuem Leben zu erwachen.

Im 8. und 9. Jahrhundert wurden die Saumwege über die Bergrücken der Tauern wieder aufgemacht. Die Frage der Wegsicherheit und Straßenstationen, für die einst Rom oder fürstliche Gastfreundschaft gebürgt hatte, mußte neu gelöst werden. Doch erwies sich der Klerus als getreuer Erbe des zerstörten Imperiums. Aus Kirchenbesitz gingen die Tauernhäuser und – weiter talauswärts angelegt – Spitäler hervor, die das in Stücke gebrochene Wegnetz wieder instandsetzten. Bauern und Wirte sind als die Betreiber dieser Tafernen oder Tauernhäuser genannt, die für ein nicht eben großzügiges Getreidedeputat eine ganze Bürde voll Pflichten übernahmen: Sie erhielten den Weg, setzten vor Einbruch des Winters die Schneestangen, läuteten bei Wetterstürzen die Glocke, um verirrten Wanderern ein Zeichen zu geben, halfen in Notfällen mit wärmenden Kleidungsstücken aus und waren überdies angehalten, mittellosen Wanderern mit Kost und Hilfe beizustehen.

914 wird erstmals der Übergang über den Rauriser Tauern erwähnt. Schößwendt und Spital, die Tauernhäuser auf dem Weg ins Felbertal, sind seit 1543 als Tafern mit Schankrecht nachweisbar. Laut Aufzeichnungen aus Mittersill bezogen sie folgende Zuschüsse aus öffentlicher, also kirchlicher Hand: Je 3 Metzen Weizen, 6 Metzen Bohnen, 18 Metzen Gerste, 9 Metzen Roggen und 36 Metzen Hafer.

Die Lasten der Verantwortung scheinen den Vorteil dieses Zubrotes häufig überwogen zu haben, denn in zahllosen Eingaben haben Tauernwirte – vielfach vergebens – ihre Klagen über dieses Mißverhältnis vorgebracht.

1708 wird der neu bestellte Tauernwirt Veit Preßlaber bei der Salzburger Hofkammer vorstellig, um Pflicht und Schuldigkeit seines Amtes auf das Maß des Zumutbaren herunterzudrücken. Auf seiner Soll-Seite ist angeführt: Den Weg oder ‚Samschlag' auf dieser Seite des Tauern zu erhalten, die Zeiger (Schneestangen) von Zeit zu Zeit aufzustecken, gebrechlichen und anderen armen unvermöglichen Personen fortzuhelfen, auch diejenigen, welche nichts verzehren, zu beherbergen, ihnen Salz und Holz unentgeltlich beizugeben, auch die Verstorbenen und Totgefundenen nach Matrei hinabzubringen und zu bestatten.

Mit dem Goldrausch der Hohen Tauern, der das feudal verschlafene Europa in brachialen Schüben kapitalisierte, erhielten diese „Törln" über die Tauern wieder eine Schlüsselstellung in einem sprunghaft steigenden Verkehrswesen. Die Macht der Fugger legte ein ganzes Straßennetz über die Alpen, aber zuvor noch, um 1500, bauten Leonhard von Keutschach und

Matthäus Lang die alten Paßpfade zu Karrenwegen aus, befestigten und verbreiterten sie, um damit Handelswege und Werksstraßen zu schaffen.

Der Tauernraum stieg zum Goldland der Gewerken auf, bis auf der Spitze dieser Entwicklung, im 16. Jahrhundert, der europäische Finanzmarkt vom Gasteiner Radhausberg aus mitregiert wurde. Saumhandel und Warenverkehr kamen damit in ungeheuren Schwung, aber Strukturen wie Güter dieser Tauschwege blieben in ihren Grundrissen unverändert.

Schon um 200 v. Chr. wanderten Bergleute aus dem Imperium Romanum in die Goldbergwerke der Taurisker ein und damit in die Abbaugebiete des norischen Eisens. Kaufleute – Syrer, Griechen, Kelten, Römer – verhandelten das bunte Angebot des Südens gegen Erzeugnisse aus dem Norden. Das waren: Metalle, Pelze, Leder und Speik, die Valeriana celtica, die nach dem Zeugnis Plinius' wegen ihrer antiseptischen Eigenschaften und reichen Aromastoffe als Insektenschutzmittel zwischen die Kleider gelegt wurde.

Die begehrteste Importware aus dem Süden war und blieb der Wein, der gewürzte vor allem, den die Kelten, wieder ist Plinius unser Geschichtszeuge, nicht in Tongefäßen, sondern in Holzfässern auf Karren in ihre Berge verführten.

1.600 Jahre später finden wir die Grundzüge dieses Tauernhandels unverändert. Ein bedeutender Teil des Salzburgisch-italienischen Handelsverkehrs wurde, solange Gastein noch Bergwerksort und damit Handelsplatz von alter Größe war, über den Naßfelder- oder Mallnitzer Tauern abgewickelt.

Zwei alte Saumpfade verbanden den Ort mit dem Süden. Beide führten in einem erschöpfenden Marsch von zumindest neun Stunden nach Mallnitz. Der erste zieht sich als ein für Saumpferde und Treibvieh gangbarer Weg durchs Naßfeld, führt eineinhalb Stunden steil bergwärts, bevor er, in einen Sommer- und Wintersteig getrennt, zwischen Gamskogel und Ramingspitze die höchste Erhebung erreicht und von dort in engen Schluchten talwärts führt. Der zweite Saumweg zieht sich durchs Anlauftal, wo neben dem Bach noch die Spuren des Heidenwegs verlaufen, den Korntauern hinauf.

Unter den Waren, die nach Gastein eingesäumt wurden, war Blei aus Villach, für das von seiten der Erzschmelzwerke Nachfrage bestand, dann Kärntner Stahl- und Eisenerzeugnisse, italienische Samt- und Seidenzeuge, Gewürze, Südfrüchte, Honig und vor allem Wein, der nur langsam vom Bier verdrängt wurde. Zahllose Fässer Tirolerwein, dazu Muskateller und Malvasier, wurden auf dem Saumroß durchgebeutelt, bevor sie den Stapelplatz Gastein erreichten.

Im Gegenzug wurde – wie eh und je – Salz, Gold, Silber, Kupfer, Vieh, Leder gegerbt und ungegerbt, Leinwand, Loden, Holzwaren und Räucherfleisch nach dem Süden ausgeführt. Unterstützt durch den kometenhaften Aufstieg des Gewerken Christoph Weitmoser wurde Hof in Gastein neben Friesach, Villach, Gmünd und Mauterndorf zu einem der bedeutendsten Speditionsplätze des süddeutschen Handels. Patrizier aus den Städten Süddeutschlands und etliche Adelige aus Österreich unterhielten hier ein Kontor, um Kapital auf den Handel mit dem Tauerngold zu setzen.

Die Straßenbilder dieser Goldblüte waren dagegen von Armut, Entbehrung und Not gezeichnet. Neben den Säumertrupps zogen Hausierer mit Buckelkorb, Wanderarbeiter, Handwerker auf der Walz, Knappen auf Stellungssuche, Steinklopfer, Kräutlbrocker, Hirten und Roßtäuscher über Berg. Fußvolk eben, das diese Lebenslinien über die Tauerntörln offenhielt.

Kaum ein Kaufmann, kaum ein Gewerke, der sich hier blicken ließ. Es waren Arbeitswege, die sich da an Schluchten zwängten, um Eisbäche schlängelten und unter Steinschlag und Lawinengefahr bergwärts führten, schweißtreibende, drückende Steige, wo jeder Schritt Gewicht hatte, jeder Tritt zur Vorsicht mahnte. Wege, die einem den Mund verschlossen.

Zum Vergnügen stieg man nicht dorthinauf. Aber was hieß

das schon – Vergnügen – in einer Zeit vor der Zeit unserer Freizeitgesellschaft? Es war die reine Freude, sich nach dem erschöpfenden Marsch auf der Hüttenbank niederzulassen. Das Rot am Abendhimmel war ein Glück und günstiges Vorzeichen. Ein Schluck Wasser und ein Bissen Brot und Käse, das konnte selbst harte Tage rund machen, und mitunter gab es Augenblicke von erhebender Schönheit, die einem das Herz aufrissen.

Aber alle diese Marschierer über Berg hätten sich über die Unterstellung entrüstet, sie wären zu ihrem Vergnügen unterwegs. Sie hatten etwas zu tun. Und sie wollten etwas erreichen. Da gab es zwar Spielraum für das Ungefähre, nur dem Gespür Erschließbare, – aber wer hätte davon reden wollen? Man konnte allenfalls davon singen.

In der Tiefe dieses Raums blieben für die Menschenwelt gerade ein paar schmale, magere Streifen Erdboden. Daran hielt man fest; ging in dieser Trittspur des Überlebens, während man das Mächtiggroße des Himmels in überschaubare Gegenstände der Verehrung bannte. Bildstöcke und Marterln begleiteten den Weg, und auf der Paßhöhe oben knatterten am Kreuz bunte Tuchfetzen im Eiswind. Etwas Verhaltenes und Angestrengtes, das dem Zwergwuchs von Krüppelkiefern gleicht, bestimmte seit eh und je das alpine Innenleben.

Gefaßtsein mußte man, um eine Überquerung der Tauern zu wagen, gefaßt auf die Beschwerlichkeit des Weges, gefaßt auf die bedrohliche Ödnis des Bergraums, wo man in nomadische Urzeiten zurücktauchte.

Zu wandern, das bedeutete, der Not gehorchen, aber auch – sein Glück versuchen. Die da zu Fuß oder mit Tragtieren über die Tauern stiegen, gaben den Anblick einer bunten Sammlung: Säumer, Wallfahrer, Steinklopfer, Strahler, Hausierer, naturkundige Professoren, Wurzengraber, Halsabschneider.

1. Saumschlag über den Tauern / 2. Goldscheider am Radhausberg / 3. Hirte / 4. Radstädter Tauernpaß mit Bote

uer Schneeschaufler / 6. Felsenhöhle mit Zechern bei Mondschein

Kalser Weber im Tauernschnee

Am Gänglband der Armut wanderte alljährlich um Lichtmeß eine Gruppe Kalser Weber über den Stubach Tauern, der von allen Tauernpässen am anstrengendsten zu überschreiten ist. An die 20 Männer verließen das Dorf, um bei Nordtiroler Tuch- und Lodenerzeugern Arbeit zu finden.

Tag und Stunde des Abmarsches waren lange vorher ausgemacht. Es war im Morgengrauen und noch dunkel, wenn sie beim Spöttling oder Tauerer, den höchstgelegenen Höfen des Tals, zusammentrafen. In der Stube wartete bereits der Pfarrer, um ihnen zum Abschied die heilige Messe zu lesen. Dann brachen sie auf. Seile auf das Marschgepäck aufgebunden, um sich im Fall einbrechender Eisdecken oder losbrechender Lawinen helfen zu können.

Bald verlor sich das dumpfe Knirschen, mit dem sie ihre Schritte auf den gefrorenen Schnee setzten. Aus der Himmelskuppel strahlte noch das Funkellicht der Sterne. Stunden später, wenn sie mit verhängten Gesichtern über gleißendes Schneeland stapften, hatten sie die halbe Höhe des Tauern erreicht.

Sie stiegen wie die Zugvögel empor. Der ermüdende Platz an der Spitze wurde immer neu besetzt. Lag Neuschnee, war der Spitzenplatz nur kurz zu halten. Das Waten im schweren Schnee ist ungeheuer erschöpfend. Sobald der Vorgänger seine Kraft verbraucht hatte, trat er aus der Reihe, ließ den Zug vorüberziehen und schloß sich als letzter wieder an.

Die Kalser Weber blieben bis zu Beginn des Sommers im Dienst als Tagelöhner und Fabrikarbeiter, verlangten schließlich die Auszahlung des mühsam Ersparten, packten ihr Bündel und brachten die bescheidene Summe zurück über den steilsten und beschwerlichsten der Tauernwege, den Stubach-Kalser Tauern eben, den sie auf dem Weg nach Hause einzeln, jeder für sich allein, zurücklegten.

„Wandern", das hatte in der Welt der Landarbeiter einen anderen Klang als in den Ohren der Alpinisten und Tourengeher. Dienstboten wanderten, wenn sie ihren Arbeitsplatz wechselten. Zu Lichtmeß zogen sie, die kleine, magere Habe auf einen Schlitten gepackt, von ihrem letzten Dienstgeber an ihren neuen Dienstort. Häufig führte dieser Weg in die Februarkälte von Waldsteigen und Bergpfaden, zwang ein stundenlanges, einsames Gehen auf, bis einer angelangt war, wo er wieder ein Dach über dem Kopf hatte.

Alle diese Wege umspannten eine Welt, der nicht die Reise, sondern die Heimkehr, nicht der Weg, sondern das feste Grundstück, weniger der Austausch als das Eigentum heilig war. Aus der Sicht dieser unverrückbaren Welt streifte alles Unbeständige und Ungebundene die Nähe eines Sakrilegs. Wer sein Elternhaus verließ, tat es unter dem Eindruck der biblischen Geschichte *Vom verlorenen Sohn*. Gefährlich und gefährdet war auch der Fremde, der ein Stück des Weges zum Begleiter wurde.

Eine Zigeunergeschichte aus dem Lungau bildet eine eigenwillige Abwandlung der biblischen Geschichte:

Es muß zu Anfang des 19. Jahrhunderts gewesen sein, als Zigeuner, die durch den kleinen Ort Lintsching kamen, ein Bauernmädchen mit sich fortnahmen. Man mutmaßte, das Kind habe sich von den Süßigkeiten, die die Fahrenden gelegentlich verschenkten, dazu verleiten lassen. Denn im Gegensatz zu der auf Selbstversorgung abgestellten Hauswirtschaft der Bauern, die von dem lebten, was der eigene Boden hergab, umwehte die Feuer der Zigeuner ein märchenhafter Küchendunst verlockender Ferne. Und sie hatten, so sagten die Kinder, Zetteln, Zuckeln, Guatzl, Gschleckert.

Die Geschichte, so wie sie überliefert ist, verrät nichts über die mögliche Anwendung von Gewalt, verbürgt jedoch die

Rückkehr des Mädchens, das die fahrenden Leute nach einem Jahr oder schon nach einigen Monaten wiederbrachten.

Die verlorene Tochter, so könnte man meinen, kehrte nach diesem Ausflug in die Welt der Zigeuner, die sich mit dem Lauf der Landstraße fortlaufend neu und anders darbot, auf den festen Boden des Heimischen zurück. Aber dort wartete eine Mauer der Ablehnung auf dieses undurchsichtig bewanderte Wesen. Nicht das heimgekehrte Mädchen fremdelte, sondern die Mienen der Zurückgebliebenen waren verriegelt. Das zum Fremdling gewordene „Eigene“ wurde nicht mehr aufgenommen.

Mit einem schrammenden Stoß fiel die Haustür ins Schloß, und die Zigeuner nahmen die „verlorene Tochter“ wieder mit auf die Fahrt.

In dem festumrissenen Lebenslauf der Gebirgswelt waren die Wege, die man hatte, auf Markttage, Feste und Wallfahrten beschränkt. Für Boten, Fuhrleute, Jäger und Almleute gehörten sie zum Beruf. Der Handwerker ging zur Vervollkommnung seiner Kenntnisse außer Landes. Aber er war deswegen noch lange nicht Herr seiner Wege. Ein Handwerksbuch, in dem Nachweis über Arbeitgeber und Routen zu führen war, hielt den Wandernden unter eiserner Aufsicht.

Zu Anfang des 19. Jahrhunderts, als Joseph von Eichendorff seinen saumseligen Taugenichts in die Freiheit der Landstraße entläßt, kam in Berlin *Leopold Fröhlich's Universal-Reise-Taschenbuch. Ein unentbehrliches Handbuch für Fußreisende, insbesondere für Handwerker und technische Künstler* auf den Buchmarkt, das sich seinen Lesern als praktischer Ratgeber empfahl, bedacht auf die Gefahren des Unbekannten. Kein Buch also, das den Reizen des Wanderns nachspürte, sondern sich der Zwänge, Ängste und Notlagen von Fußreisenden annahm.

Nach seinem Vorbild trägt der wandernde Handwerksmann, gut beschuht, beschirmt und behütet, seine Habe im Felleisen, Ranzen oder Tornister und ist dazu mit einem derben Stock bewaffnet, der am unteren Ende mit einer Eisenzwinge, oben mit einem Lederriemen versehen ist. Gewarnt wird vor dem gemächlichen Über-Land-Ziehen, das den Wanderer angeblich in Gefahren lockt und schließlich zu Fall bringt.

„Allein zu wandern, ist weder angenehm noch sicher. Wohl dem, der einen oder zwei Reisegefährten findet! Doch nicht jedem schließe dich an; suche erst genauer mit deinen Reisegefährten bekannt zu werden. Je zurückhaltender du bist, desto besser ist es für dich, und etwas Mißtrauen schadet auf der Reise nicht, denn du siehst deinem Kameraden zwar ins Auge, aber nicht ins Herz. Erzähle daher nie zu viel von deinen Verhältnissen, nichts von deinen Plänen; verbirg besonders deine Vermögensumstände, und wenn du auch Geld hast, so stelle dich ärmer als du bist; zeige nie mehr Geld, als du gerade notdürftig brauchst: der Arme findet zuweilen mitleidige Herzen, der Prahler und Wohlhabende aber Feinde und Neider. Zu viele Reisegefährten vermeide unter allen Umständen.

Halte dich, soviel du kannst, auf der Landstraße. Wenn du die Herberge verläßt, so erkundige dich zuvor genau nach dem rechten Weg, schreibe dir ebenfalls die Merkzeichen und Ortschaften auf, welche du bis zu deinem nächsten Ziel berühren mußt; doch auch bei der Erkundigung danach sei vorsichtig und verbirg, wenn du verdächtige Menschen bemerkst, das Ziel deiner Reise."

Offensichtlich arglos und wenig bewandert in den Abgründen des Straßenlebens war ein junger Handwerksgeselle, der nach einer Aufzeichnung Ignaz von Kürsingers im Jahr 1808 seine Lehrzeit in Salzburg beendete, um sich auf den Heimweg nach Kärnten zu machen. Der Maurergeselle war das Salzachtal aufwärts bis nach Radstadt gewandert, dort auf den Paßweg abgezweigt und schließlich nach Mauterndorf gekommen, wo er in einem Wirtshaus einkehrte. In Bruchstücken war er über eine Abkürzung im Bilde, die von Mauterndorf über den Trogberg nach St. Michael führte, von wo er seinen

Weg über den Katschberg fortsetzen wollte, um ohne weiteren Aufschub bei seiner Familie anzukommen.

Unbekannte Weggefährten und wenig begangene Steige meiden! – Der junge Kärntner Maurer schlug in Erwartung seiner raschen Heimkehr beide Grundsätze in den Wind und büßte seine Vertraulichkeit als Opfer eines abscheulichen Verbrechens.

„Zwei unbekannte Kerls, die im nämlichen Wirtshaus zechten, hörten seiner Rede zu und sagten: daß auch sie nach St. Michael über den Trogberg gehen und des Weges wohl kundig seien. Er möge daher sich ihnen anschließen.

Der junge Maurergeselle war dessen froh, und die drei gingen bald darauf fort, um – nach St. Michael zu kommen.

Niemand dachte mehr an die drei, als desselben Abends in einem Gasthaus zu Mauterndorf von jemandem erzählt wurde: er sei heute auf einer Alm am Trogberg gewesen und habe um die Mittagszeit herum aus der Gegend des nach St. Michael führenden Fußweges, wo viel Walddickicht den Boden deckt, ein schreckliches dumpfes Gebrüll herübergehört und könne es sich nicht deuten. Er sei anfangs der Meinung gewesen, daß es ein Mensch sein könnte, den ein Stier gefaßt oder der irgendwo abgestürzt sei; er horchte, da er aber keine bestimmten Laute, sondern nur ein Gebrülle, ähnlich dem eines wildgewordenen Stieres vernahm, so kümmerte er sich nicht weiter, obgleich dieses dumpfe Brüllen noch eine gute Weile fortdauerte.

Des anderen Tages verbreitete sich im Markte die Nachricht, man habe abseits des Fußweges nach St. Michael im Dickicht einen jungen Menschen tot gefunden, welcher auf eine gräßliche Art verbrannt worden ist.

Es wurde sogleich gerichtliche Anzeige gemacht, und der obrigkeitliche Tatbestand bestätigte die Wahrheit der Schaudertat.

Man fand nämlich die Leiche desselben jungen Maurergesellen, rücklings in gebückter, halb sitzender Stellung an einen

Baum gebunden. Unter ihm hatten die Unmenschen Feuer gemacht, durch das allmähliche Braten des Hinterteils tropfte das Fett des Gefolterten ab, das die Ungeheuer in kleinen Gläschen auffingen, davon noch mehrere leer am Unglücksplatz zurückblieben."

Der Mund des Unglücklichen war zugebunden, daher das dumpfe Gebrüll des in langsamer Feuerqual Sterbenden.

Einzige Erklärung dieses unsinnigen Geschehens: Es bestand damals noch bei einigen Leuten der furchtbare Wahn, daß man durch Menschenfett Hexerei treiben, Schatzgraben und Teufelsspuk üben und dadurch reich werden könnte.

Neben der Leiche fand sich unberührt das Wanderbündel mit dem Geld, das Reisezeug und der Wanderpaß des Unglücklichen.

VI. Schrittmacher und Meßkünstler

Die Französische Revolution und die Armeen Napoleons hatten die Tektonik Europas aufgebrochen, verschoben und neu geformt. Grenzen waren gefallen, der Horizont ins Große gewachsen und soziale Rangstufen relativiert. Fürstentümer waren wie Spielzeugschachteln vom Tisch gefegt worden, Grenzbalken niedergetreten und sichtbare wie unsichtbare Schranken gefallen.

Der Raum der Hierarchien lichtete sich.

Die Macht der Torhüter, Grenzposten, Passierscheine und Pässe, schließlich die abgezirkelten Winkelzüge der Etikette, die wie die Tanzschritte des Hoflebens zu beherrschen waren, schmolz dahin. Die Klassen, Schichten, Mentalitäten rückten soweit aufeinander zu, daß sich der Spiegel der Wahrnehmung zum Gesichtskreis rundete. In seiner Mitte nahm das bürgerliche Individuum Aufstellung. Der Orbis wird zur Naturlandschaft, deren höchste Erhebungen zu Blickpunkten, die das Panorama, also die Rundsicht schaffen.

Die Sichtweisen werden bürgerlich. Natürlich nennt sie der Bürger selbst.

Die zivile, nicht militärische Nachfrage nach Kartenwerken steigt. Die Vermessungstechnik nimmt an Umfang wie Feinheit zu. Geoplastiker formen Naturraum zu maßstabgetreuen Reliefs. Der Wandel in Optik und Sehgewohnheiten der Zeit bringt neben der Rundsicht des Panoramas den ästhetisch ausgewählten, farbgetönten Landschaftsausschnitt, wie ihn das Claude-glas ermöglicht.

Die Alpen wurden Mode. Mehr noch – Pionierfeld für die Gehversuche eines Jahrhunderts, das sich diesem Reich der Natur in doppelter Absicht näherte: Fortschritt zu beschleunigen und Fortschritt zu verweigern. Indessen belebten sich die Wege, Steige und Straßen.

Den Anfang dieses Bewandertseins machte noch das 18. Jahrhundert, als eine zivilisationsmüde Rokokogesellschaft die Gespreiztheit der Salons gegen ländliche Hirtenspiele vertauschte und so auf den lockeren Spaß des Spaziergangs kam. Zu gehen, das hieß, seinen Körper, die eigene Kraft und die Welt hinter der Biegung der Landstraße zu entdecken. Aber auch der Durchschnittsbürger verschafft sich Bewegung. Aus dem Spaziergang rund ums Städtchen, das sich gerade Luft gemacht hatte, indem es seine mittelalterlichen Befestigungsanlagen losgeworden war, ergab sich die Landpartie, und von der Landpartie war es nur mehr ein Schritt bis zur Fußreise.

Das „Natürliche" wurde zum Schlüsselwort. Es versprach Gefühl ohne Schminke und die Sinnlichkeit einer frisch entdeckten Landschaftswelt. Dem „Natürlichen" entsprang auch der Bewegungsdrang und Erlebnishunger einer Gesellschaft, die in der Natur eine Vielzahl von Wünschen verfolgte:

Aufzuräumen mit den geschnürten Leibern und den geknebelten Ansichten, mit den engen Gesinnungen und stickiger Schulluft, mit starren Vorschriften, bedrückender Moral und aufgezwungenen Traditionen. Bereits die Vorbeben der Revolution erreichen in weit ausschwingenden Wellen paradiesgrüne Täler und schneeweiße Höhen, wo man die Geburtsstätte der Demokratie vermutete.

Auf Schusters Rappen die Gegend zu bereisen, lockte mit der Sturmluft des Unkonventionellen und mit der Befreiung von drückenden Reglements. Doch neben der Protestgeneration aus Sturm- und Drangtagen standen mit Meßkästen bewehrte Naturforscher. Natur – den einen literarischer Spielraum einer paradieshaften Genußphilosophie, wurde andererseits zum Aufmarschfeld der Technokratie. Ihr Vorwärtsschreiten mit Barometer, Geologenhammer und Pflanzenpresse mochte sich bieder oder romantisch gewanden, dahinter bahnt sich das maschinelle Surren des industriellen Fortschritts an.

Aber vorerst zeigt sich dieser Aufbruch von seiner berührendsten Seite. Die Wanderwelt der Gebildeten kreuzt auf dieser Fährtensuche die Arbeitswege eines ländlichen Fußvolks, das auf den Beinen war, solange es in Diensten stand.

Der Schlosser July

Das Feste und das Flüchtige, das Unbeständige und das Bleibende verschränkten sich im Lebensweg des Schlossers July, den dieser am 22. Jänner 1787 im bayrischen Immenstadt antrat. Der Sohn eines Strumpfstrickers, über dessen Kindheit nichts weiter zu erfahren ist, wird im Alter von 14 Jahren zu einem Schlosser nach Kempten in die Lehre geschickt und vier Jahre später zum Gesellen freigesprochen.

Er unternahm nun, was von seinesgleichen erwartet wurde, ließ sich ein Handwerksbuch ausstellen, schnürte sein Bündel und zog auf die Walz. In München, Angelberg, Großeyting und Landsberg fand er Arbeit und wagte sich schließlich, vielleicht von den Truppenbewegungen der Napoleonischen Kriege dazu ermutigt, über die heimatlichen Grenzen und landet, man weiß nicht wie, jenseits des Radstädter Tauern, im Lungauer Tamsweg. Dort beendet er 1807 seine Wanderjahre. Er tritt beim Schlossermeister Josef Seitner als Geselle ein, macht sich ansässig und bald unentbehrlich.

1816 bietet sich die Gelegenheit, den Betrieb des Meisters käuflich zu erwerben, und er greift zu. In den kommenden 36 Jahren erwirbt sich seine Werkstatt den Ruf einer Kunst- und Ideenschmiede von Rang und Meister July selbst den Namen eines genialen Konstrukteurs.

Es waren glanzvolle Zeiten für die Hersteller geodätischer Instrumente, für Vermessungstechniker, Zeichner und Kartenstecher, und der Ovalzirkel, den July entwickelt hatte, gelangte im Salzburger Industrieverein zur Ausstellung. Sein einsames Können fremdelte freilich in der dörflichen Umwelt des Lungaus. July hatte es wie einen Meteor in diesen entlegensten Gebirgsgau des Landes Salzburg verschlagen, und sein einzigartiges technisches Geschick nahm von daher den Geruch des Wunderbaren an. Berühmt waren seine trickreichen Schlösser und Hängekassen, die moderne Erfindungen vorwegnahmen. Eins dieser Zauberschlösser hatte er am Stehkasten seines Wohnzimmers befestigt:

„Dieses Schloß hat eine gewisse Anzahl beweglicher messingener Ringe mit einer gemeinschaftlichen Achse, jeder Ring hat eine arabische Ziffer, und die Kunst besteht darin, eine gewisse unbekannte Zahl hieraus zusammenzusetzen. Die Kabbalistische Wissenschaft dürfte zu diesem Geheimnisse den Schlüssel bieten."

Dabei erwies sich July selbst keineswegs als Geheimniskrämer. Er gab sein Wissen bereitwillig weiter. Aus dem weiten Umkreis suchten ihn die Schlosser und Uhrmacher auf, wanderten für einen Ratschlag sogar über den Tauern. Die Verfertigung einbruchsicherer Schlösser und die Feinmechanik des Uhrmacherhandwerks standen im Mittelpunkt dieser Werkstattgespräche.

Etwas abgerückt von diesem Alltagsbedarf stand ein Instrument aus Julys Werkstatt, das durch den deutschen Reiseschriftsteller Friedrich Nicolai nobilitiert worden war. – Der Distanzen- oder Schrittmesser. Man erinnere sich. Friedrich Nicolai, ambitioniert und universalgebildet, hatte die Gelehrtenreise auf höchstes Niveau gehoben und sich deswegen in Geschichtswerken einen Platz erobert, exakt in der Mitte zwischen Monument und Karikatur.

Generalstabsmäßig war er in seiner Privatkalesche durch Europa gekreuzt, eigentlich: gejagt. Nur das an sich heranlassend, was den Wert einer kulturellen, politischen oder ökonomischen Nachricht hatte – luftdicht verpackt in papierene Kommunikation. Strenggenommen waren es keine Reisen, sondern Unternehmungen, die nach Programm durchgezogen wurden:

„An jedem Orte, wo wir ankamen, lag sozusagen auf einem Blatte vor uns, was wir da zu verrichten hatten; und da auch die dazu nötige Zeit bestimmt und angemessen war, so konnte es wirklich geschehen."

Nicolais surrende Wagenräder nehmen die Maschinisierung der Landstraße und den hohlen, grellen Straßenlärm des Reisens vorweg. Der exzentrische Fetisch dieses industriemäßigen Reisefiebers war am Wagenrad seiner Kutsche befestigt: Der erwähnte Schritt- oder Distanzenmesser; er ist bald so berühmt wie die endlosen Kilometer seiner Fahrten und die Opulenz der Berichte.

Auch der Reisefachmann Reichard gibt in seinem *Passagier auf der Reise* eine minutiöse Beschreibung: „Ein Schrittmesser ist ein Instrument, das, wie der Wegmesser am Wagen, auf eine bequeme und unmerkliche Weise die Distanzen nach Schritten abzählt, die man zu Fuß zurückgelegt hat. Einen solchen Schrittzähler verfertigte Catel zu Berlin für Nicolai, der ihn in seiner Reise beschrieben hat. Er hatte eine Scheibe und auf derselben drei Zeiger, wovon der erste 100, der zweite 1.000, der dritte 20.000 Schritte zählte. Dies Instrument wurde mit einem Haken rechts am Band der Beinkleider befestigt, und es ging von demselben eine seidene Schnur längs dem Schenkel, welche in der Gegend des Knies an die Beinkleider mit einer gebogenen, stählernen Spitze angemacht wurde. Bei jedem Schritt zeigt der erste Zeiger zwei, weil der Schritt, den der linke Fuß tut, sonst nicht mit bemerkt worden wäre. Nach Gilbert verfertigt ein Uhrmacher in Halle solche Schrittzähler für den Preis von fünf Reichstalern, und die schon mehrmals gerühmte Vestelmeyersche Handlung zu Nürnberg läßt sich nicht mehr als den mäßigen Preis von 6 Gulden rheinisch dafür bezahlen. Obgleich dieses Instrument keine unentbehrliche Meuble für jeden Fußgänger ist, so kann es doch manchem Fußreisenden willkommen und nützlich sein."

So urteilte ein Zeitgenosse über den Nutzen dieses Meßgeräts, das vom Hosenbund fußreisender Landvermesser auf Kutschenräder wechselte und wieder retour ging, um schließlich – trivial aber unentbehrlich – das technisierte Verkehrswesen der Zukunft zu beherrschen.

Als zur Biedermeierzeit ein mechanicus ingenialis im Lungauischen Tamsweg diesen Kilometerfresser in Eigenbau herstellt, war er vermutlich für das Hosenbein von fußreisenden Wanderern bestimmt, die damit in der Bergwelt der Niederen Tauern auf Tour gehen wollten. Dem Schlosser July, selbst ein Eingewanderter, war mit dem Gerät ein aufsehenerregender Anschluß an die Techno-Hits von damals gelungen.

Alexander von Humboldt und die Salzburger Polhöhe

Ein Mann, nein, ein Herr von ganz anderem Schlag, dessen überragende Leistungen im Bereich der Meß- und Rechenkunst einem größeren Publikum bekannt wurden als dies für das Provinzgenie July vorgesehen war, traf am 26. Oktober 1797, von Wien und Bad Aussee her anreisend, in der Stadt Salzburg ein und verbrachte hier, ohne darauf vorbereitet zu sein, den ganzen Winter. Erst am 24. April 1798 wird er dieser ernsten kleinen Stadt den Rücken zukehren und nach Paris reisen.

Es ist Alexander von Humboldt.

Als preußischer Bergmeister war er bereits 1792 im Lande gewesen und hatte das Salzbergwerk Dürrnberg besucht. Diese Verbindung zum Bergbau bleibt aufrecht, denn er bekommt bei Carl Ehrenbert Freiherrn von Moll, der mittlerweile dem Salzburger Berg- und Münzwesen als Direktor vorsteht und als Naturforscher von Europaformat einen erstklassigen Gesprächspartner abgibt, in der Schanzlgasse 14 Quartier.

Das Haus an der Stadtmauer bot einen traumhaften Blick auf die hoch aufgefaltete Kalkalpenwand im Süden des Salz-

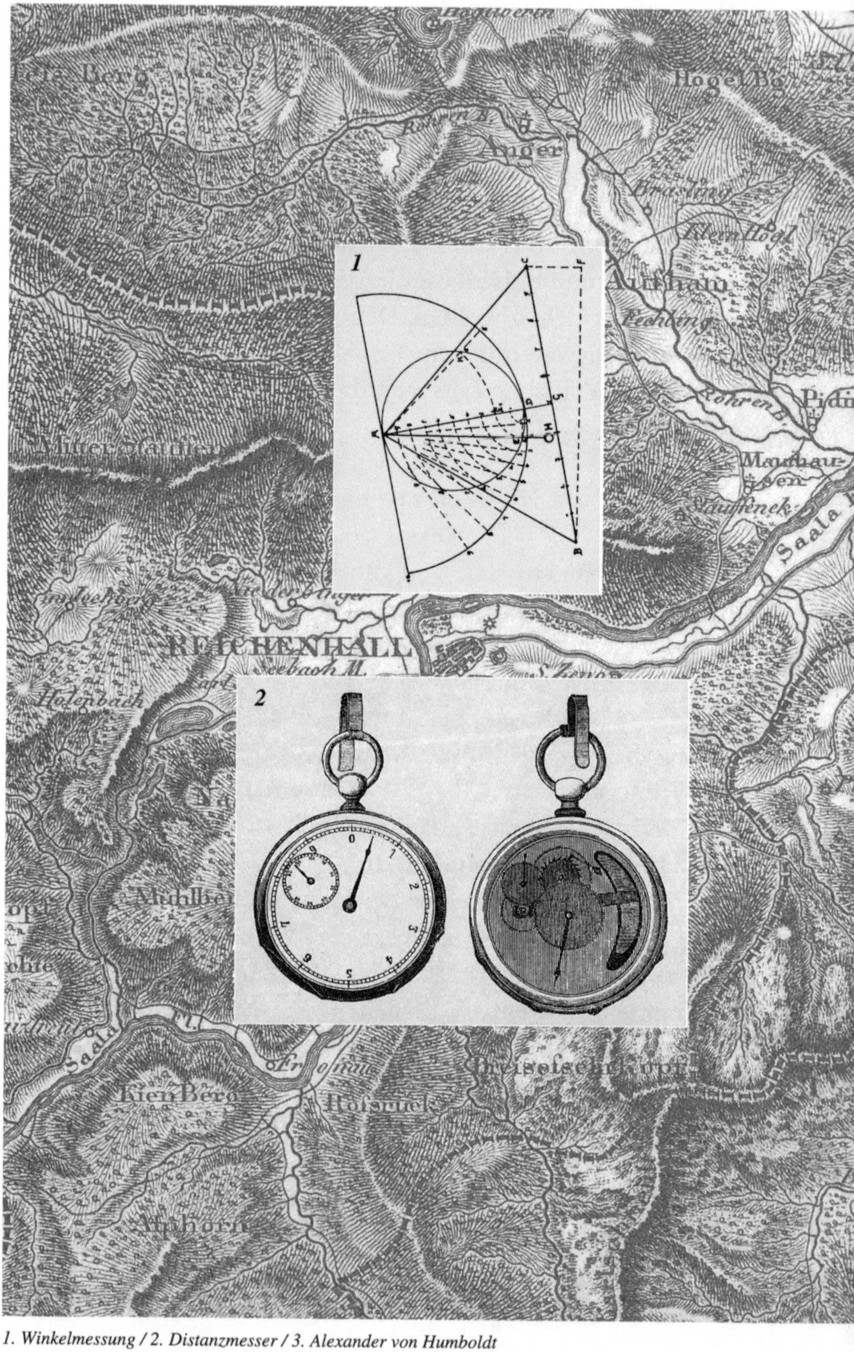

1. Winkelmessung / 2. Distanzmesser / 3. Alexander von Humboldt

Klesheim
Hausmoning
Siezen
-heim
Maxglan
Glanhofen
Walz
Viehhausen
Kieferham
SALZBUR
S. Joseph
Leopoldskron
Hellbrunn
Theater
Anif
Weierhub
Nieder Alm
Untersberg
Salzpf
Salza
Schellenberg
Edenberg
Rauch Kopf
HALLEIN
3

burger Beckens und außerdem Zugang zu einem botanischen Garten und zur umfassenden Bibliothek Molls.

„Ich lese und schreibe ununterbrochen fort, laufe in Sturm und Regen mit dem Electrometer in Luftschichten (?) umher und durchblättere alle Reisebeschreibungen, die ich schon sonst gelesen und von denen die Bibliothek des hiesigen Botanikers Baron Moll (der selbst aber keine Pflanze kennt) leider! eine Menge enthält. In wenigen Tagen werde ich den zweiten Teil eines Werkes über die Muskel- und Nervenfaser vollenden, den ich Ihnen selbst zusenden werde." (Brief an Joseph van der Schot, Salzburg, 31. 12. 1797.)

Studien und Experimente zur Elektrizität und zum Elektromagnetismus waren damals europaweit imgange und hatten auch die gelehrte Welt Salzburgs in ihren Bann gezogen. Baron Moll selbst, entgegen Humboldts Angaben ein großartiger Pflanzenkenner, verfaßte mit den *Nebenstunden eines Hüttenmanns* ein Werk über die elektromagnetische Wirkung des Schwarzen Turmalins, genannt „Aschenzieher", von dem es in seiner Heimat Zell am Ziller reiche Vorkommen gab.

Alexander von Humboldt sitzt in seinem Quartier in der Schanzlgasse eine Wartefrist ab. Er will in Salzburg Zeit überbrücken, bis es die politischen Verhältnisse in Italien und Frankreich, aber auch seine persönliche Situation erlauben, seine Reisepläne nach Westindien in die Tat umzusetzen.

Die Wintermonate nutzt er zu ausgedehnten Gebirgsreisen, wo er, wie immer mit allen geodätischen Instrumenten zur Vermessung des Erdkörpers unterwegs, anhand seines „12-zolligen, aber leider überaus schweren Sextanten von Wright" feststellt, daß mit der errechneten Polhöhe von Salzburg etwas nicht stimmen kann.

„Wie fehlerhaft sind doch die Karten. Homann's Special-Karte von Salzburg gibt die Breite an 47°43′. Die in Berlin gestochene bayerische Karte 47°44′. Die alte Topographie von Bayern 47°45′. Schrämbl's Nachstich von d'Anville's Karten

47°43'. Prof. Beck in Bernoulli's Reisen Bd. 12, S. 195: 47°43'. Es bestätigt sich dann auch hier auf eine sehr merkwürdige Art, daß eben der Fehler bei Salzburg stattfindet, den Hr. Canonicus David in Linz entdeckt hat, daß nämlich die südlichen Grenzen Deutschlands gegen 3 Minuten zu weit südlich gerückt sind."

(Brief vom 20. und 31. Jänner 1798)

Humboldt macht sich daran, in diesem Wirrwarr der gemessenen Werte Ordnung zu schaffen, was ihn jedoch nicht abhält, auch seine übrigen Studien weiterzuführen.

„Ich bleibe bis anfangs April hier. Die Nähe der Alpen, in die ich Winter-Reisen mache, die tiefe Einsamkeit, in der ich hier studiere, die große Bibliothek des Baron von Moll machen mir den Ort angenehm. Nächstens erscheint von mir eine Untersuchung von der Atmosphäre vom Winter 98, von der ich glaube, daß sie nie mit d e r chemischen Genauigkeit unternommen worden ist, und die sich nur ausführen läßt, wenn man, wie ich hier, in einem Garten wohnt, und Tag und Nacht die Luft prüfen kann. Ich habe mit einem vortrefflichen Geognosten, Herrn von Buch, von dessen Hilfe ich großen Nutzen ziehe, auf dem Gaisberg, den wir 453 Toisen über meinem Zimmer hoch gefunden haben, und auf dem am 18ten Dezember die Luft um 10 Grad schlechter als in Salzburg war, ein 20 Fuß hohes Signal errichten lassen, um Refractions-Versuche anzustellen. Aber so herrlich die Gelegenheit schien, so verdirbt der Nebel alles; in 3 Wochen sahen wir das Signal vor Wolken nicht, und der Sturm hat es endlich ganz umgerissen. – Auf die Mondfinsternis am 4ten Dezember habe ich vergebens gehofft; möchte ich doch heitern Himmel zur Beobachtung der Stern-Bedeckung am 28. Febr. haben; an Mühe und Fleiß werde ich es nicht ermangeln lassen u.s.w." (ebendort, 20. und 31. Jänner 1798)

Es war eine ganze Reihe naturwissenschaftlicher und geodätischer Versuchsanordnungen, durch die Alexander von Humboldt mit der Salzburger Berglandschaft verbunden war. Ihren offensichtlichen Schwerpunkt hatten sie auf dem Gaisberg, der, im näheren Umfeld des Aigner Parks gelegen, ein vielbesuchter Aussichtsberg Salzburgs war.

Am 5. Februar 1798 war es soweit. Humboldts letzte Messungen zur Polhöhe Salzburgs hatten einen Mittelwert von 47°47′6″ ergeben. – Ein Resultat, das für die Ansprüche moderner Meßtechnik nicht exakt genug ist, aber erstaunlich weit an das Ergebnis von heute herankommt.

Humboldts Studiengänge in die winterlich verschneite Landschaft um Salzburg könnten den Eindruck einer isolierten Pionierleistung wecken. Tatsächlich waren sie eingebunden in das intellektuell rege Salzburger Klima von damals. Die Benediktineruniversität war Stützpunkt und Ausgangsort für das aufblühende naturwissenschaftliche Leben, das mit Instrumentenkästen und Apparaten auf Wanderschaft und Bergfahrten ging.

Thermometer, Barometer, Hygro- und Elektrometer standen auf diesen Fußreisen in Verwendung. Objektivierbare Daten wurden erhoben, was Atmosphäre, Witterung, meteorologische Zyklen, dazu Botanik und Geologie, eben alle möglichen Erscheinungsweisen der Natur betraf.

Aber bleiben wir beim Wetter, einem Gegenstand von allgemein verbindlichem Interesse. – Die Welt spricht darüber, der Bauer studiert es, und die Naturwissenschaft schickte in jenen Jahren eine Reihe von Experten mit in Kisten verpackten Geräten zu Meßzwecken in die Natur hinaus.

Wetterstationen

„Zuweilen folgt auf das Steigen des Barometers heller Himmel, zuweilen tritt er gleich mit demselben ein. Ein andermal findet keines von beiden statt, es bleibt Regenwetter oder es stellt sich sogleich beim höchsten Barometerstand ein. Wenn die Luft freier vom Wasserdampf wird, wenn der Wasserdampf in die Luft übergeht, wenn die Atmosphäre ruhiger wird, so steigt das Barometer, und heller Himmel ist das Resultat. Es kann sich aber durch zusammengetriebene Luftströme die Luftsäule erhöhen oder durch kältere Winde verdichten, und das Barometer wird ohne erfolgte Aufheiterung steigen.

Auf ein etwas beträchtliches Fallen des Barometers folgt fast immer Regen oder Wind, auf ein sehr starkes, Sturmwetter oder Gewitter. Die Luft wird fast immer während des Fallens wärmer. Die Zersetzung der Luft und des Wasserdampfes zu Wolken und zu Regen bringt einen leeren Raum hervor, welchen nachströmende Luft ersetzen muß; erfolgt dieser Niederschlag unter unserm Horizont, so sehen wir das Barometer fallen, ohne daß es bei uns schon regnet, und daher bleibt es zuweilen bloß bei dem Winde."

Das Elektrometer, Thermometer und Hygrometer:

„Wenn das Elektrometer bei wolkigem Himmel starke positive Elektrizität zeigt, so hat man Aufheiterung zu erwarten; wenn das nämliche bei hellem Himmel stattfindet, so wird sich das Wetter noch halten. Wenn aber bei hellem Wetter die Elektrizität fast 0 ist, so erfolgt bald Niederschlag.

Das Steigen des Thermometers zeigt ebenso häufig wie das Fallen des Barometers baldigen Regen oder Schnee, und das Fallen desselben, vorzüglich in Verbindung mit dem Steigen des Barometers, Aufheiterung des Wetters an.

Wenn das Hygrometer bei hellem Himmel oder überhaupt, ohne daß es sich im Nebel oder Tau befindet, stark fällt, so kann man sicher auf baldigen Regen rechnen. Wenn es aber selbst während eines Regens beträchtlich zur Trockenheit steigt, so darf man auf baldiges Aufhören dieses Meteors (?) hoffen. Ein gutes Hygrometer ist unter den zur Vermutung künftiger Witterung anwendbaren Werkzeugen, eins der vorzüglichsten."

Diese frühe Apparatewissenschaft, die da stadtauswärts zog, um mit Messern und Zählern auf Datenjagd zu gehen, brachte aber nicht nur Einschlägiges zutage. Mitunter blies der Wind der Anregungen auch aus anderer Himmelsrichtung. So gehörte es zwar zum vordringlichen Ehrgeiz dieser Gebirgsreisenden, dem amorphen Naturleib mit dem Regelwerk von Zeiger und Meßlatte führenden Instrumenten nachzuspüren, aber mit entdeckt wurden auf diesen Streifzügen auch natureigene, also biologische Meßstationen.

Man wies diese allerdings, sobald das Staunen verflogen war, auf das geruhsamere Feld der Volkskunde ein:

Regenanzeiger

Wenn die stammlose Eberwurz (Carlina acaulis) ihre Blüten oder Kelche schließt.

Wenn das frischaufgeblühte Weidenröschen (Hibiscus trionum) seine Blüten nicht öffnet.

Wenn der sibirische Hasenkohl (Sonchus Sibi) über Nacht seine Blätter nicht schließt.

Wenn der Sauerklee (Oxalis acetosella) seine Blätter zusammenlegt.

Trocknet man die Blüten der Waldklette (Asperula odorata) im Schatten und näht sie dann in einen Lederbeutel ein, so zeigen sie durch ihren balsamischen Duft alsbaldigen Regen an.

Wenn sich die Fledermäuse abends nicht sehen lassen.

Wenn die Schwalben so niedrig fliegen, daß sie fast den Erdboden oder Wasserspiegel streifen.

Wenn die Krähen einsam im Sand auf und abgehen.

Wenn die Raben hell schreien und sich an Bäume hängen.

Wenn Hühner, Tauben und Spatzen stärker als gewöhnlich im Sand oder Staub baden.

Wenn die eßbaren Frösche aus dem Wasser steigen und sich über die Wiesen zerstreuen.

Wenn die Fische, besonders die Karpfen, dicht unter dem Wasserspiegel schwimmen und häufig an die Luft springen.

Wenn die Stechfliegen den Pferden und dem Rindvieh lästig werden.

Wenn die Regenwürmer bei Schönwetter aus der Erde kriechen.

Den Ruf von begnadeten Wetterpropheten hatten die Spinnen.

Entdecker dieser meteorologischen Spürigkeit war der Franzose Quatremere d'Isjonval, der durch einen Rosenheimer, Joseph Schmidt, in Deutschland bekannt gemacht wurde.

Schönwetter Anzeiger

Wenn es viele Hängespinnen gibt.
Wenn diese ins Große arbeiten.
Wenn sie über Nacht ein neues Netz verfertigen.
Wenn sie die alte Haut abstreifen.

Beständiges Schönwetter Anzeiger

Wenn die Hängespinnen die Hauptfäden neuer Gewebe lang und weit spinnen.

Veränderliches Wetter Anzeiger

Wenn es nur wenige Hängespinnen gibt.
Wenn diese nur schwach und im Kleinen arbeiten.

Regen Anzeiger

Wenn keine Hängespinnen zu sehen sind, oder wenn sie nicht spinnen.

Wenn sie die Hauptfäden nur kurz anknüpfen.

Wind Anzeiger

Wenn sie gar nicht spinnen.

Spannen sie nur die Speichen des Rades, ohne die zirkelförmigen Fäden um den Mittelpunkt herum anzulegen, so ist der Wind vorübergehend und wird sich in 10 bis 12 Stunden legen.

Zerreißen sie plötzlich ein Viertel oder Drittel ihres Netzes und kriechen dann in ihren Schlupfwinkel, so wittern sie einen Sturmwind, der aber bald nachlassen und das schöne Wetter wieder herbeiführen wird.

Beständiges Schönwetter Anzeiger

Wenn sie in der Nacht ihr Gewebe vergrößern.

Kälte Anzeiger

Wenn die Hängespinnen aus ihren Schlupfwinkeln hervorkommen, stark hin und herrennen, um die bestgelegenen, schon fertigen Gewebe kämpfen und davon Besitz nehmen.

Wenn sie neue Gewebe spinnen und stark daran arbeiten.

Heftige, anhaltende Kälte mit Eis kommt, wenn sie nachts ein oder mehrere Gewebe übereinander verfertigen.

Diese natureigenen Sensorien, die auf die Veränderung physikalischer Kraftfelder nicht apparatemäßig, sondern mit der Fühligkeit von Organismen reagieren, belebten und popularisierten die damals laufenden Debatten und Entwicklungen. Doch zielte die Gangart des naturwissenschaftlichen Fortschritts längst auf eine maschinelle Zukunft.

Was dem Spürigen und Fühligen in der Natur Ausdruck gab, war bald folkloristisch vereinnahmt oder aus dem seriösen Diskurs sonstwie beseitigt und vergessen. Mehr und mehr wurde Forschung einem Naturbegriff verpflichtet, der Leben durch Verdinglichung ersetzte.

Eine theoretisch legitimierte und praktisch um sich greifende akademische Kälte lieferte das ganzheitlich Leibliche der Natur an ein Stückwerk instrumenteller Messer und Zeiger aus.

Eine Begegnung zwischen Barometer und Winkelspinne kam jedenfalls nicht zustande. Die Koordination wurde aber auch gar nicht erst versucht.

VII. Blaue Blumen und andere Gewächse

Früher als vielfach angenommen, waren die Alpen das Ziel von Pflanzensammlern. Apotheken, Heiler und Schnapsfabrikanten traten als Abnehmer von botanischer Bergware auf. Je höher die Lage, desto besser das Kraut, so die Faustregel dieser Pflanzenernten, die einen eigenen Erwerbszweig ausbildeten – Wurzengraber und Kräutlbrocker.

Als sich im 18. Jahrhundert Botaniker im Professorenrock hineinmischen, die mit Blechbüchse und Pflanzenmappe auf die Alpen steigen, rundet sich das Spektrum der Teilhaber ab. Das Interesse an der Alpenflora wanderte stadtwärts. Dort entstanden Herbarien, Naturalienkabinette, Alpengärten, und bald griff diese frisch erblühte Pflanzenlust auf die Kunst über. Landschaftsbilder und Stilleben verewigen Alpenrosen, Edelweiß, Enzian, Steinbrech und Alpenveilchen. Schließlich übernehmen Kalenderblätter, Postkarten und Biergläser die wohlfeilen Motive.

Unter soviel menschlicher Zuwendung trat indessen die alpine Flora ihren leisen Rückzug an. Als erste Schutzbestimmungen inkrafttreten, zeigt der Naturraum Berg bereits bedenklich leergerupfte Stellen. Aber beginnen wir beim unverfänglichen Anfang dieser alpinen Pflanzenliebe.

Hippolytus Guarinoni.
Ein Pflanzenkenner der Renaissance

Leser scheuen das allzu Umfangreiche. Hippolytus Guarinoni (1571–1654), der Verfasser eines 1330-Seiten Werks mit dem wunderlichen Titel *Greuel der Verwüstung menschlichen Geschlechts* ist heute allenfalls Kennern der Alpenliteratur ein Begriff.

Zu Unrecht, wie die Liebhaber meinen. Denn dieser gebirgsselige Leibarzt und Renaissancemensch verbarg zwischen den Buchdeckeln seines gewichtigen Werkes eine erste Würdigung der sinnlichen Reize und medizinischen Heilkraft der Alpenwelt. – Was ihm eine unanfechtbare Sonderstellung unter den gelehrten Zeitgenossen einräumt, die seinerzeit in den Alpen nicht viel mehr erblickten, als eine häßliche, angstmachende Sperrmauer gegen die Zitronengärten des Südens.

Hippolyt Guarinoni dagegen, Sohn des späteren Hofarztes Rudolfs II., 1571 in Trient geboren, in Padua promoviert und in Hall als Medicus am Königlichen Damenstift beschäftigt, liebte und nutzte die Berge, und er besaß dazu das Zeug zum Schriftsteller.

Die Alpenkulisse, die sich vor der Tür seiner Haller Dienstwohnung auftürmte, verglich er mit einem Gegenstand wohnlichen Behagens, der damals die Mauern der Vermögenden wärmte und illuminierte – mit einem Wandteppich. Gegenüber der sichtbaren Schönheit der Höhen, so Guarinoni, müßten die Vorzüge der Ebene notgedrungen – ein flacher Genuß bleiben: „Das Bürg ist gegen die Ebene nicht anders als ein schöner aufgerichteter hängender Teppich, darinnen allerlei schöne Landschaften von Wäldern, Wiesen, Äckern, Lust- und Kühlgärten."

Dazu war Guarinoni dem Gebirge als Mediziner verbunden. Um genau zu sein, war ihm die Schönheit der Alpen nur der unmittelbarste Ausdruck ihrer Heilkraft. Viele Ärzte und insbesondere Apotheker seiner Zeit schickten um entsprechende Heilpflanzen in die Berge. Aber sie schickten eben, und sie gingen nicht. Der Renaissancemensch Hippolyt Guarinoni ließ es sich nicht nehmen und stieg mit dem größten Vergnügen selbst hinauf, um zu ernten, zu entdecken und zu erleben.

Leinenbeutel und ein Sortiment Weinflaschen eingesteckt, so marschierte er los, auf die Schneeberge zu, die das Tal zu beiden Seiten begrenzten. Neben botanischen Besonderheiten aus der „Apotheke Gottes" nimmt er Menschen und Lebensverhältnisse wahr. Als Anhänger der Miasmenlehre hält er viel von sonnseitigen Höhenlagen, von frischer Luft und den Aromastoffen der Gebirgsflora.

Es war die Zeit der Bäderfahrten und Wasserkuren, und therapiegeeignete Quellen lockten – entgegen der vorgeblichen Schrecklichkeit der Gebirge – Adelige, Bürger, Bauern und Taschenspieler zur Kur in die entlegensten Winkel, sofern dort, wie in Gastein, heiße Quellen aus tiefen Felsen schossen.

Hippolyt Guarinoni, Individualist durch und durch, fand sich seine heißen und kalten Bäder lieber selbst, nahm sie in seine Notizen auf und ergänzte die Indikationen. Dabei zeitigte der heilbotanische Zweck seiner Wanderungen so manche Nebenerscheinung, denn er verstand sich darauf, diese Streifzüge als bukolisches Fest zu gestalten:

„Neulich ungefähr vor zwei Jahren – als meine drei guten Vertrauten, teils Schwager, teils Freunde, nämlich: Herr Georg Thaler, Pfannhausamtshingeber in Hall, Herr Simon Colbanus, Kapellmeister im Stift und Herr Heinrich Altherr begehrten, mit mir ins Gebirge um Kräuter zu gehen, dachte ich mir, diese meine lieben drei vertrauten Vögelein dem Leim zuzuführen. Wir nahmen uns einen namhaften, im höchsten Gebirg liegenden See, den Wattensee vor, der die besten Saiblinge bringt, um dort auf Fischfang zu gehen.

Mit Proviant und einem Träger versehen, zogen wir an einem Augustabend punkt 5 Uhr bei schönem, heiterm und lustigem Himmel zur Stadt hinaus dem Gebirge zu und gelangten am selben Abend, in annehmlich köstlicher Kühle bis in das bekannte Voldertal zu den Königlichen Almen hinauf. Dort machten wir mit dem Sennen einen Tausch, gaben ihm von unserem mitgebrachten Wein zu trinken, er aber labte uns mit der guten Milch und führte uns zum Schlafen auf einen großen, hohen Heustock.

Einer von uns kugelte im Schlaf hinunter und weckte die

andern mit dem Getöse auf, sodaß wir vor Gelächter nicht mehr schlafen konnten, sondern uns um zwei Stunden nach Mitternacht, bei heiterem Himmel und glänzendem Gestirn auf den Weg machten, vor Tagesanbruch die Klause am Talausgang erreichten und dann fröhlich und lustig und teils lachend das Joch aufwärts stiegen. Nach ungefähr zwei Stunden, ziemlich verschwitzt, müde und hungrig, rasteten wir bei einer Bauernhütte, wo wir unseren Proviant hervorholten und diesem soweit zusetzten, daß der Träger hernach leichter steigen konnte.

Von nun an gings mit Ernst weiter. Jede Anhöhe, die wir erblickten, schien uns die letzte und höchste zu sein. Aber sobald wir sie erreicht hatten, erschien noch eine höhere und noch eine höhere. Da wurde unser Gelächter seltener, der Mißmut häufiger. Ich aber zeigte nun meinen Gefährten da und dort die Kräuter, darunter eine besonders schöne und unbekannte Art, die nardi celticae mit ihren blauen Blüten, in dichter Pflanzendecke gewachsen wie ein Teppich. Sie halfen mir pflücken, vergaßen ihre Langeweile und stiegen weiter bergauf. Dieser ganze Berg war gegen Westen mit Enzian und Kreuzwurz bedeckt, sodaß man einige hundert Wagen hätte damit beladen können. Dazwischen lag stückweise der schönste weiße Marmor und Alabaster, was unglaublich schön anzuschauen war.

Unter dem letzten Joch angelangt, standen wir plötzlich vor einer unüberwindbar steilen Felsenwand. Einige von uns wären am liebsten wieder zurück, hätte sie der Blick auf das überwundene Steilstück nicht abgeschreckt. Ein Hirtenbub, der uns den Weg zum Joch gewiesen hatte, zeigte uns einen Ausweg, der einer Schlucht entlang über ein Schneefeld führte. Meine Gefährten erfaßte der Schwindel, aber sie folgten mir und ich dem Hirten.

Der Schnee war hart und der Steig darüber an die 80 Schritte lang. Drüben angelangt, stiegen wir auf die Spitze des Jochs und blickten hinüber in das nächste, weit größere Tal. Bergrücken reihte sich hier an Bergrücken, und da sahen wir, daß es bis zum See noch gut zwei Meilen waren. Es war nun Mittag und Zeit, daß wir uns stärkten, nachdem wir sieben Stunden bergwärts gestiegen waren.

Dort setzten wir uns auf der Schneide oder dem Rücken des höchsten Joches nieder, nicht anders als wie zu Pferde, den einen Fuß in das orientalische, den andern in das okzidentalische Tal hängend, und ergötzten uns an frischer Luft und Kühle, auch die weite Aussicht fehlte nicht. Unsern verbliebenen Proviant aber aßen wir nicht, sondern verschlangen ihn, und wären wir nicht untereinander so gute Freunde gewesen, so hätten wir einander womöglich die Bissen einzeln vorgezählt und wären uns vielleicht ins Haar gefallen. Wir vergruben den auf dem Buckel des Trägers erwärmten Wein im tiefen Schnee, sodaß es uns auch an einem kühlen Trunk nicht fehlte. Nach dem Essen und dem Genuß an der freien Sicht über die untere Welt (wir glaubten dort oben beinah im Himmel zu sein), als wir Hunger und Durst gestillt hatten und uns nun wieder erniedrigen sollten, wies uns der Hirte den steilen Weg auf die andere Seite hinab: da packte die mehreren von uns der Schwindel, denn da lag eine Steilwand von 600 Schritt, die den Augen den reinsten Abscheu machte. Obwohl ich mich als erster hinuntertraute und mit ausgespannten Armen Schritt für Schritt abwärts sprang, wagten sich die andern nicht, auf den Beinen zu bleiben, sondern fuhren auf dem Hintern, gleichsam wie auf dem Schlitten, hintennach. Unter unserem Abstieg lösten sich mächtige Felsblöcke und rollten bei Lebensgefahr zu Tal.

Unten ruhten wir eine Weile aus, und schlugen dann einen schmalen und bequemen Steig nach Süden ein, bis wir nach einer guten Stunde zu dem Joch, auf dem der (Watten-)See lag, gelangten, das wir noch besteigen mußten. Am Seeufer versuchten wir, ob der See, wie das Gerücht ging, auf Steinwürfe mit einem Gewitter antworte. Was wir aber nicht erwarteten und auch nicht wünschten. Wir machten uns ans Fischen und hatten kaum einen guten Fang Krebse getan, als wir bei der zunächst dem See gelegenen Alm über die Buttermilch kamen. Von dort zogen wir nach Norden talauswärts nach Wattens, erreichten erst abends spät die Niederung und kamen ziemlich ermüdet heim.

Wir waren neun starke Meilen über Gebirge, Felswände und Jöcher gestiegen, sodaß einige von uns entschlossen waren, sich nie mehr in solche Gefahr zu begeben. Über dem erlebten Vergnügen aber haben sie später diesen Vorsatz gebrochen und mich neuerlich überreden wollen, was ich ihnen auch für das kommende Jahr 1610, sofern ich dann noch am Leben bin, versprochen habe. Wenn der geneigte Leser Liebe und Lust hat, dann mag er sich im Monat August hierherbegeben; Ich will ihm von Herzen gern einen Gefährten abgeben. Dies dem verehrten Gebirg zu Lieb und Ehr."

Von Wurzengräbern und Kräutlbrockern

Arme Hungerleider, die das Wurzelgraben und Kräuterbrocken zum Brotberuf hatten, bleiben lange außer Sichtweite der Historie. Erst als akademische Pflanzensammler die Almgründe nach Professorenart abweiden und dabei von dieser 'notigen' Kollegenschaft Notiz nehmen, kommen Nachrichten über diese Schattenarbeit des Landlebens.

Einer dieser Vermittler war David Heinrich Hoppe (1760–1845), zusammen mit Martius und Stallknecht Gründungsmitglied der botanischen Gesellschaft Regensburg (1790), der „botanische Eremit des salzburgischen Wunderbergs und des Wallfahrtsortes Heiligenblut", wie ihn sein Biograf Franz Storch titulierte.

Im Sommer 1798 war er, mit Botanisierkapsel, einigen Landkarten und Handgepäck in die Salzburger Berge gereist, um danach, 45 Jahre lang, Sommer für Sommer wiederzukehren.

Sein erstes Quartier nahm er am Untersberger Marmorsteinbruch, im Haus des Aufsehers. Es wurde zum Basislager für zahllose Wanderungen auf den Untersberg, wo er mehrere neue Pflanzenarten entdeckt: Aspidium alpestre, Erigeron alpestris, Luzula glabrescens, Plantago atrata u. a.

Mit Anfang Juli setzte er seine Wanderschaft durch den Pongau und Pinzgau fort, überstieg den Rauriser und Heiligenbluter Tauern, pflückte auf der Gamsgrube die Braya alpina und verweilte bis zum Spätsommer im Tal. Mit einer weiteren Station in Salzburg kehrte er schließlich in sein Haus nach Regensburg zurück, wo er die reiche Ernte systematisierte, beschrieb und – an Interessenten käuflich abtrat, um die Kosten für folgende Alpenreisen zu decken.

Gegenüber Zufallsbegegnungen unterwegs zeigte sich der Kräuterprofessor keinesfalls akademisch zugeknöpft. Er war über die Betriebsamkeit der Gebirgspfade genau im Bilde, und auch die Eigenheiten dieser alpinen Botanisierwelt entgingen ihm nicht.

„In den Salzburgischen Gebirgen, und besonders in der niedern Waldregion am Fuße des Untersberges wächst die wahre officinelle schwarze Nieswurz (Helleborus niger Linn.) in großer Menge, so daß alle Apotheken Deutschlands damit versorgt werden könnten; aber kein deutscher Apotheker oder Materialist denkt daran, sich diese Wurzeln echt aus dem Salzburgischen zu verschaffen; sondern man wendet sich nach Thüringen oder nach dem Harze, vielleicht auch nach Ungarn, um sich von dorther die Wurzel der falschen schwarzen Nieswurz (Adonis vernalis Linn.) zu verschreiben.

Die wahre und echte rote Enzianwurz (Gentiana lutea Linn.) wächst in den Salzburgischen Gebirgen nur sparsam, und wenigstens am Untersberg gar nicht, gleichwohl wird auf dem Untersberg von Männern und Weibern rote Enzianwurzel gegraben, und ein großer Teil Deutschlands damit versehen. Aber diese Älpler graben die Wurzeln von Gentiana punctata und

Gentiana pannonica und liefern mithin die unechten Wurzeln, während in andern Gegenden die wahre Gentiana lutea in ungestörter Ruhe fort vegetiert."

Diese Ärmsten der Landarbeiter waren im Tauerngebiet zum größern Teil mit Enzian- und Speikklauben beschäftigt. Ihre Ernte wanderte in den Pharmaziehandel, zu Arzneimittelherstellern oder aber in die Schnapsbrennerei, wo getrocknete Enzianwurzeln zu jenem hochprozentigen Klaren destilliert wurden, der als „Enzeler" in den Vertrieb ging. – Alpenländische Lebensessenz, die alle Leiden kurierte und dazu am Morgen ein „Tupferl Heiterkeit", am Abend ein „Tupferl Schlaf" bescherte.

Ein langes und mühsames Verfahren ging dem voraus, bis die heilsamen Bitterstoffe des Enzians in Branntwein gelöst waren. Am meisten gesucht war die gelb blühende Gentiana lutea, Königin der Enziane, die auch als Meisterwurz vertrieben wurde. Doch kamen genauso die Gentiana pannonica mit ihren dunkelpurpurnen Blüten und schwarzen Punkten und schließlich die Gentiana concolor, eine unpunktierte Variante des Enzians, zur Verarbeitung.

Enzianklauber und Wurzengraber waren diesem Pflanzenleben in entbehrungsreicher Symbiose verbunden. So ein botanischer Hungerleider übersommerte im selbstgebauten Unterschlupf aus Zirbenbaumzweigen, nicht mehr als ein notdürftiges Dach über dem Kopf war es, das gegen Regen und Schnee mit Baumrinde abgedeckt war. In der Nähe lag eine Quelle, wo er mit dem Handteller Wasser schöpfte. Abends brannte ein Feuer, er blickte zum Himmel auf und nach den Sternen, für die die bäuerliche Welt der Hohen Tauern eigene Bilder hatte – die Sichel, die Sense, der Tisch, die Stube.

Vielleicht entschädigte die Pracht der Umgebung für das karge Dasein, auch wenn der Blick dieser winterharten Gestalten geeicht war auf das Glück einer Bergwiese, die überging im Gelb und Blau der Enziankelche.

Die Wirklichkeit war rauher. Der begehrte Enzian zog sich auf geschützte Standorte zurück, auf Felsvorsprünge und in Nischen jäher Steilwände. Klettern und Abseilen gehörten mit zu den erforderlichen Geschicklichkeiten. Die ergrabene Ausbeute kam je nach Standort in einen behelfsmäßigen Leinenbeutel oder in einen geflochtenen Buckelkorb, die Burde genannt, und es bedeutete mitunter eine Tagesarbeit, auch nur eine einzige zu füllen.

Gewöhnlich blieb der Enzianklauber bis zum Spätherbst im Gebirge, unausgesetzt unterwegs, um zu graben, zu sammeln, die Wurzeln zum Trocknen auszulegen und schließlich in Höhlen und Klüften zu lagern. Die Almen standen schon leer, gelegentlich wurde er vom Schnee überrascht, wenn er seine Ernte endlich zusammenpackte, ins Tal abstieg und zum Sammelplatz wanderte.

Dort stand die Brennhütte, und unter üppiger Entwicklung von Qualm und Rauch entstand aus den getrockneten Wurzen der legendäre Enzeler. Über die Zwischenstufen von Gärbottich, Brennhäfen und Lutterfaß wurde das begehrte Lebenselixier gewonnen, zu dessen Herstellung die halbe Bergwelt leergerupft.

Als endlich Schutzbestimmungen für die Alpenpflanzen durchgesetzt waren, zählte auch der echte, also der gelbe Enzian zu den vom Aussterben bedrohten Arten.

So gut wie ausgestorben war zu diesem Zeitpunkt der Beruf des Wurzengrabers, der zusammen mit vergleichbar anachronistischen Erwerbszweigen von den Modernisierungsschüben des 19. Jahrhunderts geschluckt wurde. Die Armut verzog sich in die Stadt, sie hatte jedoch das Land deswegen nicht verlassen.

Rautensteiger

David Heinrich Hoppes Reisebücher beleuchten auch noch andere Segmente alpenländischer Botanik. Da sind vor allem seine Begegnungen mit „Rautensteigern" zu erwähnen. Mit ihnen verbindet die Hochgebirgsflora eine Art *Alphabet der Gefühle*.

Unter Raute verstand man in den Tauern die Edelraute, Artemisia glacialis, die als männliche Trophäe begehrt war. Rautensteiger daher die Bezeichnung für einen beherzten Kletterer, der sich zusammen mit der Blüte eine männliche Auszeichnung an den Hut steckte. Dazu erläutert der fußreisende Alpenbotaniker David Heinrich Hoppe:

„Im flachen Lande bekümmert sich kein Bauer um die Pflanzen; aber im Gebirge ist das anders. Hier hat jede Pflanze einen sicheren Provinzialnamen, und man kennt fast von jeder Art einen Nutzen, sollte derselbe auch nur in der Einbildung bestehen. Mehrere Pflanzen dienen aber bei ihnen als Heldenzeichen, welche sie sonn- und feiertags auf die Hüte stecken. Besonders gehört hierher Senecio incanus, gelber Speik, Primula glutinosa, blauer Speik, Filago Leontopodium, Edelweiß, und Artemisia glacialis, Edelraute. Alle diese Pflanzen wachsen an den höchsten, oft unersteiglichen Felsen der Alpengebirge, wo solche oft mit Gefahr des Lebens gepflückt werden. Die Sendin auf dem Untersberge steckte sonntags, da sie in die Kirche ging, allemal einen Strauß von den Blumenknospen des blauen Sturmhuts auf die Haube – ‚damit', sagte sie, ‚die Leute sehen, daß ich eine Sendin bin.'"

Einer dieser Rautensteiger begleitete den Botaniker Hoppe auf dessen Heimreise von Heiligenblut über das Fuscher Törl auf die Salzburger Seite:

„Glücklicherweise waren am Mitteltor einige Hirten, von denen ich mir die Lage des Fuschertores zeigen ließ, welches ich auch glücklich erreichte. Die Saxifraga biflora cespitosa, die Primula minima, Cynosurus ovatus und Arnica glacialis waren hier häufig. Als ich um einen Hügel herumkam, hörte ich eine Stimme. ‚Nicht so laufen.' Es war ein Hüter, der bei seiner Hütte saß. Ich setzte mich zu ihm und rauchte eine

Pfeife Tabak, wozu ich mir die Zeit noch nicht genommen hatte. Der Hüter war sehr freundlich, als ich ihm sagte, daß ich ein Kräuterbrocker sei. (So nannte man mich in Kärnten. In Tirol hieß ich Kräuterklauber.)

Ich mußte mit Gewalt Strauben essen. So nennen die Leute eine Mehlspeise, die sie anstatt des Brots essen. Es ist ein sprödes Gebäck, das etwas rauscht, und weil die Hirten etwas ähnliches im Bau dieser Strauben mit Lichen Islandicus (Isländisches Moos), welches die Geißen gerne fressen, finden, so nennt man diese Pflanze Geißstrauben.

Nun ging es stark bergabwärts, und bis Mittag erreichte ich das Fuschertal. Kaum war ich dort angelangt, so holte ich einen Mann ein, der ein Schuster aus Zell war. Er hatte Heiligenblut schon früher als ich passiert, sonst hätten wir in Gesellschaft über den Tauern reisen können. Indessen war ich froh, daß wir jetzt noch zusammenkamen, weil er gutwillig einen Teil meines Gepäcks trug. In seiner Jugend war er auch ein Rautensteiger gewesen und hatte eine große Geschicklichkeit in Besteigung der höchsten Felsenspitzen gezeigt, wobei er öfters die Füße mit einem Messer aufritzte, damit das herausströmende Blut als Haltungsmittel diente."

Glücksblumen

1799, ein Jahr nach D.H. Hoppes erster botanischen Alpenreise in Salzburg, beginnt Novalis mit der Arbeit an *Heinrich von Ofterdingen*, an dessen Anfang ein blau in blau getauchter Lebenstraum steht. – Die romantische Sehnsucht nach dem fernen Horizont, literarisiert und umdichtet als Reise in die eigentliche Heimat.

In der Mitte dieses erblauenden Höhlentraums blüht als ein Mandala dieser angestrebten Selbstfindung die Wunderblume.

„Das Tageslicht, das ihn umgab, war heller und milder als das gewöhnliche, der Himmel war schwarzblau und völlig rein. Was ihn aber mit voller Macht anzog, war eine hohe lichtblaue Blume, die zunächst an der Quelle stand und ihn mit ihren breiten, glänzenden Blättern berührte. Rund um sie her standen unzählige Blumen von allen Farben, und der köstlichste Geruch erfüllte die Luft. Er sah nichts als die blaue Blume, und betrachtete sie lange mit unnennbarer Zärtlichkeit. Endlich wollte er sich ihr nähern, als sie auf einmal sich zu bewegen und zu verändern anfing; die Blätter wurden glänzender und schmiegten sich an den wachsenden Stengel, die Blume neigte sich nach ihm zu, und die Blütenblätter zeigten einen blauen, ausgebreiteten Kragen, in welchem ein zartes Gesicht schwebte."

Diese blaue Wunderblume, die da symbolkräftig erblühte, hatte sich etliche Jahre zuvor schon in der Naturwissenschaft eingewurzelt, wo sie unter einer Gloriole des Einzigartigen erstrahlte.

Es war noch vor den Jahrzehnten der Romantik und noch vor Goethes Studien zur Urpflanze, als Belsazar de la Motte Hacquet die Blaue Blume der Botanik fand, und zwischen 1799 und 1802, also zur Zeit von Novalis' *Heinrich von Ofterdingen*, hatte der Aushilfspriester und alpinistische Einzelgänger Valentin Stanig die Erstbesteigung des Hohen Göll unternommen, auf dem einer Sage zufolge die Glücksblume wuchs.

Aber bleiben wir vorerst in Laibach. Der bretonische Anatomieprofessor Hacquet war dort nach den wirren Jahrzehnten seiner militär-chirurgischen Lebensodyssee seßhaft geworden. Um eine Reisetätigkeit neuen Stils zu entwickeln. Auf sommerlichen Streifzügen und Bergfahrten in den Julischen, Karnischen und Norischen Alpen studiert er die Flora der Südostalpen. 1782 bringt er die *Plantae Alpinae Carniolicae* an die Öffentlichkeit und war damit unangefochtene botanische Autorität für den Ostalpen-Adriaraum.

1. Unterstand im Gebirge / 2. und 4. Naturstudien / 3. Almszene / 5. Der Weißsee im Stubachtal / 6. Friedrich H

6

7

Heinrich Hoppe

Er hatte Wege ins Unwegsame gebahnt und einen Raum erschlossen, der zuvor im blinden Winkel der akademischen Dispute gelegen war. Auf einer seiner Wanderungen Richtung Triglavspitze, dem heiligen Berg der Slowenen, dessen Erstbesteigung Hacquet allerdings knapp verfehlte, war er durch einen botanischen Fund entschädigt worden, der zu seinen Lebzeiten einzigartig blieb. – Hacquets vielfach bestaunte Wunderblume.

Es handelte sich um eine Skabiose von leuchtend blauer Farbe, die er in seinen *Plantae alpinae Carniolicae* als Skabiosa Trenta anführt, gefunden zwischen Ziperie, Traschim und Vrh.

Die Ausstrahlung von Hacquets Lebenswerk, dazu atmosphärische Kleinigkeiten wie die erwähnte Blaue Blume vom Triglav sowie die Vorzüge der Natur selbst machten schließlich das Gebiet von Krain und Istrien, dazu die Julischen und Karnischen Alpen zum Zielpunkt einer botanischen Nord-Süd-Passage, die ab 1800 in nahezu alpentouristischem Ausmaß frequentiert wurde.

Das nördliche Sammelbecken für diese Route lag in und um Salzburg, wo Gaisberg und Untersberg zuerst unter die Botanisiertrommel geraten waren. Station Nr. 2 war das Gasteinertal mit dem Glocknergebiet, ein heroischer Ort seit den Pflanzenexpeditionen von Wulfen, Seenus, Rainer, Hohenwart, Franzisci und Hoppe. Eine Variante bot der Radstädter Tauern mit dem Lungau, der zuallererst, schon im 17. Jahrhundert, die Aufmerksamkeit von Pflanzenkundlern auf sich gelenkt hatte. Schließlich Istrien und Krain unter dem klimatisch begünstigten Adriahimmel, wo ein ganz eigen beschaffener Reichtum an Pflanzen und Gewächsen lag.

Hier, in der Stadt Görz, verstarb 1847 der Priester, Pädagoge, Alpinist, Naturforscher, Dichter, Pfleger der krainischen Sprache und Musik, Sozialarbeiter, Gründer des Görzer Vereins gegen Tierquälerei und Leiter des von ihm ins Leben gerufenen Taubstummeninstituts, Valentin Stanig. Mit ihm endete ein weiterer alpin-botanischer Lebenslauf, der mit einer „Wunderblume“ zu dekorieren ist.

Valentin Stanig und der Pflanzengarten des Hohen Göll

1774 kommt er in Bodrez bei Görz als Sohn von Kleinbauern zur Welt. Die Kirche schickt den begabten Buben aufs Priesterseminar, d.h. nach Salzburg, wo sich dieser durchs Studium hungert. Er zeichnet sich in Mathematik und den Naturwissenschaften aus, hört Kollegien bei Professor Schiegg, gerät in den Wirbel der frühen Alpeneroberung und mausert sich zum Gipfelstürmer auf eigene Faust. Valentin Stanig – der berühmteste Alleingeher seiner Zeit.

Noch während seiner Studienzeit und dann als Aushilfspriester im Stift Nonnberg (1799-1802) legte er ein Herbarium der Salzburger Flora an, und am Felsenabhang des Nonnbergs entstand ein terrassenförmig verlaufender Alpengarten, der sich, vermutlich die erste derartige Anlage in Österreich und Deutschland, vom Brunnenhaus bis zum Garten des Hofrichters erstreckte.

Als Franz Storch 1857 seine *Skizzen zu einer naturhistorischen Topographie des Herzogthumes Salzburg* vorlegt, sind derlei Alpengärten bereits Vergangenheit, der Alpinismus selbst eine Sache von Sportlern und Patrioten.

„Mielichhofers Alpengewächs-Anlagen im ehemaligen Roseneggergarten am Bürglstein, die Anlagen der Apotheker G. Hinterhuber und Bernhold, von Braunes Alpenterrassen oberhalb dem Hause Nr. 7 in Mülln, des Priesters Stanig am Nonnberg, so wie der forstbotanische Garten im Nonntal, der mit dem ganzen Reichtum unserer Alpenflora ausgestattet war, sind bereits spurlos verschwunden.“

Auf seinen Wanderungen und Bergbesteigungen zeigte sich der Hilfspriester Stanig aber nicht nur als Botaniker, sondern zugleich als Mathematiker, der mit dem geodätischen Instrumentarium seiner Zeit bestens vertraut war. Die von ihm durchgeführten Messungen galten in der alpinistischen Szene jener Tage als absolut vertrauenswürdiges Datenmaterial. Eine Würdigung dieser mathematischen Leistungen Stanigs liegt von Franz Michael Vierthaler vor.

„Die ersten Beobachtungen am Barometer, Thermometer, Hygrometer wurden auf dem Scheitel des Glockners den 29. Juli 1800 um halb 9 Uhr von Herrn Stanig gemacht."

Im Sommer 1801 machte sich der Hilfspriester im Bergsteigerkleid auf den Weg zum Hohen Göll. Auch dies eine bis dahin unerstiegene Spitze im Land Salzburg, und der Sage zufolge der Berg einer Glücksblume, einer kleinen unscheinbaren Pflanze, die ihrem Finder und allen seinen Unternehmungen auf Lebenszeit Glück bringen sollte.

Den Priester mag die kleine Geschichte, sofern ihm überhaupt bekannt, wenig gekümmert haben. – Oder doch? Valentin Stanig hat zeitlebens geschrieben, aber wenig Gedrucktes hinterlassen. Eine Ausnahme bildet der Bericht seiner Erstbesteigungen des Watzmann und Hohen Göll, der ursprünglich an den nach München verzogenen Direktor des Salzburger Salz-, Münz- und Bergwesens und nachfolgenden Regierungspräsidenten, Carl Ehrenbert Freiherr von Moll, gerichtet war und aus der Münchner Hof- und Staatsbibliothek an die Redaktion des Alpenvereins ging:

„Der bequemste Weg auf den Göll ist wohl der über Schellenberg. Nach einer Stunde erreicht man die Alpen, Im Ofen genannt. Ein angenehmes Tal im westlichen Kessel des Göll, wo die Stille nur durch die Glocken des Alpenviehs unterbrochen wird. – Nun läßt man den vor sich liegenden Wald rechts, und nach einer halben Stunde ist man bei den 4 Käsen (Almhütten) von der sogenannten Krautschneideralpe, sonst unter dem Namen Eck bekannt. Da traf ich bei meinen vielen Alpen-Exkursionen das munterste, das beste Alpenvolk an.

Von da aus machte ich meine drei Hauptangriffe auf den in seiner ganzen Felsengröße ins Auge fallenden Göll. Wahrhaft, es braucht einigen Mut, um sich zu entschließen, diesen kahlen Felsenkoloß zu ersteigen, besonders da man von allem Volke gar keine Winke über dessen Ersteigung erhalten kann, weil diese Wand (so nannten die Älpler den Göll) gar nicht ersteigbar scheint. Quis (montium) contra me, dachte ich, und begann meine erste Exkursion, die auf die höchste Spitze gerichtet war, da noch dunkle Nacht das Land deckte. Ich stieg nach dem Rücken der Eckalpe hinauf und traf einen Gamsjäger, mit dem ich nun den Göll hinanstieg. Allein bald war der Gipfel des Gölls in Wolken gehüllt, und der bald darauf folgende Regen machte den bösesten Eindruck auf uns. Lange warteten wir auf einem schon erstiegenen hohen Rücken (diesen Punkt will ich die Warte heißen) und erst die immer tiefer herabsinkenden Wolken erzwangen bei uns, das Vorhaben dieses Tages aufzugeben.

Des folgenden Tages trat ich den nämlichen Weg eben so früh an, aber von größeren Hoffnungen gestärkt, denn der ganze Himmel war heiter und der Schein des Vollmondes erleichterte mir das Steigen. Hat man je von einem so hohen Punkte den Sonnenaufgang gesehen, so kann man sich das hinzu denken, was ich hier nicht ausdrücken kann. Noch lag alles im Schatten der Nacht, der nur durch den Mondesschein etwas gemildert war, als dort im ebenen Osten schon lange die vielfarbige Morgenröte die Dunkelheit durchbrach.

Ich will mich (um nicht zu weitläufig zu werden) in Anzeigung, wo der Göll zu ersteigen sei, nicht ins Detail einlassen: Man geht über sehr steile Platten und kaum bleibendes Geröll hinan, das, kaum vom Fuß berührt, haufenweise in den tief drunten liegenden Kessel stürzt, nach allen Seiten ein nimmer enden wollendes Echo bildet sowie im Zerfallen Wolken von Staub. – Ein Fehltritt oder ein Verspäten beim weichenden

Gestein würde den Sturz in den bergtiefen Abgrund nach sich ziehen.

Mit äußerster Anstrengung, besonders der Hände, kletterte ich hinauf, beflügelt von der Hoffnung, daß es bald besser werde, und von der hinter mir drohenden Gefahr. Der Versuch gelang, und ich befand mich auf einem Rücken, der mir den Kranz der Bemühung zuwinkte und daher die Freudenhöhe heißen soll. Die Stimmung dieses Augenblicks kann nur empfunden werden.

– Aus dem Schlunde des Verderbens kaum entkommen, genießt man die süßeste Wonne. Heere von Bergriesen von Nordost bis Südwest und ein unübersehbares Meer Ebenen von Südwest bis Nordost bieten sich dem trunkenen Auge dar. Aber noch ist man nicht am Scheitel des Göll, und ein unbesiegbarer Drang, oben, oben ist erst das Ziel, reißt einen zur weiteren Fortsetzung des Weges hin. Ganz ohne Gefahr geht man den Rücken hinauf, dessen östliche Seite zu dem tiefen Kessel abfällt, während die westliche eine steinige, schräg abfallende Wildnis bildet, auf der viel ewiger Schnee liegt. Da werden Spuren der Vegetation immer seltener. Hier fand ich Saxifraga oppositifolia und die Primula minima mußte ich aus dem frisch gefallenen Schnee herausgraben. Nach einer Stunde erreicht man von der Freudenhöhe aus den Hohen Göll. Ich schicke die Versicherung voraus, daß ich noch nie eine so unbegrenzte Wonne einer Aussicht genossen habe, als hier, obwohl sie meine Feder nicht einmal matt beschreiben kann.

Nun legte ich Hand an die Vollendung meines andern Zwecks, warum ich den Göll erstieg. Ich machte barometrische und thermische Beobachtungen und stellte meine Zollmann'sche Scheibe auf, um horizontale Winkel zu messen. Nachdem ich von den bemerkenswertesten Objekten den Winkel abgenommen hatte, fand ich nun Zeit, wieder mir selbst zu gehören.

Bepackt mit meinen Apparaten und einigen Resten von Viktualien wandelte ich nun über Eis und verwitterten Kalkstein hinab, nicht ohne Besorgnis über den bevorstehenden Weg. Noch verweilte ich etwas auf der Freudenhöhe und richtete meinen Blick auf den Watzmann, den allgemeinen Stolz der ganzen Gegend.

Hier nahm ich nun von Salzburg, wo ich den Grundstein zu meiner Bildung erhielt, wo mir manches Gute und auch manches Böse zuteil wurde, den feierlichsten Abschied, weil ich dieses Land nie mehr so vollkommen sehen werde, und senkte mich hinab nach dem bösen Steige, den ich mir beim Heraufsteigen sorgfältig mit Steinen bezeichnet hatte; nahm, was ich in Rücksicht der Botanik und Mineralogie fand, mit und erreichte noch beizeiten die Eckalpe, wo mich die um mein Leben besorgten Älpler bewillkommten."

1803 kehrte Valentin Stanig mit dem Auftrag zur Seelsorge in die nähere slowenische Heimat, nach Bainsiza, zurück, wo er mehr als sieben Jahre unter einem baufälligen Strohdach sein Quartier hatte. Von dort erhielt er seine Versetzung nach Ronzina im Görzer Kreis, um sich neuerdings mit Haut und Haaren dem Kirchendienst und der Schulhaltung zu verschreiben – innovativ, kämpferisch, sozial engagiert. Es gelang ihm die Einführung der Kuhpockenimpfung in Görz, indem er das Serum über Heckendorne injizierte und so den Widerwillen der Einheimischen gegen die Prozedur des Impfens geschickt unterlief. Seine Zivilcourage brachten ihm sogar einen Karrieresprung ein.

Seinen Bericht über die Hungersnot von 1817, der als Aktenstück in die Hände des Kaisers gelangen mußte, schloß er mit einem herzhaften Appell in Versen: „Uns drückt Not, Franz! Gib Brot. Sonst, o Gott! Schneller Tod."

Der Kaiser gab und behielt den rührigen Görzer Priester in wohlwollender Erinnerung. Zwei Jahre später wurde der einfache Kaplan zum Görzer Domherrn bestellt, der kraft dieses Amtes seine sozialen Aktivitäten weiter ausbaute. Er reformierte das Schulsystem im Küstenland, gründete ein Taubstummeninstitut und – 1842, den Görzer Verein gegen Tierquälerei. In seinen Nebenstunden sammelte, übersetzte und schrieb er leidenschaftlich Gedichte und Lieder auf Deutsch und Slowenisch.

Beim Löschzug für eine brennende Bauernhütte zog er sich ein Augenleiden zu, was ihn aber nicht davon abhalten konnte, auch weiterhin sozial zu wirken. Den Jahren nach bereits ein Greis, erlitt er beim Heben eines Bausteins einen Blutsturz, der ihn aufs Krankenlager zwang. Von diesem Unfall sollte er sich nicht mehr erholen.

Bis zuletzt bei vollem Bewußtsein, holte er sein Gebetbuch aus dem Schrank, las sich die Sterbegebete vor, fühlte dann seinen Puls und verschied mit den Worten: „Nun sterbe ich!" Es war der 29. April 1847, Valentin Stanig stand in seinem 74. Lebensjahr.

Ein botanischer Pfad durch den Alpen-Adria-Raum

Hunderte Pflanzenforscher, seit dem 17. Jahrhundert in Sachen Botanik bewandert, bildeten das begriffliche Register aus, das zum Mitreden berechtigte, zur distinktiven und diskursiven Verständigung über das weite Feld der Alpenflora. Manche verschafften sich diese Kompetenz durch die Drucklegung botanischer Listen und Pflanzenkataloge. Andere glänzten mit Schilderungen aus dem Fach der Alpenreiseliteratur. Die Alpenbotanik legte rasch an Verbreitung zu. Allein die Porträtgalerie der Salzburgischen Botaniker ist eindrucksvoll hinsichtlich Umfang und Vielfalt.

Klar und einfach zu umreißen ist der Anfang.

1620 betrat der erste gelehrte Botaniker, Joachim Burser aus der sächsischen Lausitz, ein Schüler von Kaspar Bauhin, Salzburger Boden, ließ sich in der Kutsche bis nach Radstadt bringen und ging von dort auf Pflanzentour in die Niederen Tauern.

Linné, der Bursers 25 Bände umfassendes Herbarium (heute in der Bibliothek Uppsalas) für seine Systematisierung der Pflanzenwelt auswertete, übernahm von daher so manchen Fund mit der Quellenangabe: In monte Radstädtertauern Salisburgis – Anthericum serotinum, Sempervivum hirtum und Saxifraga Burseriana, die Linné zu Ehren Bursers so benannte.

Als einige Jahre später Antonius Cola, seinerzeit der größte Botaniker und Anatom, an die neugegründete Hochschule in Salzburg berufen wurde, war der Zulauf an Studenten so gering, daß Cola verärgert zusammenpackte und nach Italien abreiste.

130 Jahre lang blieben hierauf die Zyklen des Salzburger Pflanzenlebens ohne wissenschaftliche Aufsicht. Zumindest ist nichts dergleichen bekannt. Erst Carl Ehrenbert Freiherr von Moll leitete im 18. Jahrhundert eine Hochblüte der botanischen Alpenreise ein, die 100 Jahre später wieder zu Bedeutungslosigkeit erstarb.

Neben der Pioniergestalt Molls steht dessen Weggefährte und Brieffreund, Franz Paula von Schrank, der Verfasser der ersten Salzburger Pflanzenkunde (1792). Er verstarb 1835 als Direktor des botanischen Gartens von München.

In den kommenden Jahren verdichten sich die botanischen Alpenreisen der einzelnen Naturgelehrten zum lebendigen Netzwerk. Joseph Rainer botanisierte auf dem Mönchsberg, Untersberg und Radstädter Tauern. Der Torfstecherei-Aufseher Anton Wesenauer durchstreifte die Täler des Pongaus und das Gebirge von Rauris auf der Suche nach Wildpflanzen. Der Hilfspriester Michael Schönauer durchwanderte mit Blechbüchse und Pflanzenmappe die Bergwiesen des Lungaus, wo er vom Gipfel des Gurpitschek unter anderen Gewächsen die Myosotis nana, ein zwergwüchsiges Alpen-Vergißmeinnicht, heimbrachte.

Auf der Ernte dieser drei Sammler baute Franz Anton von Braunes *Salzburgische Flora* (1797) in drei Bänden auf, eine umfassende Beschreibung der im Erzstift Salzburg wild wachsenden Pflanzen, einschließlich ihrer lokalen Verbreitung, Blütezeit und heilkundlichen Verwendung. Den botanischen Alpenhügel, den Braune in Roseneggers Garten angelegt hatte, verlegte er 1829 nach Mülln, wo zu Beginn des 19. Jahrhunderts schon einmal eine Alpenpflanzenanlage bestanden hatte.

Wie Valentin Stanig verband auch Leopold Michl, 1764 als Sohn eines hochfürstlichen Oberwaldmeisters geboren, das Amt eines Hilfspriesters mit der Berufung zu weitläufigen botanischen Studien. In der Vorgangsweise war er freilich, so heißt es, wenig zimperlich. Er rupfte die Pflanzen ab, ohne Umstände zu machen, schob sie in die weiträumigen Taschen seines Priesterrocks und legte sie daheim sorglos zwischen Papierblättern ein. Sein Herbarium war daher seiner äußeren Erscheinung nach wenig einladend, doch wog er dies durch äußerst präzise Angaben über Zustand und Standort der Pflanzen auf. Seine botanischen Studienorte lagen jeweils im Umkreis seiner geistlichen Ämter: Zell am See, wo er eine Stelle als Koadjutor einnahm. Elixhausen, der Ort seiner Vikariatsjahre. Mauterndorf im Lungau und Eschenau bei Lend, wo er schließlich das Amt eines Pfarrers bekleidete. Eine bewegte Laufbahn, die ihm folgende botanische Entdeckungen ermöglichte: Cirsium praemorsum, Potentilla norvegica und dazu mehrere, nur dem Lungau eigentümliche Pflanzenarten.

Mathias Mielichhofer, Salzburger Bergrat und Sohn eines fürsterzbischöflichen Carabiniers, wurde von Michl und Braune zu seinen ersten Pflanzenstudien angeregt. Zusammen mit letzterem erschloß er die Flora des Hirzbachtales in Fusch, machte dabei Bekanntschaft mit D. H. Hoppe und F. Hornschuch, die ihm ein Spezialgebiet, das Studium der Laubmoose, näherbrachten. Bedingt durch seine Versetzung nach Hüttschlag in Großarl machte er das Arltal zu seinem botanischen Studienort, wo ihm etliche bemerkenswerte Funde glückten – Grimmia atrata, Dissolon splachnoides sowie eine Salix, die nach ihm benannt ist, die Salix Mielichhoferi.

Auf dieser Grundlage, die ein rasch gewachsener Kreis von Fachleuten und passionierten Laien zusammentrug und sich darüber austauschte, gedieh jene biedermeierliche Begeisterung für Alpenblumen, die sich Hand in Hand mit der Sommerfrische entwickeln sollte. Die Alpenbotanik, gerade erst ein Pionierfach für couragierte Gelehrte, erhielt Breitenwirkung und füllte die unterschiedlichsten Bildwelten, von der Mode bis zur Landschaftskunst aus.

Botaniker, deren Pflanzenstudien eng mit der Erschließung der Ostalpen verknüpft waren, machten sich zudem als Reiseschriftsteller einen Namen und beförderten so die Popularisierung des Alpinismus. Neben die wissenschaftliche Darstellung der Alpenflora trat ihre literarische Aufbereitung durch die Reiseliteratur. Joseph August Schultes, Alpenreisender, Naturgelehrter und gleich zweifach Glockner erfahren, verstand es als einer der ersten, das Studienfach Alpen in Poesie umzumünzen.

„Alpen-Thymiane duften hier Wohlgerüche um die Granitbank und die bescheiden errötende stengellose Silene verbirgt sich unter den blauen Glocken des Enzians, die mit den weißen Sternen hundertartiger Steinbreche und Arenarien, dankbar für ihre Befruchtung, dem vorübereilenden Lüftchen zunicken. Purpurbesäumte Apollos flattern hier um die großköpfige Distel, während die sibirische Heuschrecke von einem wankenden Haferhalme auf den anderen springt. Das Lied der Steindrossel hallt in der Stille des Alpentals wider und oben an dem beschattenden Lerchbaume putzt sich das schwarze Eichhorn."

Schultes, einer der beweglichsten und eloquentesten Darsteller dieser frisch entdeckten Alpenschönheit, versorgte mit seinen Naturidyllen Neugierige, Sentimentale, Professionisten und solche, die sich irgendwann einmal selbst auf Tour begeben wollten. Ihnen vermittelte er Sachkenntnis, Topographie und viel Atmosphäre.

Schöne Funde wechseln mit merkwürdigen bis heiteren Begebenheiten und führen abends an heimische Herdfeuer unter rosa Himmel. Gegenüber der Bevölkerung, die zumeist als Dienste tuend in Erscheinung tritt, bleibt die Distanz des Beobachters. Über ihre Naturkunde notiert Schultes im Glocknerbuch: „Eigene Benennungen der Tiere und Pflanzen konnte ich hier nicht erfahren: nur das bemerkte ich, daß sie alle schönen Alpenpflanzen Speik nennen; der eine brachte mir eine Ranunculus glacialis als solchen, der andere eine Primula glutinosa, der dritte eine Filago Leontopodium."

Die Sachlage verhielt sich erwartungsgemäß. Profunde Pflanzenkenntnis war exklusives Wissensgebiet. Der fußreisende Botaniker mit Pflanzenmappe und Blechdose und dem übrigen Zubehör des alpenreisenden Naturwissenschafters war eine ebenso bestaunte Randerscheinung wie der barfüßige Speikklauber oder der verwilderte Wurzengraber.

Aber dieses akademische Natur- und Pflanzenwissen floß nach und nach bei den „einfachen Leuten" ein und hob deren botanisches Verständnis auf eine neue Stufe, über die simple Kenntnis von „Kasbloam", „Tuschbloam" und „Saubloam" hinaus. Leopold Schoible (1786 geb.), Schneidermeister zu Wals, erhielt die Grundzüge seiner botanischen Kenntnisse von einem Einsiedler seiner Umgebung, der sich mit dem Kräutersammeln für Apotheker durchs Leben brachte. Zugleich gelang ihm die Kontaktnahme mit akademisch versierten Pflanzenkundlern, darunter auch Hoppe und Braune. Schoible legte um sein Walser Haus einen Alpengarten an, wo er seltene Gewächse kultivierte.

Einen ähnlichen Weg nahm die Pflanzenkunde des Joseph Schwaiger, ausgedienter Soldat bei dem kaiserlich-französischen

Gesandten Adrien Lezay de Marnesia, der in Salzburg als erster auf die Scheuchzeria palustris im Moos vor der Stadt aufmerksam machte. Nach Quittierung dieses Dienstes begleitete er die Botaniker Hoppe und Braune auf ihren Untersbergbesteigungen der Jahre 1794 bis 1803. Dabei schaute er sich deren botanische Kenntnisse ab, sodaß er schließlich selbst zum Fachmann aufrückte und sich der gelehrten Welt mit der Entdeckung des Bupleurum ranunculoides Linn. empfahl, ein Gewächs, das Professor Hoppe auf dem Untersberg entgangen war.

Daneben sind einzelne Lehrer zu erwähnen, die sich um die Verbreitung der Pflanzenkunde verdient gemacht haben.

Bartholomäus Leminger (geb. 1752), Schulmeister und Naturforscher in Salzburg, legte in Jahrzehnten seiner Sammeltätigkeit ein Naturalienkabinett an, für das er 1797 seine Existenz in Salzburg hinschmiß, um quer durch Europa zu reisen. Wo er hinkam, kaufte und tauschte er Exponate und bereicherte auf diese Art sein Naturalienkabinett mit den kostbarsten Stücken aller Art.

Oder aber: Sebastian Mutzl, seit 1803 Lehrer in Radstadt, der bei entsprechender Witterung den Unterricht im Freien gab, wo er mit seinen Schülern botanisierte. Ein besonderes Anliegen waren ihm die Giftpflanzen; um diese unter seinen Schülern bekannt zu machen, ließ er auf eigene Kosten Wandtafeln drucken und verschenkte sie.

Oder aber: Ignaz Haller, Lehrer im Knappendorf am Dürrnberg, in seiner Freizeit Pflanzenmaler und Naturaliensammler, der am Felsen hinter dem Schulhaus einen Alpengarten anlegte.

Oder aber: Joseph Kiene, Lungauer Bezirksarzt, der in seinem Sprengel botanisierte, in den Tonschieferlagen der Rosaninalpe auf merkwürdige Pflanzenreste der Vorzeit stieß und diese der botanischen Gesellschaft in Regensburg übersandte. Darunter auch Exemplare von Xylostroma giganteum, über die er im beigelegten Bericht notiert hatte: „So häufig die Pinus larix, die einzige Wohnstätte dieses sonderbaren cryptogamischen Gewächses, in den Hochtälern Lungaus vorkommt, so selten glückt es, dasselbe aufzufinden. Mehr als fünfzig Lärchenbäume jeden Alters wurden von mir untersucht, bis es mir gelang, dieses Gewächs in einer ob hohen Alters niedergestürzten, am untersten Teil des Stammes schon faulenden Pinus larix zu ersehen."

1830 gelang ihm auf der Türchelwand in Gastein noch einmal ein sensationeller Einzelfund: Eine weißblühende Abart des Rhododendron ferrugineum, also der rostblättrigen Alpenrose.

In diesem Austausch zwischen Gelehrtenwelt und Dorfkultur bildete sich ein korrespondierendes System der Kontakte und Kenntnisse aus, das der Botanik einige Breitenwirkung verlieh. David Heinrich Hoppe, Professor für Naturgeschichte und Direktor der botanischen Gesellschaft in Regensburg, war eine der maßgeblichsten Schlüsselfiguren dieser Popularisierung.

Durch 40 Jahre reiste er mit Frühlingsbeginn ins Salzburger Gebirge ein, wo er am Untersberg seine botanische Saison eröffnete. Mit zunehmendem Sommer setzte er seine Wanderung in Richtung Innergebirg fort, bezog im Gasteinertal ein festes Quartier und ging von da mit Blechbüchse und Notizbuch ins Glocknergebiet bis nach Heiligenblut hinüber auf botanischen Streifzug, um schließlich im Herbst noch einmal in Salzburg Station zu machen. Das Umgängliche seines Wesens wie seine persönliche Anspruchslosigkeit brachten ihm Sympathien und Anerkennung aus allen Schichten der Bevölkerung ein.

Als 1821 G. H. Schubert, ein Alpentourist aus der Gelehrtenzunft auch er, auf dem Durchmarsch von Salzburg in die Lombardei ins Gasteinertal kommt, hält er Nachfrage nach dem berühmten Botanikprofessor:

„Wir sprachen unter anderem auch von dem lieben alten Kräuterklauber, wie ihn die Leute hier im Dorfe nennen, den trefflichen Hoppe aus Regensburg, der gewöhnlich jeden Sommer einige Wochen oder Monate hier zubringt, und von den wackern jungen Pflanzenklaubern, die im letzten Sommer bei ihm waren, auch."

Fünf Jahre zuvor hatte der „liebe, alte Kräuterklauber" Hoppe eine Alpentour im Fußmarsch unternommen und als *Tagebuch einer Reise nach den Küsten des adriatischen Meers und den Gebürgen von Krain, Kärnthen, Tyrol, Salzburg, Baiern und Böhmen; vorzüglich in botanischer und entomologischer Hinsicht.* (Regensburg 1818) in den Buchhandel gebracht. Sie mag Schubert bei seiner eigenen Unternehmung vorgelegen haben.

Hoppes Berichte und Notizen zu dieser Wanderung, auf der er die entlegensten Schlupfwinkel der Alpenwelt berührte, setzten romantische Reiselust und Reisesehnsucht behutsam auf den Boden naturkundlicher Wirklichkeit.

Es war im Spätwinter 1816. Im Haus des Bayreuther Apothekers und Naturforschers Christian Funck trafen D. H. Hoppe und Friedrich Hornschuch, Professor der Botanik und Direktor des botanischen Gartens in Greifswald, letzte Vorbereitungen für eine Tour im größeren Maßstab. Der Apotheker, erfahren in Schweizerreisen und Wanderungen im Fichtelgebirge, stand mit Rat und Hilfe zur Seite. Das Naturalienkabinett des Hauses sowie eine einschlägige Fachbibliothek waren ganz zu ihrer Verfügung. Hier fanden sich die Werke Scopolis, Wulfens, Hosts, Seenus', Schraders *Flora Germanica* und *Deutschlands Fauna* von Sturm.

Den 23. Jänner war es soweit. Man brach gemeinschaftlich auf. „Der gute Funck begleitete uns mit seinen beiden ältesten Söhnen eine Stunde lang, bis über den ersten Berg, und Freund Herold setzte seinerseits die Begleitung bis Berneck fort, wo auf glückliche Reise, glückliches Wiedersehen und unveränderliche Freundschaft eine Flasche Wein geleert wurde. Dann nahmen wir herzlichen Abschied und setzten unseren Stab vorwärts. Das Wetter war heiter, die Schneebahn sehr gut, und alles für unseren Marsch äußerst erwünscht."

Im Kreiskommissariat Bayreuth war noch eine bürokratische Hürde zu bewältigen, denn in den Pässen fehlte der entsprechende Sichtvermerk für Italien. Aber schließlich war auch diese Widrigkeit ausgestanden.

Für den 2. Februar 1816 notiert Hoppe bereits die Ankunft in Salzburg, und wir wollen ihm von hier an auf einigen Abschnitten seines botanischen Weges über die Alpen folgen:

Salzburg – Triest

„So haben wir denn wirklich das gelobte Salzburg erreicht, und dadurch die zweite Hauptstation unserer Reise zurückgelegt. Klagenfurt wird die dritte, Laibach die vierte und Triest die fünfte sein.

Auch der heutige Tag begann mit unserem gewöhnlichen Frohsinn. Heller Himmel, ergötzende Aussicht und gut gebahnte Wege sind wohl imstande, genügsame Wanderer zufrieden zu stellen. Es ist Feiertag, und es ergab sich eine interessante Erscheinung. Als wir auf einem Schneeweg hintereinander fortschritten, stand der vordere auf einmal still, und bald teilte auch der hintere die frohe Empfindung mit ihm:

N i c h t s   b e t r ü b e   d i c h .

Diese Worte nämlich waren mit sehr eleganten deutschen Buchstaben, die dem besten Grabstichel Ehre gemacht hätten, dem vergänglichsten aller Elemente, dem Schnee, an einem Gangsteig vor Salzburghofen eingegraben.

Untertauern, den 7. Sep.

Der morgige Tag ist bestimmt, den hohen Radstädter Tauern zu übersteigen. Ein Wagestück, welches schon oft von Unglücksfällen begleitet wurde. Wir hatten selbst vor mehreren Jahren die Verunglückung einiger Fuhrleute, die mit Pferd und Wagen vom Schnee verschüttet wurden, in den Zeitungen gelesen. Zu Seiten des Weges fehlte es nicht an Monumenten von verunglückten Menschen, und der Aufenthalt von Wölfen in hiesiger Gegend, die vorzüglich im Winter ihr Wesen treiben, ist ebenfalls bekannt.

Aller Orten hatte man über unser Vorhaben den Kopf geschüttelt, und die Übersteigung des Radstädter Tauern war schon längst von uns selbst als das non plus ultra unseres Glücks angesehen worden. Wir sind daher sehr überrascht, hier an der Quelle zu erfahren, daß gegenwärtig gar keine Besorgnisse bestehen, daß die Fahrbahn völlig hergestellt sei, und daß schon morgen in aller Früh mehrere beladene Schlitten den Berg passieren werden.

Der heutige Marsch betrug 9 Stunden; der Weg ging fast überall bergan, war aber durchaus gut gebahnt.

Mauterndorf, den 8. Feb.

Heute brachen wir früh auf, um den Marsch über den Tauern anzutreten. Das Wetter war sehr günstig; die Fahrbahn vortrefflich; nur gegen die Höhe, wo der tiefere Schnee lag, etwas lockerer. Aber ehe wir so weit gelangten, hatten wir schon manchen Seitensprung gemacht. Die Gebirgsbäche rollten zu beiden Seiten des Wegs herab, und ihre von Wasser unbedeckten schwarzen Steine lockten uns an. Da gab es wieder Moose! Trichostomum riparioides und Fontinalis antipyretica und Hypnum riparium trieben hier ihr Wesen. Es machte uns Mühe, über den hochaufgetürmten Schnee zu den tiefliegenden Bächen zu gelangen, aber die Hindernisse wurden bald beseitigt, und die Büchsen gefüllt. Bei diesem Geschäft wollten uns die Finger den Dienst versagen; wir mußten öfter die Manöver der Schiffer nachmachen und waren endlich nicht wenig froh, auf der Höhe des Tauern, im Wirtshaus, ein stark geheiztes Zimmer vorzufinden.

Von hier aus geht es noch eine Stunde lang auf der Höhe fort. Rechts zur Seite liegt der Kirchhof; vielleicht der höchste in Deutschland. Auch ein bedeutendes memento mori. Uns diente es zu einer angenehmen Rückerinnerung. Freund Michl, ehemaliger Pfarrer in Mauterndorf, hatte einem von uns bis hierher das Geleite gegeben.

Im weiteren Hinabsteigen sahen und benutzten wir eine sehr bequeme Methode schnell vom Tauern abwärts zu kommen. Der Weg ist steil und gerade, auch gut gebahnt. Auf einem kleinen Handschlitten kann man die schnelle Abfahrt ohne Bedenklichkeit unternehmen. Ein Bergstock dient nötigenfalls als Ruder. Die Bauern führen gewöhnlich solche Schlitten mit sich, wenn sie den Berg besteigen, bloß um ihn zur schnellen und bequemen Abfahrt benutzen zu können.

Endlich erreichten wir Tweng, das erste Dorf am diesseitigen Fuß des Gebirges. Das hiesige einzige Wirts- und Posthaus ist berühmt, der Wein ist gut, und die Leute sind brav. Die blecherne Büchse verriet uns als Botaniker, und die Posthalterin nahm daher Gelegenheit, uns an Hrn. Grafen von Sternberg zu erinnern, welcher ehemals hier wohnte, um den Tauern zu durchsuchen; dies hatte unseren Jubel nicht vermindert. Wir ließen manchen Gönner und Freund und Botaniker und Entomologen hochleben und tranken auf ihre Gesundheit roten Tirolerwein, welcher mit vortrefflicher Orangenessenz aus der Schmitischen Fabrik in Wunsiedl zum Bischof aufgewertet worden war. Endlich eilten wir noch ein paar gute Stunden weiter, so daß der ganze Marsch 8 Stunden betrug. Wir hätten in Tweng bleiben sollen. Unterwegs nahmen wir noch einige Moose aus den Gebirgsbächen und schöne Exemplare aus dem schneeweißen körnigen Kalkstein mit. Auch begegneten uns ein paar Wanderer, denen wir die frohe Nachricht geben konnten, daß der Tauern bequem und ohne Gefahr zu passieren sei.

Seebach, den 9. Feb.

Die Szene hat sich geändert, aber die handelnden Personen sind die alten geblieben. In der Nacht ist eine ungeheure Menge Schnee gefallen. Das ungestüme Wetter dauerte den ganzen Vormittag, von heftigen Windstößen begleitet, fort. Man wollte uns durchaus nicht gehen lassen; wir ließen uns aber nicht irre machen. Leute, die den Tauern überstiegen haben, können in der Ebene keine Hindernisse finden. Ein Stein des Anstoßes war der Weg, den wir einschlagen sollten. Infolge unseres Plans mußten wir hier die Poststraße verlassen, um den Wurzenpaß hinter Villach mit den vielen Wölfen zu vermeiden. Nun war aber der Landweg verschneit und dic Fahrbahn unkenntlich geworden. Die Wahl war wirklich schwer, aber besser Schnee als Wölfe, dachten wir, und blieben unserer Absicht treu. Indessen fanden wir ein großes Stück Arbeit. Zwei gute Stunden weit nach Tamsweg mußten wir unaufhörlich bis an die Knie im Schnee waten. Mehrmals verloren wir die Richtung, weil ein dicker Nebel die Sicht behinderte. Weder Menschen noch Vieh waren uns begegnet, um ihrer Spur folgen zu können. Doch kamen wir endlich, nach vieler Anstrengung, glücklich durch.

In Tamsweg konnten wir uns wieder erholen; wir trafen auf ein gutes Wirtshaus und hatten Empfehlungen durch Briefe von Herrn Hofrat Storch. Vielleicht wären wir hier geblieben, obwohl wir erst 3 Stunden hinter uns hatten, aber es ergab sich die Gelegenheit, ein paar Stunden weiter zu kommen. Die Wirtin erzählte, daß die Bauern, welche Eisen aus der Steiermark hergefahren hätten, mit leeren Schlitten zurückführen. Wir dachten an die schnelle Abfahrt vom Tauern und vereinbarten hier einen billigen Fuhrlohn nach Ranten. Als wir einsitzen wollten, fanden wir statt eines einzigen Schlittens drei, die aber weder mit Decken noch mit Stroh versehen waren. Jeder war mit einem Pferd bespannt, und nur ein Fuhrmann fürs Ganze. Wir hatten also die Ehre, jeder einen steifen Gaul selbst zu regieren, die aber durchaus nicht aus dem Schritt zu bringen waren. Das Fuhrwerk hatte mit unsern gewöhnlichen Rennschlitten nichts als den alleruntersten Teil gemeinsam. Es erhob sich nur wenig über der Erde, war aber breit genug, um darauf bequem Platz zu nehmen. Gegen das Halsbrechen waren wir jedenfalls gesichert, doch konnten wir es in der Länge nicht aushalten, wir wären erfroren.

In Seetal stiegen wir aus und ließen den Bauern mit seinen 10 Batzen fahren, wohin er wollte. Es war auch bereits dunkel geworden. In keinem andern Fall hätten wir hier übernachtet. Jetzt war die warme Stube für uns Balsam des Lebens, sowohl innerlicher als äußerlicher. Unser Eintritt in die Wirtsstube war grausend. Sowie die schwerfällige Tür zurückgeschlagen wurde, erblickte man das wahre Bild einer Mördergrube. Die schwarzen Wände wurden durch einige nachlässig brennende Spanhölzer nur ärmlich erhellt, und was im Hintergrund noch verborgen sein mochte, konnte man so eigentlich nicht wissen. Von mehreren männlichen Geschöpfen saßen zwei auf den Bänken, die übrigen auf den Tischen. Jedem hingen die langen ungeschnittenen Haare vorn über das Kinn, hinten über die Achsel herab. Der brennende Tabakskopf, an dem man kein Rohr bemerkte, ragte einer zweiten Nase ähnlich unter dem Vorderhaar hervor. Ein großer Hut mit sehr breiten Krempen überschattete das Ganze. Die weiblichen Geschöpfe waren bei ihren Spanlichtern mit Spinnen beschäftigt. Dem allen ungeachtet hatten wir ganz und gar nichts einzuwenden, als der Herr Mauthner, welcher unsere Pässe unterschrieben und uns späterhin Visite gemacht hatte, versicherte, daß es ehrliche Leute wären. Wir fanden das zum Teil selbst, indem sich die Wirtin sehr bereitwillig zeigte, die Milchsuppe und den Mehlschmarren ganz nach unsrer Angabe zu kochen, und die Mädchen sich viel Mühe gaben, uns auf unserer harten Lagerstätte, nachdem sich der eine hinter dem Ofen, der andere unter die Bank verkrochen hatte, mit ihren melodischen Stimmen zu unterhalten, und uns sehr eigentümliche Steirische Lieder vorzusingen. Die ganze Geschichte dauerte bis um Mitternacht, wo sich auf einmal alles verlor. Sehr naiv lautete der Schlußgesang folgendermaßen:

Jetzt ist es Zeit
Zum Schlafengehen;
Bua, hast die Schneid,
kannst nache gehn.

VIII. Bär, Wolf und Geier. Besucher aus verlorener Wildnis

Im Winter 1745 brach beim Poschenbauer in Unternberg ein Bär in den Rinderstall ein, doch konnte der Räuber mit einem gezielten Schuß aus dem Jagdgewehr erlegt werden. Den ausgestopften Schädel nagelte man – Triumph, Zauber, Abwehrgeste – an die Tür von Schloß Moosham, wo er bis zu Beginn des 20. Jahrhunderts verblieb.

Bären wie Wölfe machten bis ins 19. Jahrhundert den Bergraum unsicher, die Dörfer waren nur in Ausnahmefällen das Ziel derartiger Besuche. Nach Bedarf wurden sogenannte Volksjagden unternommen, um die Almen frei von Raubtieren zu halten und so das übersommernde Vieh zu schützen.

In den Aufzeichnungen des Archivars Friedrich Pirckmayer ist der Bericht über eine Bärenjagd in Gastein überliefert, die den Sensationswert dieses Ereignisses lebhaft vor Augen führt.

„In den sechziger Jahren des 17. Jahrhunderts ließ sich in der Gasteiner Gegend ein Bär verspüren, welcher in 7 Jahren einen Schaden von einigen tausend Gulden anrichtete. Auf Bitten der Untertanen gestattete Fürst Erzbischof Max Gandolph, daß zwei bekannte Jäger aus dem Radstädter Gericht, Andree Hackher und Matheus Staukhner, die zur Bärenjagd taugliche Hunde besaßen, nach Gastein sich begeben und mit Zuziehung des dortigen Jägers und Aufbietung sowohl der innern als vordern Gasteiner Untertanen auf das Untier Jagd machen mögen und sollen, doch daß die Gambsen nicht erlegt, noch allzu sehr versprengt werden."

Die Jäger zogen es vor, auf die Beihilfe der Bauern zu verzichten. Dem Gasteiner Wildhüter Geörgen Schlickhen gelang es bei der angestellten Hatz, das Raubtier in der Kötschau zu fällen. In ihrer Freude dachten die Jäger nicht daran, das Tier auf der Stelle zu zerwirken, sondern wollten ihre Beute im Triumph ins Tal bringen. Was einige Mühe erforderlich machte.

Der Bär mußte aus der Wildnis, wo er erlegt worden war, 3/4 Stunden lang fortgetragen werden, in der Folge einige 100 m abgeseilt, danach stundenlang abermals durch die Wildnis geschleppt werden, mit Unterstützung der nahezu 30 anwesenden Mithelfer. Da diese Leute unentgeltlich mit Hand anlegten, erhielten sie nach der geleisteten Mühe die Verpflegung umsonst, wobei sie über 20 Gulden verzehrten.

Den Jägern war schon unterwegs Wein und Brot entgegengetragen worden, dazu erhielten die zwei Radstädter Jäger etwas Kleingeld für die Spesen ihrer Herreise, einen Taglohn von 8 Gulden und 3 Halbe Wein mit Brot zu ihrer Verköstigung.

Diese Ausgaben wurden von dem Gasteiner Wirt Hans Straubinger vorschußweise bestritten. Die Haut mitsamt dem Kopf des Bären brachte Georg Schlick, der glückliche Schütze, zur hochfürstlichen Obristjägermeisterei nach Salzburg. Hans Straubinger dagegen die Kostenrechnung zum Landgericht nach Gastein, mit der Bitte um Rückerstattung durch die Landschaft von Gastein.

Der Jubel über die Erlegung des Raubtieres verrauschte nun schnell, hatte aber noch ein böses Nachspiel. Bei der am 27. November 1669 abgehaltenen Land-Gerichtssitzung kam die Rechnung über die Bärenjagd zur Vorlage. Jene Untertanen, die durch das Untier einen Schaden erlitten hatten, waren mit der Beteiligung an den Unkosten zufrieden. Die andern verweigerten die Bezahlung. Der Pfleger berichtete darüber an die Hofkammer und diese an den Erzbischof, welcher mit Dekret vom 12. Dezember ein Salomonisches Urteil erließ.

Der Landrichter möge, so befahl er, sämtliche Untertanen aufrufen, an einem festgesetzten Tag zu erscheinen und ihnen über ihre Insolenz und Aufsässigkeit das größte Mißfallen des Erzbischofs vermelden.

Von Kuschelbären und Bestien

Das Raubtier als Inbegriff der Todesgefahr, das nahezu religiösen Schauder weckte, ist längst aus unserer Vorstellungswelt entschwunden. Besonders anschaulich zeigt dies der Bär, der alle Privilegien einer entmachteten Größe genießt, seit er das Territorium der profanen Welt ganz geräumt hat: Eine Eminenz aus Plüsch, Fernsehstar und Liebling im Tiergarten. Aber auch: Nurmi, der medienwirksame Saisongast unserer Nationalparkromantik. Ein Besucher aus verlorener Wildnis, die sich winzige ökologische Nischen zurückerobert.

Im Frühjahr 1982 kollidierten auf der Brucker Schnellstraße drei Autofahrer mit einem Braunbären, der nach ärztlicher Erste Hilfe-Leistung wieder in die Freiheit entlassen werden konnte. Der World Wildlife Found reagierte auf den Zwischenfall mit einem Faltblatt für die Öffentlichkeit, das Verhaltensregeln für Begegnungen mit Freigängern der Wildnatur auflistete.

Im Nachbarland Slowenien gehört der Sohlengänger im braunen Pelz bereits so selbstverständlich zum Alltag, daß für den Neubau der Autobahn Laibach-Triest Unterführungen für die irritierten, nachtaktiven Passanten eingeplant wurden. Schrecken verursachende Zusammenstöße im nächtlichen Autobahnverkehr hatten dies veranlaßt. Der Bär gehört nichtsdestotrotz auch heute noch zu den jagdbaren Tieren Sloweniens, wo ihn gute Restaurants als Delikatesse auf der Speisekarte führen.

Österreich ist sentimentaler. Und lüsterner, wo sich eine Schlachtung des mythischen Wildlings als Medienereignis anbietet. So geschehen im Sommer 1994, als Nurmi, grün-brauner Kuschelbär und ingrimmiger Bösewicht in einem, eine Gratwanderung über die Seelenlandschaft Österreichs vollführte, die ihn schließlich das Leben kosten sollte.

Der niedliche Jungbär, der sich als bäriger Räuber erwischen ließ, landete, ursprünglich nur von Fotografen und Journalisten gejagt, schließlich genau dort, wo der ganze Zauber einer Bärenjagd seinen harten Kern zeigt: Bei der Schlachtung. „Profil" lieferte das Bild des zerwirkten Braunbären an die Öffentlichkeit.

Dieses sommerliche Bärenfest in der Medienlandschaft Österreichs wäre nicht möglich gewesen ohne die Mythen und Geschichten im Unterbau der Phantasien. Sie folgen diesem Sohlengänger im Pelz quer durch die Geschichte und über die Kontinente hinweg:

Bei den Slawen war der Bär eine beherrschende Figur im Volksleben. Am Namenstag des Hl. Andreas, am 30. November, wurde in Bulgarien ein Bärenfest gefeiert, das mit einem Speiseopfer endete. Mit den Worten ‚Bleib gesund, Großmutter Bär!' (Da si zdrava, baba meco!) warf man die übrigen Bohnen und Körner in den Kamin hinauf.

Der Bär war nie einfach Tier. Mythen unterschiedlichster Kulturen haben ihn auf die Ebene eines göttlichen oder dämonischen Wesens emporgehoben. Oder auch: Die Gottheit der Natur in animalischer Erscheinung festgemacht.

Bärenschädel wurden bei zeremoniellen Feiern, bei Jagdriten oder auch aus Zwecken des Totenkults in Höhlen hinterlegt. Bärenknochen wurden in der Durchgangshöhle am Schlenken bei Vigaun/Hallein entdeckt, sodann im Untersberg und in der Salzofenhöhle bei Bad Aussee, die lange später Salzschmugglern als Zufluchtsstätte diente.

Man hat seit eh und je auf ihn Jagd gemacht, aber der tote Bär schenkte neben der Nahrung auch eine Trophäe, war ein mit scheuem Respekt behandeltes Pfand der Jenseitswelt.

1. Ein Landschaftsmaler vom Jahr 1743

1
Muhr Spitz
Rottenmandl
Kobold Berg
Rachen B
Kreuz Höhe
Lessach
Fanning Berg
Höhe
Fanning
Maria Pfarr
Althofen
Lintsching

Zur Zeit des römischen Imperiums war der Bär, zusammen mit anderen Raubtieren, der Mittelpunkt blutiger Tierhatzen und Circenses, die in den Arenen der römischen Städte und Soldatenlager Tausende von Schaulustigen anzogen. Die enorme Nachfrage nach wild gefangenen Raubtieren, die unter Gladiatorenstichen im Arenasand verbluten sollten, bedingte die Herausbildung eines eigenen Berufsstandes. Der Tierfänger lieferte Nachschub an Bären, Wölfen, Löwen, Pferden.

Wie Reliefs am Mithrastempel Immurium (Moosham), ein Votivstein am Porciaschloß in Spital a.D. und die Inschrift des Tierfängers Profuturus in der Vorhalle der Peterskirche in Salzburg zeigen, hatte auch das Alpengebiet von Noricum Bedarf an derlei Spektakeln. Gedeckt wurde der damit verbundene Markt an Raubtieren vorzugsweise durch die Jagdgründe des heutigen Lungaus, wohin diese Tierfänger ihre Streifen, Fallenstellereien und Hatzen verlegten. Der Bär war mit Sicherheit der begehrteste und kostbarste Fang.

Etwas später treffen wir Meister Petz als Begleiter von Heiligen. Zumindest die mittelalterliche Legende schildert ihn nicht nur als Gierschlund und Räuber, sondern läßt ihn auch Weggefährte und Beschützer von Heiligen und Eremiten sein. In der Lebensgeschichte des Hl. Severin aus der zweiten Hälfte des 5. Jahrhunderts hat der Bär alle wunderbaren Qualitäten, die ihm kraft seiner mythischen Tradition zukommen.

Zur Zeit der Völkerwanderung führte der norische Christ Maximus eine Gruppe Gefährten von Teurnia (St. Peter im Holz) nach Favianis (Mautern bei Krems), wo sie vom Hl. Severin erwartet wurden. Es war mitten im tiefsten Winter, und die jungen Christen hatten sich mit schwerem Gepäck beladen. Sie sollten das Ergebnis einer Kleidersammlung über die Gebirgspässe Katschberg und Radstädter Tauern an die Donau bringen, um es dort an Bedürftige und Gefangene zu verteilen.

Auf der Höhe des Radstädter Tauern überfiel sie ein Schneesturm, der sie unter einem Baum Zuflucht nehmen ließ. Ein Fortkommen schien aussichtslos, aber da kam, wie es im 29. Kapitel heißt, wunderbare Hilfe von unerwarteter Seite:

„So kamen sie auf ihrem Marsch bis zur Höhe der Alpengipfel, wo während der ganzen Nacht so viel Schnee fiel, daß sie, unter dem schützenden Dach eines mächtigen Baumes geborgen, gleichsam tief unten in einer riesigen Grube eingeschlossen waren. Als sie nun ganz und gar an ihrem Leben verzweifelten, weil ja keine Aussicht auf Errettung bestand, sah der Transportführer in einem Traumgesicht einen in der Gestalt des Gottesmannes vor sich stehen und zu ihm sprechen: ‚Fürchtet euch nicht, setzt euren Marsch fort!'

Als sie sich nun, durch diese Erscheinung sofort ermutigt, mehr im Vertrauen auf Gott als auf die eigenen Füße zum Weitermarsch anschickten, erschien plötzlich auf göttliches Geheiß von der Seite her ein riesiger Bär – der sich doch zur Winterszeit gewöhnlich in Höhlen verbirgt –, um ihnen den Weg zu weisen. Dann machte er ihnen die erhoffte Bahn frei und zeigte ihnen ungefähr zweihundert Meilen weit, wobei er weder links noch rechts abwich, den erwünschten Weg. Er hielt nämlich im Voranschreiten nur so viel Abstand zwischen sich und den Leuten, daß er durch seine frischen Spuren einen Pfad bahnen konnte.

So ging also das Tier durch die weite Einöde voran und verließ die Männer nicht, die den Bedürftigen Hilfe brachten, es führte sie vielmehr, so menschlich es konnte, bis zu den Behausungen der Menschen, und als es dann seine Pflicht erfüllt hatte, bog es zur Seite ab, nachdem es durch diesen bemerkenswerten Führerdienst gezeigt hatte, wie die Menschen einander helfen, wieviel Liebe sie sich erweisen sollten, da doch ein wildes Tier den Verzweifelnden den Weg gewiesen hatte. Als nun dem Knechte Gottes die Ankömmlinge gemeldet wurden, sprach er: ‚Der Name des Herrn sei gepriesen. Laßt die Herren eintreten, denen ein Bär den Weg erschlossen hat, auf dem sie kommen konnten."

Bärenängste unterwegs

In der alpinen Reiseliteratur, wie sie seit dem 18. Jahrhundert vorliegt, sind Bär und Wolf nur mehr als hintergründige Angstbilder vertreten, von tatsächlichen Zusammentreffen auf Saumwegen und Tauernpfaden ist nichts erwähnt. Doch wurden Reiserouten und Reisezeiten augenscheinlich in Rücksicht auf derlei Gefahren gewählt. Besonders die „Villacher Wölfe" und die „Wölfe vom Katschberg" haben längere Umwege aufgezwungen.

Das *Wanderbüchlein eines reisenden Gelehrten* von Gotthelf Heinrich Schubert, Bergrat und Professor in Erlangen, der sich um 1820 zusammen mit Frau und Freunden auf die Alpenreise macht, erwähnt das sanfte Gruseln, das diese fußreisende Biedermeiergesellschaft befällt, sobald sie eine Begegnung mit Bär und Wolf erwägt.

Von Salzburg nach Gastein hatten sie die pittoresken Gebirgsschluchten von Paß Lueg und Klammstein passiert, um nun den Aufstieg ins Hochgebirge zu wagen:

„Der dortige Geistliche, ein gar lieber, sehr unterrichteter Mann, machte uns durch seine Unterhaltung großes Vergnügen, und zeigte uns einige noch blühende, schöne Alpenpflanzen, und an der Mittagstafel fanden wir auch sehr wackre, heitre Gesellschaft. Wir hörten es hier von einem bestätigen, daß man von Gastein aus, wenn man die nächsten Gebirgswege wählt, in etwa 3 1/2 Tagen nach Venedig gehen könnte. Erst vor einigen Tagen war jemand, in Gesellschaft eines wegkundigen Führers, dahin abgegangen, und uns tat es sehr leid, daß wir nicht damals schon hier waren und mitgekonnt hatten.

Wir blieben bis Nachmittags in Gastein, nahmen dann einen Führer, der unser Gepäck trug, und gingen so durchs Wiesental weiter nach Böckstein hinauf. Hier verließen wir nun, nach kurzem Aufenthalt, unsre lieben Nürnberger Reisegefährten, die noch auf ihr Gepäck, das sie zu Hof am Gastein zurückgelassen, warteten, und gingen, da sich die Sonne schon hinter den hohen, westlichen Gebirgen verbergen wollte, ganz einsam, Hand in Hand, hinter unsrem Führer drein, in die enge, südliche Talschlucht hinein.

Ich habe noch selten ein solches Gefühl von Einsamkeit und Abgeschiedenheit von Menschen gehabt, obgleich ich noch nicht einmal ganz allein war. Freilich, unser Führer, ein Bergmann von dem Radhausberg, sprach nicht wie andre Menschen, sondern heulte meist unverständliche Laute.

Am Anfang unsers Wegs kamen wir an der Maschine vorbei, an der sich zuweilen kühne Menschen, oder solche, die nicht gern steigen mögen, wohl etliche tausend Fuß hoch am Bergabhang des Radhausbergs hinaufziehen, oder auch herunter schnurren lassen. Das ist eine gefährliche Belustigung, bei der wohl mancher schon zerschmettert worden ist.

Je weiter wir gingen, desto herrlicher und mächtiger wurden die Wasserfälle: der Bärenfall, Kesselfall, Schleierfall. Der Abend dämmerte schon, und nur der rosenrote Schimmer, welchen die nun ganz nahen Schneefelder und Gletscher der Berge, an deren Fuß wir hingingen, herunterstrahlten, leuchtete uns noch, als wir aus unserem engen Tal in ein anderes, im Anfang etwas breiteres, das fast von Ost nach West lief, in das sogenannte Naßfeld hinaustraten.

Endlich kam die Straubinger Sennhütte, hinter einem kleinen Felsenrücken, den wir neben jenen Riesenbergen gar nicht bemerkt hatten, zum Vorschein. Wir fanden die Sennerin zu Hause. Ein Gruß vom Geistlichen Herrn in Gastein, den ich ihr brachte, bereitete uns freundlichen Empfang. Unser Gnom heulte auch eine ganze Erzählung gegen die Sennerin hin, ich verstand aber kein Wort davon.

Links brannte auf einem breiten, reinlichen Herd ein Feuer, das die Hütte, deren Wände ganz mit hölzernen Gefäßen ausgeziert waren, in denen Butter und Käse bereitet wurde, hinlänglich erleuchtete.

Die Sennerin, mit einer Lampe in der Hand, ging über das sumpfig weiche Erdreich voran. Es waren wohl Steine über die Wiese gelegt, wer aber daneben trat, bekam gefärbte Füße. Etliche hundert Schritt von der Sennhütte war der Schlafsaal, in welchem wir, wie wir jetzt erfuhren, mit dem Gnomen, mit den Sennknechten und den beiden Saumrößlern schlafen sollten.

Heu, frisches Gebirgsheu, ist wohl eine gute Sache, und die Kühe fressen es gerne, aber etliche unter uns meinten, daß es sich auf einem ordentlichen Bett doch besser schläft. Besonders hat es das Heu in der Art, daß es einem immer ins Gesicht und an den Hals kommt, das ist nicht jeder gewohnt.

Mit Tagesgrauen waren wir schon wieder in der Sennhütte. Das war ein prächtiger Morgen, freilich aber auch ein mühseliger und saurer. Der Gnom und meine Frau nebst mir gingen voraus, die Saumrößler waren noch nicht ganz fertig.

Im Anfang wurde uns das Steigen gar angenehm gemacht. Fast alle hundert oder einige hundert Schritte zeigte sich eine schöne, blühende Alpenpflanze, sogar die schöne Alpenrose blühte in manchen Klüften, welche die Sonne nur mit ihren letzten Abendstrahlen berühren konnte, noch in ganzen Büscheln, und ich sammelte an diesem Morgen mehr als zwanzig Arten Alpenblumen, die hier auf festem Urgebirge üppig aufwuchsen, für mein Herbarium.

Unser Gnom führte uns, über rolliges Gestein, in der stärksten Sonnenglut auf Mallnitz zu. Ich, der ich der längste unter den Dreien war, hatte es dabei am schlimmsten, und möchte dort nicht noch einmal heruntersteigen. Nun ließen wir uns auch in Mallnitz desto wohler sein und nach Tische fuhren wir sogar, freilich auf keinem eben sehr prächtigen oder bequemen Einspänner, (die Schütte Stroh, die wir statt des Sitzes hatten, fuhr immer herunter, auch stieß das Fuhrwerk gewaltig, und von oben herab brannte die Sonne heftig) 9 Stunden weit in dem romantischen Mölltal hinauf, über Villach und Flattach nach Winklern. In dem guten Kärnten war uns auch gar wohl zumute: gutes Volk, und schöne große Berge mit den kräftigsten Laubwäldern bewachsen, auch schon viele Pflanzen, die zu der südlichen (z. B. italienischen) Blumenwelt gehören.

Ehe wir in das freundliche Winklern kamen, war die Dämmerung schon hereingebrochen, und es war nicht ganz angenehm, bei solcher Tageszeit unmittelbar bei einer Tiefe hinzufahren, die uns, wenigstens bei Abend, als ein sehr jäher Abgrund vorkam. Auf den Bergen brannten sehr gewaltige Feuer, und als wir uns im Dorfe erkundigten, hörten wir, daß man dort, auf den waldreichen Alpen, jede Nacht so große Feuer anzünde, um die hier noch ziemlich häufigen Bären und Wölfe von den Viehherden abzuhalten."

Offensichtlich hatten Wolf und Bär ausschließlich an Jungvieh, an Lämmern und Kälbern, Geschmack, während Fußreisende, sofern sie überdies in Gruppen und auf stark begangenen Pfaden blieben, von dieser Seite unbehelligt blieben.

Hirten und Bauern mußten allerdings um den Besitz ihrer Viehherden fürchten, und Volksjagden mit bestellten Jägern, Wolfsgruben und Bärenfallen wurden zur Schadensbegrenzung aufgeboten. Man fürchtete Wolf und Bär als Viehdiebe, hatte aber vergleichsweise geringe Angst um das eigene Leben. Denn beide ‚Wildlinge' gelten als menschenscheu.

Eine wirkliche Bedrohung erwartete man sich viel eher aus dem Reich der Lüfte, wo Geier und Adler ihre Kreise zogen.

1781 steigt der Laibacher Naturforscher und Alpinist der ersten Stunde, Belsazar de la Motte Hacquet, einer, der kaum etwas und kaum jemanden fürchtet, weil keiner wie er die Strapazen und Gefahren alpiner Wanderungen kennengelernt hat, vom Mölltal aus bis auf die Pasterze, wo ihn nicht nur die Eiswelt der Gletscher zur Umkehr drängt.

Hacquet warnt mit dem Brustton des persönlich Erfahrenen vor Scharen riesiger Geier, die sich auf den einsamen Wanderer, der sich in solche Höhen wage, niederstürzten. – Ein Märchen aus dem Geist eines Münchhausen?

Er empfiehlt: „aber wohl sehr lasse ich gewarnt sein, nicht ohne Schießgewehr zu gehen, weil man auf solchen Anhöhen oft mit einem sehr mächtigen Feind zu kämpfen hat, nämlich mit den großen Geiern, die auf einen Jagd machen, und mit ihren mächtigen Flügeln zu Boden oder in die Abgründe schlagen, wo man dann beim Fall ihnen zur Beute wird.

Ob sie einen für eine Gemse, oder für was anders ansehen, weiß ich nicht, genug ist es, daß sie die Beherrscher solcher Anhöhen allein sind; wer immer kommt, und ihre Gebiete betritt, läuft bei ihnen Gefahr, wenn er sich nicht künstlicher Waffen bedient. Unter allen Raubvögeln ist der Lämmergeier, Vultur barbatus des Linné, welchen Herr Andrä, was den Kopf anlangt, gut abgebildet hat, der gefährlichste."

Diese Angst vor Raubvögeln größeren Ausmaßes teilte der Balkan erfahrene Hacquet immerhin mit der Mehrheit der Gebirgsbevölkerung, die sich offensichtlich durch die Bedrohung auf ebener Erde mit Feuer und Fallen sicherte, sich aber gegenüber Angriffen von oben – mochten sie auch nur in Ausnahmen erfolgen – hilflos fühlte.

Adolph von Schaden berichtet 1833 im neuesten *Taschenbuch für Reisende* aus dem Gasteinertal:

„Die Viehzucht gehört unter des Gasteiners vorzüglichste Erwerbszweige, der Viehstand begriff in neuern Zeiten 2.665 Kühe und eine verhältnismäßige Anzahl im Winter schlecht genährter Rinder mit einigen tausend Stück Schafen und Ziegen in sich. Schweine sind selten und einiges Geflügel findet man höchstens in Steigen im Straubinger'schen Gasthof des Wildbades, denn im Freien, selbst in den Höfen der Häuser, würde jedes Geflügel sogleich von den Geiern und andern Raubvögeln entführt werden."

Dazu kursierte die folgende Anekdote: Zwischen Böckstein und Naßfeld wurde ein zweijähriger Knabe von einem sogenannten Gemsgeier entführt und nach dessen, in der Höhe einer senkrechten Felswand befindlichem Nest getragen. Alles Mögliche versuchte man, das unglückliche Kind zu retten, ein Jäger, mit Säbel und Pistolen bewaffnet, wurde, auf einem Querholz reitend, an Stricken bis zur Höhle des Adlers, von oben hinabgelassen.

Aber dieser fand den Knaben bereits auf gräßliche Art zerrissen und wurde von zwei Geiern mit furchtbarem Gezisch empfangen, sodaß er, beinah die Besinnung verlierend, das verabredete Zeichen gab, worauf man ihn hastig in die Höhe zog.

Die Gleichsetzung von Geier und Adler entspricht der Zeit, die Angriffslust dieser Tiere erwähnt auch Franz M. Vierthaler, der auf seinen Wanderungen durch das Erzstift Salzburg mehrmals mit der Angriffslust von Geiern konfrontiert worden war: „Hirtenknaben, welche an der Tauernache ihre Herden weideten und mit ihren Stäben mit großem Geschrei in die Luft schlugen, unterbrachen unsere Betrachtungen. Wir blickten auf und sahen einen ungeheuern Raubvogel in den Lüften schweben. Es war ein großer Gemsgeier (Vultur alpinus vel aureus Jonston. Barbatus Linn.), welcher im Lungau einheimisch und jungen Gemsen, Lämmern und selbst Kindern gefährlich ist. Wie ein Pfeil stößt er auf seinen Raub nieder, packt ihn zwischen seinen fürchterlichen Krallen und führt ihn mit sich durch die Luft. Sein Nest gleicht einer Festung. Es ist auf hohen, steilen Felsenwänden so künstlich angebracht, daß man ihm nicht ohne Lebensgefahr und nur vermittels langer Seile beikommen kann.

Im Blockhaus erfuhren wir dann, daß eben die Jäger und Schützen vom ganzen Gau aufgeboten seien, um ein paar Wölfe zu verfolgen, welche Angriffe auf die Herden gemacht hatten. Wölfe durchstreichen nämlich beinah jährlich und von Zeit zu Zeit auch Bären die Wälder und Alpen des Lungaus und lassen überall blutige Spuren ihrer Grausamkeit zurück. Man macht sogleich Jagd auf sie; und ein wahres Fest ist es für Bürger und Bauern, wenn das Raubtier erlegt wird. Man zieht mit Trommeln und Pfeifen und unter frohem Gejauchze den glücklichen Siegern entgegen."

Heute bemüht sich der World Wildlife Found mithilfe gezielter Betreuung, Adler und Geier wieder in den Tauern heimisch zu machen. Die Ursachen, die in den vergangenen Jahrhunderten zu ihrer Ausrottung führten, sind bereits umrissen. Zur Abrundung dieses Überblicks mag eine Episode dienen, die Helmine von Chezy, Salzburgentdeckerin und Alpenreisende der Biedermeierzeit, in ihren Erinnerungen anführt. Bei einem Besuch in Kremsmünster hatte sie in der Naturaliensammlung des Stiftes die folgende Mitteilung entdeckt:

„Aus dem Gebirg war vor mehrern Jahren ein (gottlob!) seltener Vogel geschickt worden, ein gewaltig großer Lämmergeier. Die Schiffsleute, die mit dem Transport beauftragt waren, hielten den Raubvogel für einen nicht minder ominösen als delikaten Braten, hinreichend, das ganze Stift zu bewirten, und im reinsten und regsten Impuls der treuherzigsten Gutmütigkeit, um den Küchenjungen Mühe zu sparen, rupften sie dem Lämmergeier alle Federn aus und brachten im Triumph den prachtvollen Braten in die Küche. Der Vogel wurde zwar nicht gebraten, konnte aber auch nicht ausgestopft werden. Wem es übrigens bekannt ist, daß der große, zu seiner Zeit wie eine Prima Donna berühmte Conrad Hager, Koch des Erzbischofs, in seinem kunstreichen Kochbuch: Adler- Schwan- Pelikan- Pasteten-Rezepte aufgezeichnet, der muß vermeinen, der Ehrenmann habe den Lämmergeier übersehen, und die Schiffsleute hatten recht."

IX. Bettina Brentano und die Ritter vom Watzmannorden

Von den Rollenbildern der Romantik hat Bettina Brentano die Figur des Kobolds besetzt. Naturverbunden, kindlich, androgyn, zwischen Himmel und Erde schwebend – so erwirkte sie sich einen Spielraum abseits der normierten Enge zeitgenössischer Frauenbilder.

Aber auch sie hat sich schließlich dieser ‚Schule der Selbstverleugnung', die eine Ehefrau des 19. Jahrhunderts erwartete, gefügt. Sieben Schwangerschaften, sieben aufgezogene Kinder gingen aus ihrer Ehe mit Achim von Arnim hervor, die vor allem ihre praktischen Talente, Muttersein, Haushalt, Gutsverwaltung in Anspruch nahm. „Sich vor dem Mottenfraß der Häuslichkeit bewahren", ein Vorsatz aus der Unbekümmertheit der Jugendjahre, gelang ihr also nicht. Zu stark war die Angst vor einem Philisterleben, zu stark die Angst vor dem Unnützwerden, um das Wagnis eines Künstlerlebens einzugehen.

Dafür gelingt ihr, im Anlauf nach den Ehejahren, noch ein drittes Leben. Jenes ihrer literarischen Selbstbehauptung, da sie, in Zeiten der politischen Reaktion und des privaten Biedermeier, zudem ihre soziale Stimme erhebt. Nach dem romantischen Kreis der Kindheit und nach den langen Ehejahren ringt sie sich zu einem literarischen Werkprozeß durch, der Leben und Schreiben in eins setzt. Sie führt in Berlin einen demokratischen Salon, sammelt das kritische Lager der Studenten um sich und macht auf die elende Lage der schlesischen Weber aufmerksam.

Aber zurück an den Anfang.

Bettina, am 4. April 1785 als siebtes Kind des Kaufmanns Peter Anton Brentano und seiner zweiten Frau Maximiliane von La Roche in Frankfurt am Main geboren, verliert als Achtjährige die Mutter und kommt zusammen mit den Schwestern für vier Jahre ins Ursulinenkloster von Fritzlar. 1797 stirbt auch der Vater, und Bettina, Lulu und Meline übersiedeln zu ihrer Großmutter Sophie von La Roche.

Goethe tritt in ihr Leben. Ein fernes Wunsch- und Traumbild, das sich von Nachrichten, Briefen und Büchern nährt, die Frankfurt von Weimar aus erreichen. Als die 16-jährige den *Wilhelm Meister* in die Hand bekommt, findet sie in der Gestalt Mignons ein erstes Schlüsselbild zu ihrer Innenwelt und dazu einen Weg, hinter ihren Maskeraden des ungezügelten Kindes „im Orden ihrer eignen Natur zu leben".

Der Engländer Henry Crabb Robinson, der in demselben Jahr 1801 zu Gast im Haus Brentano weilte, nimmt erste schriftliche Notiz von dieser Kunstfigur, die da, aufgespalten in ein Natur-Ich und ein Bildungs-Ich, ins Leben geholt wurde: „Als ich das erstemal nach Frankfurt kam, war sie ein kurzes untersetztes wildes Mädchen, die jüngste und am wenigsten angenehme Enkelin der Frau von Laroche. Sie wurde stets als ein grillenhaftes unbehandelbares Geschöpf angesehen. Ich erinnere mich, daß sie auf Apfelbäumen herumkletterte und eine gewaltige Schwätzerin war; desgleichen auch, daß sie in überschwenglichen Ausdrücken ihre Bewunderung der Mignon in ‚Wilhelm Meister' aussprach. Indem sie ihre Hände gegen ihre Brust drückte, sagte sie: So liege ich immer zu Bett, um Mignon nachzuahmen."

Das Vorbild dieser Kunstfigur, die grillenhafte Mignon, schildert ihr Autor, Johann Wolfgang Goethe, mit dem Ausdruck amüsierten Staunens.

„In alle seinem Tun und Lassen hatte das Kind etwas Sonderbares. Es ging die Treppe weder auf noch ab, sondern sprang; es stieg auf den Geländern der Gänge weg, und eh man sichs versah, saß es oben auf dem Schranke, und blieb eine Weile ruhig. Auch hatte Wilhelm bemerkt, daß es für jeden eine besondere Art von Gruß hatte. Ihn grüßte sie, seit einiger Zeit, mit über die Brust geschlagenen Armen. Manche Tage war sie ganz stumm, zuzeiten antwortete sie mehr auf verschiedene Fragen, immer sonderbar, doch so, daß man nicht unterscheiden konnte, ob es Witz oder Unkenntnis der Sprache war, indem sie ein gebrochenes mit Französisch und Italienisch durchflochtenes Deutsch sprach."

Der Kindlichkeitskult der Romantik wird zu einem ersten Wasserzeichen von Bettinas Identitätsfindung. Sie inszeniert diese, lauthals, sprunghaft, kraftgeladen, als schöpferischen Akt der Selbstbehauptung, beharrlich „auf den Bäumen bleibend", im Paradiesgarten eines Frühlings ohne Ende, wo der Antagonismus der Geschlechter noch nicht ausgebildet ist. Heftig, mitunter schrill, irrlichternd und obsessiv, kultiviert sie dieses Wesen, trägt es zur Schau, bezieht Schlafplätze an exponierten, „erhabenen" Orten, liebt Musik, trägt sich als wilder Bube und schmückt sich mit der Chiffre des verwaisten Kindes auf romantischer Wanderschaft.

Im Untergrund dieses Gewebes zeichnet sich als zweite Lebenslinie die Beziehung zu Achim von Arnim ab, den sie bereits 1801 als Studienfreund ihres Bruders Clemens kennenlernt und 1812 heiraten wird. Erst in das Jahr 1807 datiert Bettinas erster Besuch bei Goethe, eine Freundschaft in Briefen schließt sich daran an.

1808 übersiedelt Bettina nach München, wo sie bei Elisabeth von Moy in der Rosenstraße Aufnahme findet. Sie ist in den kommenden zwei Jahren zudem in Landshut zu finden, wo Friedrich Carl von Savigny, der Ehemann von Bettinas Schwester Gunda, eine Professur für Rechtsphilosophie angenommen hat. Auch dieser Tapetenwechsel hat seine beflügelnde Wirkung auf Bettinas Lebensgeist nicht verfehlt.

Sie erweitert ihren Bekanntenkreis, hat freundschaftlichen Umgang mit dem Dichter Ludwig Tieck, nimmt beim Hofkapellmeister Peter von Winter Gesangstunden und kümmert sich im übrigen um Ludwig Grimm, den dritten der Brüder Grimm, einen jungen Graphiker und Kunststudenten, der noch in Ausbildung ist und im Jahr darauf an der neu gegründeten Akademie in München inskribiert.

Der Freundeskreis unternimmt gemeinsame Wanderungen und Ausflüge, führt Künstlergespräche und liest abends aus Goethes *Wahlverwandtschaften* vor, was nur einem, Ludwig Grimm, unbegreifliche Langeweile verursacht: „Ich war so müde und konnte die Augen nicht mehr aufbehalten und dankte Gott, wie (ich glaube) der Savigny das Buch langsam zumachte, sich von seinem Stuhl erhob und sehr ernst sagte: ‚Es ist doch erstaunlich, wie der alte Mann noch so lebendig schreibt!', die andern aber schwiegen alle still.

An andern Abenden hat mir die Bettine oft abends spät noch über Kunst erzählt und Auszüge aus Goethes Briefen, da sie jede Woche wenigstens ein paar von ihm erhielt, vorgelesen. Das war nun sehr interessant. Sie hat ein sehr richtiges Urteil, und man kann viel von ihr lernen. Auch bestiegen wir häufig die Berge und besahen die Gegend von Burg Landshut."

Die Kontakte liefen kreuz und quer. 1808 kehrt Wilhelm von Humboldt aus Italien zurück und lernt im Haus Friedrich Heinrich Jacobis, eines gemeinsamen Bekannten, der seit 1807 der Bayrischen Akademie als Präsident vorsteht, Bettina Brentano kennen. Noch unter dem frischen Eindruck der Begegnung schreibt er an seine Frau: „Solche Lebhaftigkeit, Gedanken- und Körpersprünge – sie sitzt bald auf der Erde und bald auf dem Ofen – und so viel Geist und so viel Narrheit ist unerhört."

Humboldts Reise führte weiter nach Weimar, wo er Goethe einen Besuch abstattet. Der Eindruck, den ihm Bettine gemacht hatte, sitzt anhaltend tief. Johann Wolfgang Goethe kolportiert mit leichter Häme nach München: „Wilhelm von Humboldt hat uns viel von Dir erzählt. Viel, das heißt oft. Er fing immer wieder von Deiner kleinen Person zu reden an, ohne daß er so was recht Eigentliches zu sagen gehabt, woraus wir denn auf ein eigenes Interesse schließen konnten…"

1811 zerbrach diese Beziehung zwischen Dichter und Faun an einem lächerlich kleinen Zerwürfnis zwischen Bettina und Goethes Frau Christiane. Bettinas Selbstbildnis des kindlichen Genius wurde von da an als trickreiche Maske diskreditiert, ihr schillerndes Ungestüm als Pose einer nach Auftritten hungernden Schauspielerin verurteilt.

Das literarische wie sozial engagierte Wirken Bettinas, dessen Unerschrockenheit und imposanter Eigenwille dieser eine singuläre Stellung im Umkreis des Jungen Deutschland verschafft, wurde von Goethe nicht mehr registriert.

1810 ist diese Gefühlswelt noch ungetrübt, Bettina jugendlich unbeschwert. Sie hält Goethe auf dem Wolkenthron heilig, weiß sich von Arnim als Frau begehrt, sammelt Freunde und frönt dem Gedanken romantischer Wanderschaft.

Im Mai 1810 standen alle Zeiger wieder auf Veränderung; der Puls des Lebens schlug bezwingend kräftig, wie aus einer Nachricht ihres Freundes Ludwig Grimm hervorgeht. „Die Bettine schrieb mir von Landshut, ich solle doch gleich kommen, wenn ich sie alle noch einmal sehen wolle. Savigny sei nach Berlin berufen, sie reisten über Wien dahin ab, und wenn ich Lust habe, sie bis Salzburg zu begleiten, solle ich bei ihr auf dem Bock sitzen, damit wir die Gegend besser sehen könnten.

Den andern Tag war ich schon dort. Da gab es noch allerlei Feste, Nachtmusiken, Ständchen, Biwaks usw." So erinnert sich Ludwig Grimm an den Abschied von Landshut, der mit Pomp und Getöse vonstatten ging. Das ganze Städtchen war auf den Beinen, um Karl Friedrich von Savigny, dem verehrten Professor, den Abschied zu geben. Vivatrufe ertönten, dazwischen Böllerschüsse.

Aus dem engsten Studentenkreis um Savigny fanden sich Begleiter bis nach Salzburg. In geselliger Fahrt fuhr man nach

Altötting den katholischen Segen einholen und dann weiter nach Salzburg, wo sich die Gruppe trennte. Bettina setzte ihren Weg nach Wien fort, um die Bekanntschaft mit Ludwig van Beethoven zu suchen. Von da ging es nach Bukovany im Norden Böhmens, wo das von den Geschwistern Brentano gemeinschaftlich erworbene Landgut wartete. Dort sollte sie mit Achim von Arnim und ihrem Bruder Clemens Brentano zusammentreffen und dann im engsten Kreis ihrer Vertrauten die Fahrt nach Berlin antreten. Achim von Arnim hatte bereits Anstalten getroffen, ein angemessenes Heim zu schaffen.

Zurück an den beschwingten Anfang der Reise. Es waren herrliche Maitage, alles stand in Blüte. Beseligt von Fahrtwind und Sonnenschein erreichte die schwelgende Gruppe Salzburg. Hier hört Bettina ihren Seelenvogel, die Nachtigall, schlagen.

Das Land stand damals noch unter französischer Verwaltung, war aber bereits als Provinz des Königreichs Bayern im Gespräch. Was im September 1810 durchgesetzt wurde. Die bayrischen Wandervögel, die im Goldenen Schiff am Residenzplatz Quartier bezogen, sind von daher nicht nur als Schwärmer in Wald und Wiese zu verstehen, sondern zeigen auch eine verdeckt politische Gestik, mit der sie von dem Land geistigen Besitz ergreifen.

Gaisbergfeuer

Anderntags traf man Anstalten zur Ersteigung des Gaisbergs. Die Anregung stammte möglicherweise von Wilhelm von Humboldt, einem intimen Salzburgkenner der Zeit, der auf Kurreisen ins Gasteiner Wildbad hier wiederholt Station gemacht hatte.

Wie der Landschaftspark von Aigen, der Mönchsberg und der Kapuzinerberg, lag auch der aussichtsreiche Gaisberg im engsten Interessengebiet der Salzburgbesucher von damals, die keine Strapaze scheuten, um ihren Landschaftssinn am Panorama der Stadtberge und Alpenkulisse zu schulen.

Aber auch die Salzburger selbst erwiesen sich gegenüber dem Gaisberg als verschworene Naturverehrer. Dabei sind zwei Besuchergruppen zu unterscheiden. – Die Sonnenverehrer und Feuerwerker einerseits, daneben die Naturgelehrten und Landschaftsvermesser, die diesen vesuvförmigen Bergkegel in der näheren Umgebung der Stadt für trigonometrische, barometrische und elektrometrische Messungen nutzten. Kurzum für alle Praktiken, die der Naturwissenschaft von damals heilig waren. Auch Alexander von Humboldt, ein Ehrengast in der Porträtgalerie der Salzburger Spätaufklärung, war unter dem Gewicht seines Apparatekastens auf den Gaisberg gestiegen, um Messungen zur Korrektur von Salzburgs Polhöhe vorzunehmen. Und das gleich mehrmals.

Nach einheimischem Gebrauch war dieser Berg, den Franz Michael Vierthaler 1799 erstmals als Aussichtsberg rühmt, der Berg der Johannisfeuer und Sonnwendfeste. Die zyklisch wiederkehrenden Feiern des Sonnenlaufs fußten im Mythengrund einer bäuerlichen Kultur, die ihren Wirkungskreis auf städtische, höfische und bürgerliche Schichten sporadisch ausgedehnt hat. Aufklärung, Revolutionszeit und Rokoko, auf der Suche nach unverfälschter Natur, waren einmal mehr empfänglich für die vorgeblich echten, lauteren Reize des Landlebens. Die Werke Rousseaus, Schäferszenen, Landpartien und Hirtenspiele erregten das Interesse und den Vergnügungssinn einer naturwissenschaftlich aufgeweckten Gesellschaft, die den physikalischen wie biologischen Aufbau der Welt zu ergründen suchte, um diesen sodann für eine „Herrschaft der Vernunft" politisch geltend zu machen.

Dazu verlockten auch weniger hochgespannte Ziele zum Ausflug in die Natur. Eine von Etikette, Standesregeln und Verhaltenskodices hochgeschnürte Rokokogesellschaft suchte sich in arkadischer Ursprünglichkeit Luft zu verschaffen. Was freie Bewegung, erotischen Spaß und eine Lockerung der Standesgrenzen miteinschloß.

Im Radius des Salzburger Stadtlebens wurde der Gaisberg zur Aussichtswarte für Sonnenauf- und -untergänge, Meßstation und Studienort für Naturgelehrte. Schließlich das Ziel von Landpartien und Mondscheinwanderungen. Nächtliche Feuer strahlten zu diesem Zweck den Himmel an. Natürlich war es auch ein duftiger Ort für Verliebte, die hier zu Schäferstündchen zusammenfanden und „den Genien opferten". So die blumige Umschreibung in der Sprache der Zeit.

Die feierliche Erwartung des Sonnenaufgangs hatte sich von ihren mythischen Ursprüngen abgelöst, wurde zu einer jederzeit herstellbaren Begegnung mit dem Wiedererstehen des Lichts. Man trat die Wanderung auf die Bergspitze daher meist abends oder nachts an. Fackeln illuminierten den Weg. Musiker machten die Begleitung. Die gegen Morgen einsetzende Kälte wurde mit Näherrücken und Feuermachen bekämpft.

Als Waldbrände überhandnehmen, kommt es zu Eingriffen von Seiten der Obrigkeit. In der Nacht vom 14. Juli 1793 stiftet ein Waldbrand am Gaisberg größeren Schaden. Ein besorgter und verärgerter Erzbischof Colloredo erläßt ein strenges Verbot, das alle weiteren nächtlichen Besuche des Gaisbergs untersagt: „Da aus der Erfahrung bekannt ist, daß man auf Bergen in der Nacht ohne Anlegung eines Feuers nicht aushalten kann, so sehen Wir Uns genötigt, die Besuchung des Gaisberges und anderer Berge in der Nacht ganz abzubieten, da … das Vergnügen und die Unterhaltung, die man durch einen Lustgang auf die Berge gewinnt und wozu jedem der ganze Tag offensteht, mit jenem Schaden in keinem Verhältnis steht, der mittels eines durch das in der Nacht angelegte Feuer entstehenden Brandes sich ereignen kann."

Wie streng diese Verordnung beaufsichtigt wurde, ist nicht bekannt. Jedenfalls waren breite Bevölkerungsschichten der

Stadt, Handwerker, Studenten und andere junge Leute, eines Vergnügens beraubt.

Als sich Bettina Brentano im Mai 1810 in den Kopf setzt, auf den Gaisberg zu steigen, folgt sie vermutlich, wie angedeutet, einer Anregung Wilhelm von Humboldts. Es war nichtsdestotrotz eine veritable Extratour, die sich der naturselige Kobold ausgewählt hatte. Ludwig Grimm, hier noch mit von der Partie, ein anschließender Fußmarsch über Berchtesgaden und den Chiemsee sollte ihn zurück nach München bringen, erinnert sich: „… eine himmlische Aussicht da oben! Alles war vergnügt! Die Bettine gab einem jeden aus einem Granatschmuck einen Granat, aber mir den größten, und wir wurden zu Rittern vom Granatorden ernannt! Nach ein paar Tagen reisten Savignys und die Bettine weiter nach Wien, und wir brachten ihnen noch bei der Abfahrt ein Vivat."

Gut zwei Jahrzehnte später hat Friedrich Graf Spaur den Gaisberg als Ziel seines fünften *Spaziergangs in die Umgebung von Salzburg* eingehend geschildert. Vor dieser Kulisse, die Spaur kenntnisreich ausmalt, mag man sich die romantische Wandergesellschaft, die in den Maitagen des Jahres 1810 hier ihren Aufstieg machte, um einiges lebhafter vorstellen.

„Bequemer als der Gaisberg ist wohl kaum ein 4012 Fuß über die Meeresfläche erhabener Berg zu besteigen, mannigfaltiger schwerlich eine Aussicht von anderen selbst erhabenen Rücken, und selten wird die auf das Besteigen verwendete Mühe reichlicher belohnt, als von der grünenden auf dieser Kuppe weit ausgebreiteten Alpe.

Von der Stadt zu der Zistler-Alpenhütte, die unter der runden Kuppe des Gaisberges ihre ruhigen, einsamen Bewohner beherbergt, führen zwei gute Stunden den kraftvollen Wanderer auf drei verschiedenen Wegen. Der entfernteste, aber angenehmste für jene, die nicht der Pferde aber ihrer Füße schonen wollen, erhebt sich allmählig zu seinem Ziele vom Stanzingerhofe an, der am Ende des bis dahin gestreckten Bergrückens liegt.

Wir hingegen, die eine gute Stunde vor Sonnenuntergang die Zistler Bauernfamilie begrüßt haben, erklettern noch mutig die letzte steile und pfadlose grünende Höhe über die aromatische Alpe, und finden uns nach einer halben Stunde Anstrengung bereits auf der obersten, weit umher sich erstreckenden, beinahe runden Fläche des Gaisberges, das Schauspiel des Sonnenuntergangs anzustaunen. Die Bequemlichkeit der Anstrengung vorziehen, können diese Kuppe mittelst eines Umweges durch den Zistler Wald an der gegen Ost gekehrten Seite des Berges auf einer fahrbaren Straße erreichen.

Während dem die Teleskopen das reich meublierte Panorama des Salzachtales in allen seinen einzelnen Schönheiten verfolgen, bewundert das scharf sehende Auge, und der durch Erfahrung und Empfindung geleitete Geschmack das erhabene mannigfaltige Bild des größeren Ganzen, erstaunt und leitet schweigend seinen Blick auf die Scheibe der Sonne, die sich hin zu ihrem Untergange neiget."

Ende einer Kindheit

In Wien sucht Bettina Ludwig van Beethoven auf, die Schwägerin Antonie Brentano hatte den Kontakt hergestellt, und erfährt, daß dieser soeben den *Egmont* vertont. Zehn Gedichte, darunter auch die *Meeresstille,* sollten noch folgen.

Auf ihrer Weiterreise berührte sie Bukovany in Böhmen und schließlich Teplitz, wo sie mit Johann Wolfgang Goethe zusammentrifft. Es war die dritte Begegnung ihres Lebens, der Hergang ist in einer persönlichen Niederschrift festgehalten. Auch Goethe erwähnt das Zusammentreffen in einem Schreiben an Christiane vom 13. August 1810: „Bettine ist gestern fort. Sie war wirklich hübscher und liebenswürdiger wie sonst.

1. Erinnerung an den Gaisberg / 2. Granatschmuck / 3. Zistel Alpe auf dem Gaisberg / 4. Bettina Brentano

Irr oder Zeller
Ramsau
Zell
4
See

Aber gegen andre Menschen sehr unartig. Mit Arnim ists wohl gewiß."

Für Bettine jedoch war es viel mehr gewesen, als diese dürre Auskunft vermuten ließe. In der Dämmerstunde eines Augustabends hatte sich Bettina in den Armen des verehrten Dichters wiedergefunden. Die Sinne vergingen ihr vor Lust und Schrekken, während Goethe Hals und Brust mit Küssen überschüttete: „... mir bangte er solle mich los lassen und war doch so gewaltig schön, ich mußte lächeln in der Angst daß mir's galt, diese zuckenden Lippen dies heimliche Atem suchen..."

Der jungen Frau wurde diese Liebesstunde unvergeßlich. Der Dichter freilich hat sie schlecht verdaut. Bei dem nächsten Anlaß verbannt er Bettine, die nicht mehr Kind ist und als Frau einem anderen versprochen, auf Jahrzehnte aus seinem Gesichtskreis.

Erst mit dem Ende ihrer Ehe sucht Bettina Brentano erneut den Weg zurück in die Zeit ihrer Kindheit und Jugend, der zu ihrem persönlichen Weg in die Literatur, zum eigenen Schreibprozeß wird. Entlang der Beziehung zu Goethe baut sie eine Erzählspur durch ihr Leben, verknüpft Dokumente und Fiktion zu einem eigenwilligen Modell einer weiblichen Autobiographie. *Goethes Briefwechsel mit einem Kinde* stellt eine Gefühlsbindung als Lebensgeschichte dar, darin aufgezeichnet sind auch die Tage in Salzburg, als die Liebe zu Goethe noch ungetrübt, kindlich und romantisch überspannt war, eine Manie aus dem Geist der Mignongestalt:

„26. Mai. Von Salzburg muß ich dir noch erzählen. Die letzte Station vorher Laufen; diesmal saß Freiberg mit mir auf dem Kutschersitz, er öffnete lächelnd seinen Mund, um die Natur zu preisen, bei ihm ist aber ein Wort wie der Anschlag in einem Bergwerk, eine Schicht führt zur andern; es ging in einen fröhlichen Abend über, die Täler breiteten sich rechts und links, als wären sie das eigentliche Reich, das unendliche gelobte Land. Langsam wie Geister hob sich hie und da ein

Berg und sank allmählich in seinem blitzenden Schneemantel wieder unter.

Mit der Nacht waren wir in Salzburg, es war schauerlich, die glattgesprengten Felsen himmelhoch über den Häusern hervorragen zu sehen, die wie ein Erdhimmel über der Stadt schwebten im Sternenlicht, – und die Laternen, die da all mit den Leutlein durch die Straßen fackelten, und endlich die vier Hörner, die schmetternd vom Kirchturm den Abendsegen bliesen, da tönte alles Gestein und gab das Lied vielfältig zurück. – Die Nacht hatte in dieser Fremde ihren Zaubermantel über uns geworfen, wir wußten nicht, wie das war, daß alles sich beugte und wankte, das ganze Firmament schien zu atmen, ich war über alles glücklich, Du weißt ja, wie das ist, wenn man aus sich selber, wo man so lange gesonnen und gesponnen, heraustritt ganz ins Freie.

Wie kann ich Dir nun von diesem Reichtum erzählen, der sich am andern Tag vor uns ausbreitete? – wo sich der Vorhang allmählich vor Gottes Herrlichkeit teilt und man sich nur verwundert, daß alles so einfach ist in seiner Größe. Nicht einen, aber hundert Berge sieht man von der Wurzel bis zum Haupt ganz frei, von keinem Gegenstand bedeckt, es jauchzt und triumphiert ewig da oben, die Gewitter schweben wie Raubvögel zwischen den Klüften, verdunkeln einen Augenblick mit ihren breiten Fittichen die Sonne, das geht so schnell und doch so ernst, es war auch alles begeistert.

In den kühnsten Sprüngen, von den Bergen herab bis zu den Seen, ließ sich der Übermut aus, tausend Gaukeleien wurden ins Steingerüst gerufen; so verlebten wir wie die Priesterschaft der Ceres bei Brot, Milch und Honig ein paar schöne Tage; zu ihrem Andenken wurde noch zuletzt ein Granatschmuck von mir auseinandergebrochen, jeder nahm sich einen Stein und den Namen eines Berges, den man von hier aus sehen konnte, und nennen sich die Ritter vom Granatorden, gestiftet auf dem Watzmann bei Salzburg."

X. Lust und Schrecken der Alpenwelt: Der Weg in die Freizeitgesellschaft

Ab etwa 1850 betritt ein neues Publikum den Schauplatz Alpintouristik. Die Naturgelehrten zogen mit ihren Instrumenten und Apparaten allmählich von Bergspitzen und ländlichen Meßstationen ab. Der wissenschaftliche Fortschritt wanderte wieder stadtwärts und etablierte sich neuerdings in Labors, Konstruktionsstätten und Büros.

Es blieben die Künstler, und groß im Kommen waren Touristen und Sommerfrischler. Die stete Nachfrage nach einem Stück idyllisch unberührter Natur mit Wald und Wasserfall, hübsch gerahmt fürs beengte Wohnhaus, holte die Landschaftsmaler verstärkt aus ihren Ateliers, hinaus auf den grünen Plan. Manche waren sogar im hochoffiziellen Auftrag von Regierungsseite unterwegs, die Naturschönheiten Österreichs künstlerisch zu erfassen. Die so entstandenen Veduten, Panoramen, Ölgemälde, Aquarelle, Skizzenbücher weckten mit der Lust an der Landschaft auch die Lust am Reisen. In Nachahmung des vorrangig aristokratischen Naturgenusses, der die Pionierzeit des Alpinismus mitbestimmte, macht nun der Bürger und Beamte die Sommerzeit zur Ferienzeit und die Ferienzeit zur Sommerfrische.

Man näherte sich im Stellwagen romantischen Wasserfällen, ließ sich von Sesselträgern an berühmte Aussichtsorte schleppen oder mietete einen Führer samt Träger, um eine größere Tour anzutreten, die einen gefahrlos ans ewige Eis heranführte. Bereits im Zeitalter der Postkutsche gab es diesen tröpfelnden Zufluß von Gebirgsreisenden, aber erst die Dampflokomotive ermöglicht Alpenreisen im größeren Maßstab. Man kommt nun zur Erholung, zum Vergnügen an der landschaftlichen Schönheit, aus Freude an körperlicher Leistung. War das erste Jahrhundert der Alpenerschließung mit den Rätseln der Natur oder aber mit der Aufklärung der Bevölkerung befaßt gewesen, so wendet sich das Interesse nun dem Körper zu.

Sein Können, seine Mängel, seine Leistung rückten in den Mittelpunkt des Interesses, das schließlich im Sport auf den Kern seines Bestrebens stieß. Es war dieselbe Zeit, die den Wert der Arbeit neu bestimmte, in der Folge die Frage nach der Freizeit stellte und den Körper als den Träger dieses Geschehens neu entdeckte. – Wie weit? Wie lang? Wie schnell? Wie oft? Der Körper war das neu zu erprobende, neu zu definierende Werkzeug, dessen Leistungs- wie Genußfähigkeit erst zur Vermessung anstand. Auf Bergwegen und Alpensteigen wurde er für diese bürgerlich industrielle Arbeitswelt vorbereitet, auf seine Eignung, zu leisten und zu genießen, durchgetestet. In Gebirgslandschaft ließ sich leichter als andernorts vorwegnehmen, was die Arbeitswelt der Zukunft vom Menschen erwartete: Anspannen und loslassen. Ein Ziel, eine Spitze, einen Gipfel ins Auge fassen und darauf zuhalten. Nach den Mühen des Aufstiegs würde sich, körperlich spürbar, ein wonnigliches Glücksgefühl einstellen: Ausatmen, die Brust öffnen, den Atem strömen lassen, auf Wolken schweben. Feier der Natur. Auf den hart erarbeiteten Anstieg folgte der Genuß von Freiheit, Freizeit, Mußezeit im natürlichen Rhythmus.

Als ein erster Repräsentant dieser Alpinistik des geschulten Körpers begegnet Peter Carl Thurwieser. Mit ihm wird das Bergwandern zum Vergnügen. Und zur Gesundheitskur.

Peter Carl Thurwieser. Das Edelweiß am Touristenhut

1789 wird den Müllersleuten im Tiroler Kramsach ein schwächlicher Säugling geboren, den man, da er nicht zu Kräften kommen will, für die geistliche Laufbahn bestimmt. 1812 in Salzburg zum Priester geweiht, wirkt er als Katechet in Mülln, Hilfspriester in Bergheim und Coadjutor in Siezenheim.

Die anfällige Natur dieses ausgemusterten Bauernkindes hatte sich indessen zu seinem Besten entwickelt. Der junge Priester mit Studienschwerpunkt Orientalistik zeigte eine Umtriebigkeit und einen Bewegungsdrang, der sich mit der Würde von seinesgleichen nur schwer vertrug.

Die Siezenheimer Bauern beobachteten ihren „Ehrwürden", wie er, vom Untersberg zu seinen Studienbüchern der hebräischen Sprache zurückkehrend, über die Zäune sprang, und nannten ihn deswegen „Stieglhupfer".

Thurwieser glühte förmlich vor Gesundheit und Unruhe. Zeitgenossen verbürgten sich dafür, daß er bis zu seinem 60. Lebensjahr weder Mantel noch Regenschirm trug. Alles was er zu seiner Kleidung brauchte, war ein Rock von blauer Farbe, dazu Kniehosen und für den Kopf einen schäbigen Hut, in dessen Schnur ein Edelweißsträußchen als Dauergast steckte.

1820 wurde er zum Professor des Bibelstudiums berufen und übersiedelte in eine bescheidene Wohnung nahe der Kollegienkirche. Das Dachstübchen eignete sich überdies vorzüglich als Meßstation seiner Wetterkunde, deren Resultate er dann und wann in der *Salzburger Zeitung* veröffentlichte.

Von offenbar sehr angenehmen Umgangsformen, dazu gebildet und gesprächig, wurde er zum gefragten Begleiter vornehmlich aristokratischer Alpinisten. Was er diesen über den Wert der Bergtouristik zu Gehör brachte, berührte hauptsächlich deren gesundheitlichen Nutzen. „Oft habe ich es an mir selbst erfahren, daß Bergpartien der Gesundheit höchst zuträglich sind. So hat ein zweitägiger Aufenthalt auf dem Untersberg im September 1817 mich plötzlich gesund gemacht, was die gewöhnlichen, oft wirklich bedeutenden Bewegungen in vier Monaten nicht bewirken konnten."

Der treuherzige Professor, man nannte ihn wegen seiner Liebenswürdigkeit so, begleitete Kardinal Fürst Schwarzenberg und Erzherzog Johann in die Berge, die diesen behenden Theologen bald nicht mehr missen wollten. Dieser empfand vor allem für letzteren viel Sympathie, ließ einmal sogar eine Tafel an einer Almhütte anbringen, die als Aufschrift trug: „DenksteIn Der heItern FUssreise Erzherzogs Iohann Von SteInach Ueber DUX naCH ZeLL 1835".

Aber Thurwieser war kein „Herrenschmeichler", ebenso umgänglich wie rücksichtsvoll zeigte er sich gegenüber der einfachen Landbevölkerung. „Ich habe", schreibt er in seinen Aufzeichnungen, „allzeit honett gezahlt und manchmal selbst Hunger gelitten, damit meinen Führern ja nichts mangle. Was ich jederzeit besonders vermieden habe – war das Ausschnofeln des Hauswesens, ich bin darum nie in die Küche gegangen und bin nie mit dem weiblichen Dienstvolk vertraulich geworden, weshalb ich auch allenorts sehr willkommen war. Überhaupt habe ich mir zum Grundsatz gemacht, mich an jedem Ort so zu benehmen, daß ich auch ein zweites oder drittes Mal wiederkommen konnte."

Seine Philosophie des Bergsteigens, die den körperlichen Nutzen deutlich vor die wissenschaftliche Betätigung stellte, faßte er in drei Sätze: „Ich denke: Besser Eines recht als vieles schlecht. Deshalb habe ich bisher auf den Bergen weder botanische noch mineralogische Sammlungen gemacht; denn meine Absicht bei Bergreisen ist und wird sein 1. die bisherige Tätigkeit meiner Natur zu erhalten, 2. die Herrlichkeit der Werke Gottes zu bewundern, 3. mich gründlich aufzuheitern und zu erholen. Darum pflückte ich bei meinen Bergbesteigungen nur Edelweiß – meine Lieblingsblume und nahm noch dazu von jeder Bergspitze einige Steine mit, wie sie gerade zu finden waren."

Aus dem Tritt seiner überaus beweglichen Lebensspur brachte ihn der Verlust seiner Wohnung. Die Errichtung der Realschule zwang ihn zur Aufgabe seines Dachstubennestes. „Einen alten Baum soll man nicht verpflanzen!" meinte Thurwieser und wollte sich von da an nirgends mehr behaglich fühlen.

Mehrmals wechselte er das Quartier, doch war es ihm in dem einen zu feucht, das nächste lag zu nieder und das dritte zu hoch. Der um seinen Ruheort Gebrachte wechselte nun die Unterkünfte im Tempo seines anschwellenden Mißmuts, verkühlte sich bei einem Umzug und holte sich ein chronisches Leiden. Doch hielt er seinen Lebensstil nach besten Kräften aufrecht.

Dazu zählte auch die Haltung von einem guten Dutzend Hennen, die von dem Dachboden, den er zuletzt bewohnte, eines Tages durch die Luke entfleuchten. Nun ging es von Dach zu Dach, das Hühnergestöber voran, hintennach der Alpenpionier, Stieglhupfer und „Gambspeter" Thurwieser, der schließlich so unglücklich über eine Kante stürzte, daß er daran starb. Er stand im 76. Lebensjahr. In der Stadt verbreitete sich die Nachricht: „Der Wetterprophet, unser Bergprofessor Thurwieser, ist verschieden!"

Es war das Jahr 1865. Dieser klassische Bergtourist, der auf seinen Partien ausschließlich dem Vergnügen nachgegangen war, dabei Gesundheit und Erholung suchend, war 480 mal auf dem Gaisberg gewesen, dreimal auf dem Glockner, auf dem Dachstein, Watzmann, Hohenstaufen, Ortler, Wiesbachhorn. Keine der damals gangbaren Spitzen, keinen Kegel, kein Horn, keinen Kogel hat er ausgelassen, sich alle diese Erhebungen mit genießerischer Freude erobert.

Als sich nach Thurwiesers Tod J. A. Schöpf um den schriftlichen Nachlaß bemühte, war die Enttäuschung groß. Dieser bestand aus einem Wäschekorb voll Notizen, Tagebüchern und Meßlisten, alles übereinandergeworfen, den Thurwiesers Wirtschafterin Theresia Kracher widerwillig herausrückte. Schöpf ließ sich nicht abschrecken und schrieb eine Biographie dieses ersten Bergwanderers nach modernem Verständnis.

Ihr Erscheinen fiel exakt in jene Schwellenjahre, da der Alpinismus in sein institutionalisiertes Stadium eintrat. 1865, im Todesjahr Thurwiesers, wurde die nach Kaiserin Elisabeth benannte Westbahnstrecke eröffnet, die die Strecke Wien – Paris von 308 auf 83 Stunden Wegzeit schrumpfen ließ. Der Österreichische Alpenverein, der 1862, ein Jahr nach Konstituierung des Alpine Clubs in London, aber noch vor dem Schweizer Alpenclub (1863) und vor dem Deutschen Alpenverein (1869) gegründet worden war, hatte 1865, im Todesjahr Thurwiesers, immerhin 791 Mitglieder und sollte diese Zahl in nur fünf Jahren verdoppeln.

Auf dem Weg zum Saisonbetrieb

Was gut hundert Jahre lang entdeckt, erforscht, erstbestiegen und bis auf den letzten Berggipfel ausgemessen worden war wie ein Stück Grünland, das man zu seiner Verbauung und wirtschaftlichen Nutzung vorbereitet, fügte sich nun in eine rasch wachsende Infrastruktur von Wegen, markierten Steigen und vereinsmäßig betriebenen Schutzhütten. Die drei Hauptaufgaben, die sich der Österreichische Alpenverein statutenmäßig verordnete, umfaßten den Weg- und Hüttenbau, die Organisation und Sicherung des Führerwesens sowie die Publikation alpinistischer Literatur, wozu die Sektion Salzburg in jenen Anfangsjahren ein Panorama vom Hochkönig und die Biographie Thurwiesers beisteuerte.

Alle diese Vorhaben zielten darauf ab, dem einfachen Wanderer in den Bergen ein gefahrloses Vergnügen zu bieten und dessen Kenntnisse der Alpen zu vertiefen. Als man 1879 erste Bilanz zog, gerät diese zu einem beachtlichen Leistungsnachweis. Auf der Haben-Seite des Alpenvereins standen: Der Dopplersteig mit Zugang zur Kolowratshöhle sowie Wegbezeichnungen am Untersberg. Der Weg vom Hocheck zur Mittelspitze des Watzmanns. Der Weg auf den Hochkönig sowie Steige und Markierungen am Steinernen Meer. Wegbauten zum Dachstein und der Bau der Simony-Hütte. Der Wegausbau auf den Gaisberg und zum Nockstein. Die Anlage des Pinzgauer Spaziergangs bis zur Schmittenhöhe und der Bau einer Schutzhütte ebendort. – Was nur einen Ausschnitt dieser wie aus dem Nichts gewachsenen Infrastruktur darstellt.

Man war zudem literarisch und publizistisch rege. Damals entstanden, von Adolph Schaubach, Anton Ruthner, Karl Sonklar, Hermann Barth, Ludwig Purtscheller und dem englischen Alpinisten John Ball verfaßt, die geographischen Grundlagenwerke über die Ostalpen. Sie wirkten ebenso informativ wie imagebildend.

In den 70er Jahren schloß sich die lose formierte Gilde der Pinzgauer Bergführer unter der Leitung von Anton Hutter und Anton Hetz zu einem Comité mit eigener Gewerbeordnung zusammen und folgte damit dem Beispiel touristisch besser organisierter Regionen. Die projektierten Eisenbahnbauten ließen zudem auf einen florierenden Saison- und Kurbetrieb rechnen. 1875 war der Bahnabschnitt Salzburg – Bischofshofen fertiggestellt, womit die erholungsbedürftigen Städter erfreulich nah an die malerischsten Gebirgswinkel heranrückten. Die mit Sommerfrischlern gut belegten Waggons, die nun Richtung Innergebirg rollten, verwandelten Gebirgsnatur in einen hoffnungsvollen Wirtschaftszweig. Deren imposante Höhen sollten nicht mehr den Wissensdrang von Naturgelehrten beschäftigen, ihre Dörfer waren nicht mehr das Ziel romantisch oder jakobinisch geprägter Suche nach dem einfachen Volk. Die Berge sollten, so die Erwartung von damals, zur „menschlichen Charakterbildung" beitragen. Bei Ludwig Purtscheller ist darüber näheres zu erfahren:

„Des Hochgebirges kunstvoller Bau, seine Schwierigkeiten und Gefahren fordern zu einem Wettstreit mit ihm auf, es gilt zu zeigen, was das Übermaß an Zivilisation, was städtische Verkehrtheit, Unverstand und konventionelle Sitte noch Tüchtiges und Brauchbares an uns gelassen, was körperliche und geistige Energie aufzubieten vermögen."

Die Berge werden zu Erziehern, die Alpentour eine volksbildnerische Angelegenheit, die, in der Spur der deutschen Turnerbewegung angelegt, nicht mehr Individualisten und Pioniere, sondern den gesunden Durchschnitt anspricht. Man wandert zum Zeitvertreib auf die Almen, kräftigt sich an der guten Luft, läßt die Muskeln spielen, stärkt an schönen Aussichten sein Gemüt und kehrt ebenso munter wie leistungsfähig ins Tal zurück.

Was im Postkutschenzeitalter nur wenigen möglich gewesen war, wird mit Beginn des Eisenbahnzeitalters zu einem Vergnügen mit Breitenformat.

Schon 1840 hatte der Alpentourist in der Tauernregion ein leidlich akzeptables Beförderungssystem zu seiner Verfügung gehabt. Aber dies war eben ein ausbaubedürftiger Anfang gewesen:

„Taxenbach, schon zum Pinzgau gehörig, Sitz eines Landgerichts, ein ansehnliches, sehr malerisch an der Höhe gelegenes Dorf, war das Ziel unserer nur zweistündigen Fußwanderung. Wir nahmen hier wieder ein einspänniges Wägelchen, wie man sie auf allen Poststationen haben kann, und wofür der Preis von der Polizei, und zwar sehr billig festgesetzt ist. Von hier bis zu dem vier Stunden entfernten Zell am See zahlten wir nur zwei Gulden. Obwohl nur mit einem Pferd, fuhren wir doch stets sehr rasch, selten kam das Tier aus seinem gestreckten Trabe; freilich war unser Gepäck von geringem Gewicht, und die Wägelchen sind sehr leicht gebaut." So berichtet eine anonym verfaßte *Reise durch Salzburg und Tyrol nach Italien* aus dem Jahr 1840, die auch die gastronomische Infrastruktur des Landes Innergebirg als durchaus bedürfnisdeckend honoriert.

Ein Zeitgenosse, J. G. Kohl, der seine *Hundert Tage auf Reisen in den österreichischen Staaten* im Jahr 1842 in fünf Bänden auf den Markt brachte, schildert das Innenleben der besuchten Gasthöfe in der Art gut besuchter Kontaktstellen. In der Gegend des Untersbergs war eine dieser Stationen ein

„Gasthof zum Ochsen" gewesen, über den er notiert, daß sich dort „gewöhnlich des Abends eine ganz vortreffliche Gesellschaft von Alpenkennern und Gebirgsliebhabern vereinigt fand".

Den entscheidenden Wachstumssprung machte freilich erst, wie erwähnt, das Jahr 1875, als die Bahnstrecke Salzburg – Bischofshofen fertiggestellt wurde. Um diese Zeit war die Alpentouristik soweit organisiert, daß sie dem Gebirgsliebhaber ohne besondere Vorkenntnisse und körperliche Voraussetzungen den vollen Genuß der Bergwelt ermöglichen bzw. zur entgeltlichen Konsumation anbieten konnte: Gefahrlose Wege, markierte Steige, etabliertes Führerwesen mit festen Tarifsätzen, Sesselträger, Stellwagendienste, Schutzhütten mit aufgemalten Edelweiß, Gasthöfe mit bürgerlicher Küche und schöner Aussicht auch in den Tallagen.

Aus dem Entdecker war ein zahlender Konsument geworden, der Leistung zu günstigen Bedingungen sucht. Auf die anreisenden Herren und gnädigen Frauen wartete zwar kein Entwicklungsland, vergleichbar der heutigen Trekking-Szene in Tibet, Nepal oder Südamerika, aber eben doch ein Land mit ausgeprägtem Entwicklungshunger. Touristen und Führer treten als Arbeitgeber und Arbeitnehmer aufeinander zu. Die Publikationen der Alpenvereine spiegeln diese Entwicklung. Darin abgedruckt sind marktbeobachtende Kostenvergleiche und Werbeeinschaltungen. Einzelgängerische Pioniertaten wandern langsam in exotische Ferne aus, man meldet Erstbesteigungen aus Afrika, Asien und Südamerika.

Karl Hofmann, dessen Alpintouren in den Hohen Tauern, geführt von Jakob Groder und Thomas Schnell, noch im Geruch abenteuerlicher Pionierleistung stehen, hat die dingbaren Führer im Glocknergebiet bereits seinem bergsteigerlich unterkühlten Urteil ausgesetzt. Fazit dieses Leistungsvergleichs: Die Pinzgauer sind brauchbare Begleiter, aber einem Vergleich mit den legendären Kalsern halten sie nicht stand.

Einige Jahre später nimmt er gelegentlich einer Tour auf den Untersberg die diesbezüglichen Dienste der Stadt Salzburg in Anspruch – um mit deren Touristendienst sarkastisch abzurechnen. Er hatte auf Empfehlung Ortskundiger einen Mitarbeiter des Salzburger Packträger-Instituts engagiert, da diese auch als Wegweiser in die Umgebung Salzburgs tätig waren:

„Es war ein Mann, der mir von verschiedenen Seiten als tüchtiger, gebirgskundiger Steiger bezeichnet worden war. Als ich ihn am Abend vorher zu meiner Partie engagierte, da hatte ich ihm zugleich den Auftrag gegeben, für eine gewisse Summe Brot, Fleisch und Wein zu kaufen und sich am folgenden Morgen in früher Stunde bei mir einzufinden. Pünktlich erschien der gute Mann, aber, o Schrecken!, unter dem Arm hatte er eine große Schachtel, als wollte er ein anvertrautes Gut vom Mozartplatz zur Eisenbahn tragen, nicht aber einige Stunden lang auf dem Untersberg herumsteigen. Und als ich die Schachtel öffnete, neuer Schrecken, da lachte Schinken, nichts als Schinken mich an, und freundlich schmunzelte mein Führer, als er auf den schönen Inhalt der Schachtel blickte – Schinken war sein Lieblingsgericht! Mein Reisebegleiter hatte meinen Auftrag sich trefflich zunutze gemacht, heute wollte er sich einmal recht nach Herzenslust an seiner Leibspeise ergötzen. Prosit die Mahlzeit! Der Durst darauf wird kein geringer sein! Schachtel und Schinken, das war eine gute Ausrüstung für eine Bergpartie! Doch die Sache sollte noch besser kommen. Kaum hatten wir Salzburg verlassen, da begann mir mein Mann zu erörtern, daß er zwar überall auf dem Untersberg sich auskenne, besser als jeder andere Salzburger Führer, aber das Eine wollte er mir gleich jetzt mitteilen, daß er noch nie in der Kolowratshöhle gewesen sei. ‚Aber i moanet', fügte er hinzu, ‚i kunt an Weg scho findn.' Das war denn doch des Guten zuviel! Am verflossenen Tage hatte er mir auf das bestimmteste versichert, daß er den Weg dahin genau kenne, und nun kam so plötzlich das Gegenteil zum Vorschein. Eine tüchtige

Strafpredigt entlud sich über sein schuldvolles Haupt, doch das konnte leider wenig helfen, um ihm die fehlende Ortskenntnis zu ersetzen. Zum Glück konnte in Glanegg der Schaden einigermaßen repariert werden, indem daselbst nicht nur die ominöse Schachtel mit einem Rucksack vertauscht, sondern uns auch eine genaue Beschreibung des einzuschlagenden Weges gegeben wurde."

Die Ausbildung eines alpintouristischen Saisonbetriebs, wie er in Salzburg und Gastein traditionsreich vorgelebt wurde, hat das übrige Land nur punktuell erfaßt, strahlte jedoch aus und hat Komfort wie Qualität touristischer Einrichtungen allmählich angehoben. Störend stellte sich diesem Entwicklungshunger eine Mentalität entgegen, die auf ihr Beharrungsvermögen und nicht auf den Fortschritt baute. Eins dieser „Sittenbilder der Zurückgebliebenheit" ist im Post-Stellwagen von Bruck nach Mittersill entstanden, in den Wanderer zustiegen, nachdem das „Kotmeer der Straße" eine Fortsetzung ihrer Fußreise verhinderte.

„Wir sind auf unserer Fahrt sehr glücklich. Es öffnet sich nämlich die Wagentür und eine Bäurin nimmt von dem leeren Platz Besitz. Wir wollen auch die Pinzgauerin in ihrem Wissen und Denken kennen lernen und knüpfen mit ihr ein Gespräch an. Anfangs ist sie scheu und wortkarg. Die Fremden mit Augengläsern und Plaids sind ihr eine seltene Erscheinung. Wir teilen ihr mit, daß wir zu den Krimmler Wasserfällen wollen und fragen sie, ob sie dieselben schon gesehen und ob sie ihr gefallen? Wir erhalten die Antwort, sie sei schon in der Nähe des unteren gewesen, sei aber nicht weiter hinaufgegangen, denn man sähe ja weiter nichts als herabstürzendes Wasser, und der Wasserstaub durchnässe die Kleider. Sie meint, die Fremden seien doch spaßige Leute, daß sie so weit herreisen und so viel Geld ausgeben, um nichts zu sehen als Wasser, das doch überall wäre. Auf unsere Frage, ob viele Fremde herkämen und was diese sonst noch unternehmen, teilt sie uns in größter Naivität mit, daß diese auch Berge besteigen. Einer der höchsten Berge sei der Venediger, von welchem man Venedig sieht. Dieses erscheint, so behauptet sie, wenn man durch ein Spektiva sieht, wie eine Gans und schwimme auf dem Meere. Ihre Scheu vor uns ist nun vollständig gewichen. Sie fragt uns, woher wir seien und teilt uns auf die Antwort ‚von Wien' ihre Vorstellung mit, daß Wien doch ein großes, reiches Land sein müsse und daß sie gehört, daß die Zeitungen dorther kämen. Von dem gegenwärtigen deutsch-französischen Krieg hat sie noch nichts gehört und wünscht nur, daß dieser Krieg sich nicht in den Pinzgau ziehe. Daß im Jahr 1866 ein großer Krieg gewesen, hat sie wohl vernommen, doch kennt sie die Österreicher nicht und hält diese für Lutheraner. Wenn sie sich auch weniger bewandert in der allgemeinen und in der Geographie ihres Vaterlandes zeigt, so ist sie desto fester in ihrem Glauben. Etwa allmonatlich, an Feiertagen, geht sie, wie es im Pinzgau üblich ist, zur Beichte und hält den Priester für ein höheres Wesen, höher als den Kaiser."

Bergkameraden

Mit dem Krieg gegen Preußen und dem deutsch-französischen Krieg sind zwei Stichworte gefallen, die ein neues Leitbild in den Alpinismus einbringen. Die Ausbildung des Gebirges zur Alpenfestung, wo rauschebärtige Männer mit Gletscheraugen, offener Hemdbrust und strammen Waden Wache hielten für Heimat und Vaterland, kam vor diesem geschichtlichen Hintergrund zustande. Die militante Bärbeißigkeit des Älplers war in den Verteidigungskämpfen gegen Napoleon angelegt, dann von den Männlichkeitsposen des Jungen Deutschland, von Turnerbund und Turnerbewegung, aufgegriffen und weitergereicht worden. So kam das Bild vom wettergegerbten Bergsteiger zustande, der als zutiefst heimatverbundener Mann weder verweichlicht, verweiblicht, verzärtelt, noch städtisch dekadent sein durfte. Wer in Loden und Lederhosen schlüpfte, stülpte sich von nun an die Gesinnung eines rechten Patrioten über, und Almboden strahlte in einem zuvor unbekannten Ausmaß Heimatgefühle aus. Der Alpintourismus rüstete in diesen Jahrzehnten auf Bergkameradschaft um.

Einer, der diesen Wandel anschaulich macht, ist Karl Sonklar. Mit vollem Titel Karl A. Sonklar, Edler von Innstädten, k. k. Generalmajor, Geograph und Alpenschriftsteller, 1816 in Weißkirchen an der banatischen Militärgrenze geboren. Sonklar hatte bereits in seinen Jugendjahren eine Geographie der Karpaten verfaßt, war seinem Vater in die Militärlaufbahn gefolgt, trieb aber nebenher seine Studien voran.

1845 wird sein Regiment nach Innsbruck verlegt, und die Alpen sollten von nun an den Schwerpunkt seiner geographischen Arbeiten bilden. Mit seiner Versetzung nach Vorarlberg und dann nach Salzburg erweitert sich dieser Gesichtskreis. Als Erzieher von Erzherzog Ludwig Victor kehrt er schließlich nach Wien zurück, wo er zum Major befördert und im April 1857 an die k. k. Militärakademie in Wiener Neustadt berufen wird. Dort verbringt er die Jahre bis zu seiner Pensionierung im Jahr 1865. Auf diesen Zeitraum entfallen seine ergiebigsten Alpenreisen. Sie stellen zugleich das Thema seiner zahlreichen Veröffentlichungen.

1857 erschienen die *Reiseskizzen aus den Alpen und Karpaten,* darin er sich bereits im Eisenbahncoupé den Hohen Tauern nähert, um auf der Pasterze die Gletscherbildung zu untersuchen. Bis Bruck bringt ihn die mit Spannung inspizierte Semmeringbahn, „ein Werk von einer Kühnheit und Großartigkeit, das alle meine Vorstellungen weitaus übertraf". Im ‚Train' findet er zudem eine Reisegesellschaft vor, die anregender Konversation nicht abgeneigt ist.

„Am 29. August 1854.

Als ich mich in einem Wagen der zweiten Klasse auf meinem Sitz gehörig etabliert hatte und mich um meine Nachbarschaft umsah, fand ich mir gegenüber einen F. v. S., Hofrat bei irgendeinem Ministerium, und mir zur Seite dessen Tochter, ein blühendes Fräulein mit reichen Ringellocken, einem gewissen Fettglanz im Gesicht und etwas profusen Dimensionen um den Nacken und den angrenzenden, etwas tiefer liegenden Teilen des Körpers.

Der Wagen, nach welchem wir in Baden übersiedelten, hatte eine bei weitem dichtere und verschiedenartigere Bevölkerung. Da gab es k.sächsische Bergbeamte mit seltsam horizontalen Mützenschirmen, hohen steifen Halsbinden und singender Sprache – allerlei Offiziere, welche Romane lasen, endlich eine aus fünf Personen bestehende englische Familie, in deren Mitte mir das Fatum einen Platz zuwies."

Die Weiterreise mußte Sonklar auf der Postwagenstrecke nach Liezen, Schladming und St. Johann vornehmen:

„In Liezen, wo wir das schlechteste Dinér zu uns nahmen, das mir noch je vorgekommen, lernten wir die übrigen Mitglieder unseres Eilwagenkurses etwas näher kennen. Erst einen Freiherrn von B., der einstens in österreichischen Diensten gestanden, es darin bis zum Oberleutnant in einem Dragonerregiment gebracht, und nun schon seit Jahren in Breslau lebt. Er ist ein etwas alter Knabe, sehr artig in seinem Benehmen, soldatisch in seiner Haltung, und führt mehr Bart auf seinen Wangen, als ein k.k. Offizier vor dem Jahre 1848 ohne Neid betrachten konnte. Mit ihm reiste seine Gemahlin, eine ernste, stille Dame, die ohne Zweifel mehr dachte als sie sprach. Auch zwei Engländer fanden sich vor, blonde, etwas trockene Burschen."

In Schladming nahm man Nachtquartier, von wo man im ersten Morgengrauen aufbrach, um die Poststation St.Johann in Pongau zu erreichen und dort den Anschluß an den Eilwagenkurs nach Gastein. Hier macht Sonklar weitere Bekanntschaften unter den Reisenden nach Gastein, und man

1. Jüdische Flüchlinge verlassen die Stadt Salzburg / 2. Viktor Knopf führt jüdische Flüchtlinge über den Krimm

ssicht vom Gamskarkogel / 4. Karl von Sonklar

verabredet sich, in kleiner Gruppe, zu einer gemeinschaftlichen Partie auf den Gamskarkogel, ein klassisches Tourenziel des noblen Wildbades.

Sonklar zeigt sich zu Beginn des Unternehmens etwas ungeübt im Steigen und dazu kurz im Atem, aber sie erreichen in entsprechender Zeit, nach mühevoller Wanderung über dürre Grasflächen und Geröllhalden, den Gipfel des Gamskarkogels.

„Die erste und stärkste Empfindung, nachdem wir, d. h. Baron von T. und ich, die Höhe erreicht, war die eines wütenden Hungers. Ich konnte unmöglich das Eintreffen des geistlichen Herrn erwarten, den wir noch einige hundert Fuß unter uns im ausdauernden Kampf mit den Schwierigkeiten des Lebens erblickten. Schnell wurden aus der Waidtasche des Führers die mitgebrachten Viktualien hervorgeholt und mit einem Appetit genossen, wie ihn nur je, nach einem ziemlich mageren Frühstück, ein anstrengender fünfstündiger Marsch zustande bringen kann. Bald kam auch H. herbei und hielt sich, des Fasttages wegen, an den Käse, wodurch ich in den alleinigen Genuß des Schinkens geriet, was meinen vollen Beifall fand. Inzwischen wurde auch dem Gumpoldskirchner wacker zugesprochen und dieser mit dem Baron geteilt, der uns dafür einige Becher trefflichen Ofnerweins kredenzte. Diese gastronomische Einleitung zu dem Genuß der schönen Aussicht, die uns hier nach allen Seiten offenstand, konnte der Wirkung dieser letztern nur förderlich sein.

Noch während wir unser Mittagsmahl hielten, war von der Seite von Hofgastein eine aus zwei Männern und einer Dame bestehende Gesellschaft an uns vorübergegangen und hatte sich uns, ihrer Sprache nach, als Preußen angekündigt. Gegen diese Nationalität, die in Österreich nicht viele warme Verehrer zählt, demonstrierten wir, auf Baron Ts. Vorschlag, durch laute und begeisterte Absingung eines Volksliedes und ebenso lauten Lebehochs auf unsern Kaiser. Später kamen sie in unsere Nähe, traten mit uns ins Gespräch und erwiesen sich, ihrem ganzen Wesen nach, als echte Kosmopoliten, d. h. als Söhne Israels, als koschere Juden auf Reisen um schweres Geld. Der eine von ihnen hatte eine spitzige Nase, einen spitzigen Zwickelbart und sonst im Gesicht alles Typische seiner Rasse. Der andere war groß gewachsen und rothaarig, und die Dame endlich übertraf an Zartheit und Zimpferlichkeit alles bisher Gesehene, sodaß sie fast zu zart und feinfühlend war für diese rauhe Welt, und deshalb uns, und vielleicht auch sich selbst, annähernd wie ein überirdisches Wesen erschien. Dies ist der Grund, warum wir sie sowohl jetzt als später, da sie uns noch zweimal begegneten, in Ermangelung der Kenntnis des Namens höherer Wesen, denen sie angehören mochte, bloß nur *Plus-que-femme* nannten. Sie war auch liebenswürdig, beteilte uns mit Alpenrosen und ließ es an anerkennenden Blicken nicht fehlen, als wir später mit unseren Bergstöcken nach dem Ziele warfen und schwere Felsenstücke, auf gut appenzellerisch, von der Achsel weg fortschleuderten. – Unterdessen hatten sich über der Tauernkette die Nebel zu finstern Wolken verdichtet und gingen im Naßfeld in grauen Streifen als Regen nieder. Dies mahnte uns zur Rückkehr, die wir, nachdem wir uns von *Plus-que-femme* empfohlen, und von Itzig und Nephthole verabschiedet hatten, beiläufig um 4 Uhr antraten."

Verlassen wir den Felsstücke schleudernden Major, bleiben wir beim Antisemitismus und wagen einen großen Sprung nach vorne.

Ein Fluchtweg über den Krimmler Tauern

Im Jahr 1946 wird ein junger jüdischer Sportlehrer in diese Tauernlandschaft verschlagen, von der sich die Totenstarre des Faschismus noch nicht gelöst hatte. Er war mit Bergtouren eigener Art betraut worden, die er in Anerkennung ihres humanitären Charakters umsichtig durchführte. Sie fanden illegal, jedoch mit stillschweigender Duldung von oben statt.

Er hegt schließlich, nach zweijährigem Aufenthalt, zu dieser kolossalen Alpenlandschaft soviel Heimatgefühl, daß er beschließt zu bleiben. Noch bevor er, erst im Jahr 1956 wird es soweit sein, die österreichische Staatsbürgerschaft erhält, tritt er am 26. Juli 1948 dem Österreichischen Alpenverein, Sektion Saalfelden, bei. Es ist dies der zweite Identitätsnachweis, den der aus seiner polnischen Heimat Vertriebene und Verschleppte erhält. Sein erster Ausweis hatte seine Existenz als „Displaced Person", abgekürzt zu DP, bestätigt.

Dazu die Vorgeschichte. Am 4.Mai 1945 war unter den 3000 bis 4000 jüdischen Gefangenen des Lagers Ebensee, die von den Amerikanern befreit wurden, auch der junge Sporthilfslehrer Viktor Knopf, gebürtig aus Teschen bei Llublin in Schlesien.

Die Hölle der Nazizeit ging mit diesem Tag zuende.

Erschöpft, abgemagert und lungenleidend stolperte er mit hunderten Leidensgenossen ins Freie. Es war vorbei. Vorbei die sechs Jahre dieser Menschen verschlingenden Tyrannei, die ihn am 1. September 1939 erfaßt hatte, um ihn zu inhaftieren, zu verschleppen, zu quälen und auszubeuten.

Der 17jährige Viktor Knopf hatte genau drei Tage zuvor, am 28. August 1939, sein staatliches Diplom als Instruktor für Leibesübungen entgegengenommen. Am Tag des deutschen Überfalls auf Polen wurde er, zusammen mit allen übrigen jüdischen Männern seines Städtchens, festgenommen und in einer aufgelassenen Fabrik von tschechisch Teschen interniert. Die friedliche Koexistenz von Deutschen, Polen, Juden und Tschechen, die in Teschen beheimatet waren, war damit schlagartig vernichtet. Der Holocaust an der jüdischen Kultur zeigte hier schon in den ersten Kriegstagen sein bestialisches Gesicht.

Viktor Knopf, deutschsprachig, blond, „arisch" aussehend, sportlich, mit dem Beskidenverein viel in den Bergen unterwegs und fast immer am Fußballplatz, wenn sein Vater im jüdischen Gottesdienst saß, war ahnungslos gewesen. Er hatte sich durch seine jüdische Herkunft weder eingeschränkt noch irgendwie unterdrückt gefühlt.

Bisher hatte ein untadeliger, unauffälliger Lebensstil Sicherheit vermittelt. Der Vater, von Beruf Klavierstimmer und Klavierreparateur, hatte im Ersten Weltkrieg, wie viele Juden, für Kaiser und Vaterland gedient, trug, nach seinem Rang Feldgendarmeriewachtmeister, drei Sterne auf der Brust und war 1919 als Invalide heimgekehrt. Die Mutter besaß eine kleine Maschinenstrickerei mit zwei Angestellten, und der Sohn, gelenkig und biegsam wie ein Akrobat, hatte für nichts anderes Zeit als für Bodenturnen, Leichtathletik und sonntägliche Wanderungen, die gruppenweise, unter Gesang und Mandolinenbegleitung, unternommen wurden.

Als engste Nachbarn, noch eben gute Bekannte, mit dem Überstreifen der NS-Uniform ins Lager der Unmenschen wechseln und mit der Ankündigung drohen: „Wir bringen dich ins KZ!", erlebt Viktor Knopf dieses unter dem Schock der Überrumpelung. Mit eben diesen „Kameraden" hatte er sich die Mitgliedschaft im Teschener Eislaufverein, beim Turnverein und beim Beskidenverein geteilt. Alles deutsche Vereine.

Nach 14 Tagen verlud man die Inhaftierten in Viehwaggons und brachte sie ins Lager nach Misko bei Llublin. Von dort ging es über Krakau weiter nach Auschwitz und schließlich, mit dem Näherrücken der russischen Armee, nach Ebensee. Viktor Knopf wollte überleben, und er hielt sich deswegen an die Empfehlung eines Wiener Lageraufsehers: Sich bei Arbeitseinsätzen freiwillig zu melden. Sein durchtrainierter junger Körper, in dem einige Reserven steckten, ließ ihn zum Glück nicht im Stich. Er machte Arbeit im Steinbruch, Arbeit beim Straßenbau, Feldarbeit und Arbeit beim Barackenbau. Von Ebensee wurden sie, bereits in erbarmungswürdiger körperlicher Verfassung, zu Aufräumarbeiten auf den Bahnhof von Attnang-Puchheim abkommandiert. Unter dem drohenden Bombenhagel setzten sie die zerstörten Geleise wieder soweit instand, daß die Kriegsmaschinerie weiterlaufen konnte.

Wer die braune Uniform trug, aber einigermaßen Mensch geblieben war, stand gewöhnlich an der Front. Im Hinterland und bei der Lageraufsicht sammelte sich der moralische Bodensatz des Krieges, aus aller Menschenart geschlagenes Gesindel. Wer sich als Aufseher in diesen Greuellagern nicht am Platz fühlte, konnte immerhin gehen. Wie jener Franz Hatzmann, SS-Offizier in Auschwitz, den Viktor Knopf ebendort kennenlernte. Angesichts des Unfaßbaren, das sich dort abspielte, hatte dieser militärisch stramm reagiert: „Ich bin des Führers Offizier, aber nicht sein Henker!" Sich damit an die Front gemeldet, war nach Rußland geschickt worden und nicht wiedergekehrt.

Es blieben die Mörder. Mit dem nahenden Kriegsende wuchs überdies ihre Gefährlichkeit. Einer davon gab den 3000 Juden im Lager noch am letzten Tag die Anordnung, sich im Steinbruch zu versammeln. Arglosigkeit gegenüber derartigen Befehlen herrschte zu diesem Zeitpunkt nicht mehr. Als ein zweiter SS-Mann diesen Befehl aufhebt, bleiben sie im Lager. Über Nacht verschwinden ihre Unterdrücker.

Für die Amerikaner bot das mit 16 469 Insassen hoffnungslos überbelegte Lager – mehr als 3000 davon waren Juden – ein Bild des Schreckens. Die Gefangenen waren ausgemergelt, erschöpft, krank, viele mit geringen Chancen, die nächsten Wochen zu überleben. Auch der 23jährige Viktor Knopf war nur mehr ein Schatten seiner selbst. Ein Gespenst mit Nummer. 19 713 oder 19 317, das hat er vergessen. Die ärztliche Untersuchung ergab neben dem Befund einer allgemeinen Körperschwäche einen Lungenschaden, den er zeitlebens nicht mehr auskurieren konnte. Vom Schlimmsten erholte sich der nunmehr als „Displaced Person" geführte schlesische Jude Viktor Knopf im Auffanglager Riedenburg der Stadt Salzburg.

Aber die bohrende Unruhe in seinem Kopf wurde er nicht eher los, als bis er auf eigene Faust nach Teschen aufbrach, wo er von seiner Familie niemanden wiederfindet. Die Chronik des Grauens, die er sich bruchstückweise aus Gesprächen zusammensetzt, versetzt ihm einen tiefen Schock. Das selbst erfahrene und das andern zugefügte Leid löst sich in einem Tränenstrom. „Ich habe tagelang geweint. Einfach nur geweint."

Mit dem nächsten Transport kehrte er zurück nach Westen. Kommt ins Rothschildspital, ein Wiener Auffanglager, und ab Oktober 1946 ist er im DP-Lager Saalfelden.

Im Fasching, in dem die Juden das Chanukafest, das Fest der Lichter feiern, wird eine Abendunterhaltung geplant, und Viktor Knopf ist mit einem eigenen kleinen Beitrag dabei. Er zeigt seine bodenakrobatischen Kunststücke, und das Publikum applaudiert herzlich. Mit dabei saß auch der Leiter der illegalen Transportorganisation Bricha, die jüdische Flüchtlinge nach Palästina brachte. Dieser erkannte in dem Talent des jungen Sportlers eine nutzbare Kraft und betraute ihn mit der Führung jener illegalen Flüchtlingstrecks, die mit stillschweigender Duldung der Polizei, aber mit größtmöglicher Diskretion gegenüber der Bevölkerung über Krimml, das Achental und die Birnlücke nach Italien gingen. Dort sollten die Emigranten sich ein wenig erholen, bevor die Reise weiterging nach Palästina, das damals noch englisches Protektorat und daher auf einreisende Juden nicht besonders gut zu sprechen war.

Unter diesen Prämissen nahm der schlesische Jude Viktor Knopf seine Liebe zum Bergsteigen wieder auf. An die 3000 Menschen mit Reiseziel Palästina hat er in den Sommermonaten 1947 über diese schmale Tauernbrücke geleitet, die Salzburg mit Italien verbindet. 3000 von geschätzten 15000, die diesen Weg gingen. Er führte, zusammen mit einem Gefährten, Bolec Chojnacki, Züge von 60 bis 280 Personen.

Auf LKWs verließen sie gegen Mitternacht das Auffanglager Saalfelden und waren nach etwa zwei Stunden bei den

Krimmler Wasserfällen. Die Bevölkerung sollte nichts merken. Von dort traten sie einen vier- bis fünfstündigen Marsch durchs Krimmler Achental an. Der Steig war im Himmelslicht von Mond und Sternen nur schwach sichtbar. Die meisten dieser Wanderer hatten nur eine undeutliche Vorstellung von diesem Gebirge, das sie als das anstrengendste Hindernis auf ihrem Weg nach Süden überwinden mußten. Frühmorgens erreichten sie das Krimmler Tauernhaus, wo sie die Wirtsleute, den alten Gepflogenheiten des Hospizwesens entsprechend, verpflegten. Nachdem die Kleinkinder versorgt und die Erwachsenen gestärkt und ausgeruht waren, brachen sie zu dem schwierigsten und gefahrenreichsten Teilstück ihrer Wanderung auf. Drei, vier Stunden Marsch über steile Viehsteige trennten sie noch von dem Posten an der Birnlücke, der von italienischen Carabinieri besetzt war. Feuersteine, Sardinenbüchsen und andere Alltagsartikel hatten sie zu Verbündeten gemacht. Doch gelegentlich verfolgte sie das Pech. Sie wurden von Angehörigen der britischen Armee in Empfang genommen und zurückgeschickt.

Zwei weitere Stunden waren es bis nach Kasern in der Prettau, wo ein erstes Lager die Schwächsten der Wanderer aufnahm. Auf den Rest der Gruppe wartete noch eine holprige Fahrt auf dem LKW, mit Zielort Meran.

Die Mehrheit dieser Flüchtlinge, meistens junge Leute, aber auch Ehepaare und Kinder, behielt nur die Strapazen dieser nächtlichen Bergtour im Gedächtnis, für die sie wenig vorbereitet waren. Mangelhaft ausgerüstet und ohne Kenntnisse über die Gegend, traten sie diese Tour wie einen langen Spaziergang an, verdrängten dazu die Furcht, die ihnen diese Bergspitzen einjagten. Wenn der Weg, hoch über der Baumgrenze, unmenschlich steil und erschöpfend wurde, resignierten manche. Sie setzten sich an den Wegrand und wollten um keinen Preis weitergehen, bloß sitzenbleiben, gleichgültig, was mit ihnen geschehe. Aber Viktor Knopf hat keinen zurückgelassen, alle ihm Anvertrauten wurden über den Berg gebracht. Spurlos, denn es durfte nichts im Gelände zurückbleiben. Keine Konserven, keine Kleidungsstücke, keine Papiere.

Wenn es das Wetter und der Terminplan zuließ, nützte er seine Unterkunft im Krimmler Tauernhaus zu alpinistischen Solo-Touren, stieg allein, aus dem wiedererwachten Genuß am Bergsteigen heraus, auf die Gipfel und Höhen der Umgebung, genoß die Luft, die Stille, die Sicht. Langsam stellte sich etwas wie Heimatgefühl ein.

Eines Tages im Alleingang auf dem Weg zur Birnlücke, war er jedoch von britischen Soldaten observiert worden. Er mußte sich verstecken, geriet dabei, viel zu schlecht gekleidet, in einen Wettersturz, verkühlte sich und mußte mit einer Lungenentzündung ins Krankenhaus. Von dem damaligen Lagerleiter, er sprach ihn mit seinem Vornamen Daniel an, im Stich gelassen, ließ er seine eigenen Israelpläne abrupt fallen. „Und mit solchen Leuten, hab ich mir gesagt, soll ich in Israel zusammenleben? Ich bin nicht nach Israel gegangen. Er war der Grund. Ich bin 32mal als Tourist dort gewesen. Ich fahr hin und komm wieder zurück."

Als das Lager 1948 aufgelöst und von den Amerikanern neu besetzt wird, wechselt er zu den neuen Hausherren, für die er wiederum als Sportsmann, diesmal als Leiter einer Kegelbahn, tätig wird. Doch dehnt er den Radius seiner Aktivitäten rasch aus. Er durchwandert das Steinerne Meer, steigt auf den Hochkönig, auf die Passauer Hütte, er macht Touren in die Leoganger Steinberge, in die Tiroler Nordkette, in die Berge rund um Krimml. Er besteigt den Großvenediger und den Großglockner. Nie allein. Mindestens, so wie es sich für Alpinisten gehört, zu zweit. Und er wird auch vereinsmäßig wieder initiativ.

Er tritt dem Alpenverein bei und gründet für die Naturfreunde der Sozialistischen Partei eine Jugendturngruppe. Das menschlich Verbindliche am Sport nutzt er einmal mehr, Brükken zu schlagen und Gefühlen des Fremdseins vorzubeugen.

Die Bevölkerung, die sich vom Ungeist des Nationalsozialismus etwas schwerfälliger trennt, als die Daten der politischen Geschichte glauben lassen, kommt ihm dabei langsam entgegen. Der Saalfeldener Bürgermeister, ursprünglich ein Skeptiker gegenüber diesem jüdischen Vorturner der Dorfjugend, läßt sich schließlich selbst herbei, „um sich das anzuschauen".

Nach Abzug der Allierten trat Viktor Knopf in der Limonadenfabrik Leeb ein und blieb dort 25 Jahre lang, bis zu seiner Pensionierung.

1977 brachte in das nunmehr ruhiger verlaufende Leben einen kleinen Höhepunkt. Der Buchhalter Viktor Knopf erhielt von Bundespräsident Rudolf Kirchschläger das silberne Ehrenzeichen für Verdienste um die Befreiung Österreichs. Die Urkunde hängt heute im Wohnzimmer seines Reihenhauses in Zell am See. Nicht allein als Anerkennung seines Engagements für die jüdischen Emigranten nach Palästina, sondern wohl auch als Ausdruck eines ganz persönlichen Weges der Integration: „Ich hab mich nie aus dem öffentlichen Leben zurückgezogen, sondern hab versucht, wo das möglich war, mitzutun. Ohne zu vergessen, wer ich bin. Ich wurde als Jude geboren, habe deswegen viel gelitten, wurde verschleppt und vertrieben, aber gerade deswegen möchte ich diese Herkunft nicht verleugnen. Ich bin der einzige Jude von Zell am See. Alle kennen mich. Manchmal fahr ich nach Israel und manchmal nach Teschen in Polen. Dort beginnt meine Verwurzelung wieder zu arbeiten, sobald ich länger dort bin. Aber mehr als eine Heimat kann man doch nicht haben. – Oder kann man?"

XI. Himmelsleitern. Lebenswege des Hermann Bahr und Georg Steiner

Hermann Bahr gibt im Jahr 1912 seine von Josef Olbrich entworfene Villa in der Veitlissengasse 5 auf und übersiedelt von Wien nach Salzburg. Im Leben dieses Propheten der Moderne, in dem sich die kulturellen Strömungen, Ismen und Moden der Jahrhundertwende sammelten, reflektierten und brachen, stand einmal mehr Erneuerung auf dem Programm.

Vom „österreichischen Betrieb" erschöpft, gab der Schriftsteller, Theaterkritiker, Feuilletonist, Intendant, Secessionist, Regisseur und Kommunikationsstratege des Wiener Kulturlebens mit seinem Rückzug in die barocke Provinzstadt Salzburg einem inneren Orientierungswechsel Ausdruck und dazu einem drängenden Bedürfnis nach Ruhe und Erholung nach.

Der glühende Verteidiger des Neuen, Unkonventionellen, Aufrüttelnden, der die Wortmacht seiner Parteinahme nie auf Dauer vergab, war seiner Natur nach ein Wandelbarer. Seiner Zeit immer voraus, schrieb, stritt und begeisterte er sich bis hart an den Rand jener konservativen Restauration heran, die den von Bahr mitgetragenen Aufbruch der Jahrhundertwende zum Erliegen bringen sollte.

Als er 1912 zusammen mit seiner zweiten Frau, Anna Bahr Mildenburg, Schloß Arenberg in Salzburg als neuen Wohnsitz bezieht, befindet er sich an exponierter Stelle dieses Lebensfahrplans. 1914 erfolgt sein Wiedereintritt in die katholische Kirche.

Die Schleife rückwärts, mit der er Rom und Byzanz in Salzburg vereint, wird zur neuen und letzten Losung in der Ismen-Chemie Bahrs, die Ideen und Programme zu alchymischen Hochzeiten am laufenden Kunstband verflochten hat. Bleibt im Kern dieses Lebenswanderers dessen Diktum von der dreifachen Ganzheit des Menschen festzuhalten: Die erstrebte Integration des Menschen in seine soziale Umwelt, seine Wiederherstellung als ein Geschöpf der Sinne und Naturwelt und schließlich die Rückgewinnung der schöpferischen Kräfte des Unbewußten.

Mit dem Rückzug – oder Vorstoß? – in die Regionalität Salzburgs kehrt Hermann Bahr zugleich an den Ort seiner Gymnasialjahre zurück. Das Notariatskind aus Linz hatte in der Altstadt ein dunkles Zimmer mit Blick aufs Sterngäßchen bewohnt und die Nächte durchgelesen. In dem Lehrer Josef Steger fand er einen Mentor, der dem Bildungshunger des Schülers einen weiten Bogen spannte:

„Er las Homer, er las Plato mit uns. Da war uns dieser Odysseus doch noch ein ganz anderer Kerl als alle Mohikaner! Nämlich: was Buben an Indianergeschichten entzückt, wir, von diesem Lehrer sachte gelenkt, fanden es tausendfach an Homer. Ganz unphilologisch war es: mit diesen herrlichen Griechen zürnen und weinen, schimpfen und jammern, randalieren und kontrahieren, schmausen und zechen, froh sein und dann wieder in Angst sein und immer dabei wissen, daß ja dies alles auf den Knien der Götter liegt, leben lernten wir da mit den Helden Homers und wirklich, wenn dann an heißen Sommertagen oft mein Blick sich leise durchs Fenster stahl, drüben zur steilen Mönchsbergwand empor, siehe, da war es die Sonne Homers, die doch auch mir noch schien!"

Mit dem Kolorit des Abenteuerlichen legt sich in der Schülerseele eine Landschaft aus Antike und Christentum an, die auf den Wanderungen des späteren Schriftstellers und Kunstkenners neu erwachen wird.

„Indem der Linzer Bub sich unversehens so zum platonischen Jüngling auswuchs, schien die Zeit, schien die Welt um ihn still zu stehen. Ich bemerkte vor innerer Seligkeit kaum, was um mich vorging, bemerkte meine Lehrer, meine Mitschüler, die Stadt, den Untersberg, das Wetter, den Schritt der Jahreszeit, Blühen oder Welken, ja mich selber, mein empirisches Dasein kaum; wirklich war mir nur Griechenland. Ich bemerkte nicht, daß ich, immer nur über Büchern hockend, aus meiner Pfeife qualmend, dick, daß ich leiblich faul wurde. Da stieß ich dann das Fenster auf, sah hinaus und wunderte mich, daß die Sonne schien. Auf die kahle Mauer schien sie grell und ich sehnte mich."

Der stubenfaule Schüler, raupengleich mit Bildung vollgefressen, legte seine Matura mit Auszeichnung ab und bescherte der kleinen Stadt sogar noch Theaterdonner zu seinem Abgang. Denn Bahrs Rede zur Prüfungsfeier versprühte bereits das Feuer des suggestiblen Agitators.

Im Herbst 1881 inskribiert er an der Universität Wien, betreibt zuerst die Philologie und verlegt sich dann auf die Politik, die einen neuen Menschen aus ihm macht. Bahr wechselt zur Nationalökonomie, schließlich den Studienort, macht mit deutschnationalen und antisemitischen Meinungen von sich reden und sammelt in dieser Eigenschaft Zuhörer und Parteigänger.

Sieben Jahre später, es ist Herbst des Jahres 1888, ist Hermann Bahr ein politisch Ausgewechselter und unterwegs nach Paris, wo sich seine Entpuppung zum Künstler, Kunstförderer, Secessionisten und Theaterkritiker abzeichnet. An den Beginn dieser Wandlung, die auch diesmal wieder die Wanderschaft eines Ortswechsels voraussetzt, stellt Hermann Bahr die Münchner Begegnung mit Henrik Ibsen, die für ihn den Stellenwert einer Initiation hat:

„Ich fuhr in Bummelzügen dritter Klasse. Zunächst blieb ich in München, um Ibsen aufzusuchen. Er hatte mich in seiner ausmalenden Schönschrift auf elf Uhr vormittag zu sich bestellt; meiner Ehrfurcht schien's unmöglich, im Reiseanzug vor den Gewaltigen zu treten, so schritt ich im Frack mit weißen Handschuhen durch den hellen Oktobermorgen der Maximilianstraße dahin. Das Herz schlug mir so stark, daß ich, nach einem Kreuzverhör mißtrauisch vorgelassen, stumm vor ihm blieb, denn ich hätte beim ersten Wort laut herausgeheult."

„Bergführer, angenehm!"

In demselben Jahr 1888, da Hermann Bahr über München-Paris seine Wanderjahre in die Kunst antritt, kam in der Lodenwalke von Ramsau am Dachstein Georg Steiner, genannt Irg, zur Welt. Als dritter Sohn des „Grafenbuben" Johann Steiner trat er in eine Reihe alpinen Heldentums ein, die selbstredend Männern vorbehalten war.

Hans, der wie sein Vater hieß, Franz, Irg und schließlich Richard sollten rund um den „Stoa", das verödete Felsplateau des Dachsteins, freie Bahn für spektakuläre Taten, Geniestreiche, Wildereien und Mutproben haben. Der Irg zeichnete sich dabei besonders aus und wurde daher über seine Brüder gehoben.

Weiblich sind an diesem Dachsteiner Mythenstammbaum nur die stummen Linien im Hintergrund. Die Herzlinien der Mütter. Doch gab es auch hier zu unterscheiden. Die verheirateten wurden vom Pfarrer nach abgeschlossener Reinigungszeit durch den Kirchenraum bis zum Altar „vorgesegnet". Die ledigen aber „vieritetschnt". Nichtsdestotrotz blieb der Anteil lediger Mütter in der geheimprotestantischen Ramsau anhaltend hoch.

Auch Irgs Vater, der „Grafensohn" und Erstbesteiger der Bischofsmütze, Johann Steiner, war ein Kind ohne Vater, treuer Spiegel für dieses alpenländische Arkadien, das sich unter Druck und Zwängen krümmt und verwächst, um dann wieder Gestalten ins Leben zu setzen, die vor Selbstbehauptung und Freiheitsdurst strotzen. – Freigänger wie Johann und später Georg Steiner, die den Traum dieser Landschaft lebten.

Die Mutter des ersteren, Sennerin auf dem Dachstein, selbständig und unverheiratet bis zuletzt, hatte den Namen des Kindsvaters mit Genugtuung verschwiegen. Es wäre allein ihre Sache.

Als sich das Bübl zu einem Mannsbild von antikem Ebenmaß auswuchs, sichtbar herrischer und nobliger als der Dachsteiner Durchschnitt, lebte das Gerücht auf, ein adeliger Herr, wie sie sommers von Hallstatt und Gosau ins weiß schimmernde Kalkgebirge aufstiegen, sei der Vater. Der Erzherzog Johann selbst? – Aber das Adlergesicht des Buben zeigte in diese Richtung nicht die leiseste Spur einer Verwandtschaft.

Gesichert und belegbar ist hingegen die Erstbesteigung der Bischofsmütze durch diesen „Grafensohn" Johann Steiner. Unternommen allein zu dem Zweck, dem Grafen Pallavicini, der deswegen mit zwei Südtiroler Bergsteigern angerückt war, den Spaß am „Sieg über einen zuvor unberührten Gipfel" zu verderben. – Männlichkeitsritual aus der Zeit zwischen den Zeiten der Wagenrennen.

Die Frau, die mit diesem Helden die Lebensgemeinschaft einer Ehe einging, hat in diesem Szenario alpiner Kapriolen wieder nur deshalb einen Platz, weil sie die Mutter von Söhnen ist, die um die Steilwände des Dachsteins weiter die Sturmluft des Abenteuers wehen ließen. Georg, genannt Irg, geboren 1888, ist, wie schon erwähnt, der dritte.

Aus den Jahren seiner Kindheit und ersten Jugend – Hermann Bahr ist längst zurück in Wien, wo er im Café Griensteidl die Aufbruchswilligen und Reformbewegten in Richtung Moderne lenkt – ist vom Irg Steiner nicht viel mehr überliefert, als daß er, das erste und einzige Mal seines Lebens, am Dachstein abgestürzt ist.

Der Bub war mit dem Bienenstock des Großvaters auf das Sonnenplateau am „Stoa" geschickt worden, wo nektarhaltige Blumen und Bergkräuter einen Honig von hervorragender

Qualität ergaben. Dieser, wiewohl kräftig und behende, war dem Gewicht des Bienenkorbs jedoch nicht gewachsen und kugelte damit über die steilen Bergwiesen ab.

Das nächste Kapitel seiner Lebensgeschichte zeigt den Irg bereits im Glanz des alpinistischen Meisterkletterers. Am 22. September 1909 gelingt ihm, zusammen mit dem älteren Bruder Franz, der direkte Durchstieg der Dachstein-Südwand. – Zwei Asse im Free-climbing, so urteilte der Fachjargon von heute.

Schon der Vater, Johann Steiner, hatte sich an den Klüften, Rinnen, Spalten, Hängen, Kaminen und Felsenbändern der Dachstein-Südwand als spitzfindiger Tüftler und furchtloser Kletterer bewährt. Schmale Felsenübergänge, wo man leicht ins Leere glitt, machten das dünne Band, an dem man sich, zwischen Himmel und Erde schwebend, emportastete, zu einer atemlosen Abfolge von richtig gesetzten Griffen.

Die Buben hatten, entgegen dem Verbot des Vaters, diesen direkten Durchstieg der Wand auf Kletterpartien umkreist und ausgekundschaftet. Als städtische Kletterakrobaten an dieser Himmelsleiter Interesse anmelden, schreiten sie selbstbewußt zur Tat.

Etliche kalte Tage hatten den ersten Schnee gebracht und die Kalkgipfel und Höhen weiß überzogen. Aber dann hatte es aufgeklart, und der Sommer war noch einmal zurückgekehrt. Im schönsten Goldblau strahlte der Himmel am 22. September 1909.

Die zwei Brüder hatten früh am Morgen die Austria-Hütte verlassen und sich mit einem „Stieglstecken", einem Bergstock traditioneller Machart, der eigentlich schon lang außer Gebrauch war, auf den Weg begeben. Bei der Quelle am Felsband, das über Triumph und Niederlage ihres Unternehmens entschied, wollten sie ihn aufpflanzen und ihre Schneuztücheln daran binden, um ein Lebenszeichen zu geben. Ein Zeichen, nur durchs Fernrohr sichtbar, daß sie „aus dem Gröbsten heraus" wären.

Vor dem Einstieg stimmten sie noch einen Jodler an, diesmal ohne die herausfordernde Wildheit, mit der sie sonst der Wand ein Echo abtrotzten. Dann ging es los. Schritt um Schritt, Griff um Griff, zogen sie ihre Spur empor. Aufs Dachl, aufs Band, schließlich auf die unterbrochene Stelle in der glatten Wand.

Kaum eine Stunde später gelangte bei der Austria-Hütte die Meldung ein: „Beim Band an der Quelle flattern die Schneuztücheln der Brüder Steiner!"

Die Aufstiegsmöglichkeiten in der Dachsteinsüdwand waren damit um eine kurze, verwegene Variante, einen wahren Himmelsweg, reicher. Und die Steiner-Buben berühmt.

Die zwei Kletterfexen, die seit ihrer Schulzeit im Geruch verbotener Gamsjagden standen, hatten sich damit zu Alpinisten geeicht, die in den handverlesenen Kreis der Pioniere aufgenommen waren. Abzuschließen war noch das bürokratische Procedere, das aus einem Naturburschen einen staatlich geprüften Bergführer machte.

Um für die Ausbildung zugelassen zu werden, wurde eine dreijährige Tätigkeit als Träger vorausgesetzt. Auch der Irg hat den Herrschaften Sack und Pack auf die Gebirgshöhen getragen, sich Menschenkenntnis abgeschaut und Führungsqualitäten erworben. Dann war er mit in der Burschengruppe gewesen, die zu dem vom Alpenverein ausgerichteten Bergführerkurs nach Salzburg pendelte.

Denkbar ist eine Zufallsbegegnung zwischen dem urwüchsigen Ramsauer, der seine Abseilübungen an der Hotelwand trainierte und dem im Reformgeist der Moderne wallenden Zampano Hermann Bahr, der damals stationär in Salzburg weilte, wo er mit Hugo von Hofmannsthal in Hellbrunn oder im Hotel de l'Europe zusammentraf, um Festspielpläne zu schmieden.

Im Jahr 1904 hatte eine Blinddarmentzündung mit Folgekomplikationen einen tiefen Einschnitt im Leben des unentwegt Bewegten erzwungen. Hermann Bahr, der seinen Körper wie einen Kutschengaul hetzte, mußte leiser treten. Theaterprojekte, Künstlergespräche, Journalismus, die ganze Fülle seiner anspruchsvollen Geschäftigkeiten, wurde von einem erschöpften Organismus, der sich gegen Überlastung mit Herzbeklemmung, Schwindelanfällen und Verdauungsstörungen wehrte, in die Schranken gewiesen.

Das Integrationsgenie der Wiener Moderne lenkte auf den langen Genesungspfad der Natur ein, – und wie so oft in seiner Laufbahn griff er auch diesmal mit ganzer Seele zu. Er macht Kneippkuren im Reichenhaller Moorbad, unternimmt Wanderungen und die damals en vogue gewordenen Radausflüge. Die Natur, die er aus dem Geist des von ihm mitgetragenen Kreises um *Ver sacrum* als göttliches Prinzip verherrlicht, zeigt sich als Kopflandschaft wie als Erlebniswelt.

Mehrmals kreist sein Schaffen um die Gestalt des Naturfauns Marsyas. Dem periodisch geäußerten Ekel am Wiener Sumpf setzt er hymnische Worte für die göttliche Natur nach. 1908 erscheint sein *Buch der Jugend*, in dem er ein dionysisches Geschöpf verherrlicht, das sich in schrankenloser Evolution durch den unendlichen Schaffensprozeß der großen Natur mitteilt, davon zerstückt wird und sich neu zusammensetzt. In der unmittelbaren Praxis seiner Naturliebe präsentierte sich Hermann Bahr mit gutem Gespür für öffentliche Wirkung in Salzburg in der Lederhose und am Lido von Venedig im modischen Badekostüm.

Der Habitus des Schriftstellers Hermann Bahr nahm damals sichtbar alpenländische Konturen an. Für Salongespräche wie Berggänge schlüpfte der Dichter aus dem Arenbergschlößl in Lederhosen und rupfenes Leinen. Doch blieb seine Erdverbundenheit spielerischer Wesenszug, jederzeit ablegbar das trachtige Kostüm, das damals noch nicht die geistige Enge von später verströmte.

Mit einiger Wahrscheinlichkeit war er aber nie unter jenen,

meist vornehmen, jedenfalls risikofreudigen Wiener Touristen, die am Bahnhof von Schladming das Coupé verließen und am Bahnsteig eine Runde rotwangiger Kerle zur gefälligen Musterung geboten bekamen.

Die ließen dort Zigarre rauchend die Zeit verstreichen und erhoben sich erst von ihren Sitzen, wenn die einfahrende Lokomotive quietschend zum Stillstand kam, näherten sich dann gemächlich den mit eisernen Trittleitern versehenen Wagentüren, um sich bei den anreisenden Herrschaften bekannt zu machen. „Bergführer, angenehm!", „Bergführer, angenehm!", schallte es über den Schladminger Bahnsteig.

Gewöhnlich wurde man rasch handelseins. Der Träger schnallte sich das Gepäck auf die breit ausladenden Schultern, wo die Bürde auf stählernen Muskelpaketen auflag, und dann stieg man, gleichmäßig ausschreitend, mit Rücksicht auf das Tempo, das die Herrschaften vorlegten, zur Austria-Hütte hinauf, von wo es anderntags weiterging auf den Dachstein.

Nichtsdestotrotz – der Irg Steiner schätzte seine Tätigkeit, die Luft zum Atmen ließ und dem Freiheitssinn des Abenteurers Spielraum bot. Auch ist er dem Ethos seines Berufsstandes nichts schuldig geblieben. Hat die Leute, am Seil hängend, auf Gipfel geführt, Vermißte gesucht und Verletzte aus den Fallen des Dachsteins geborgen, um sie auf eigenen Händen ins Tal zu tragen.

Hermann Bahr geht sich gesund

Salzburg 1912. Als Hermann Bahr in Schloß Arenberg seinen neuen Lebensmittelpunkt errichtet, in der Mitte zwischen Wien, München, Bayreuth, ist er von den Spätfolgen seiner Erkrankung nach wie vor mitgenommen, die körperliche Verfassung instabil.

Der Künstler, der aus Landschaften schöpfen konnte, um

1. Hoher Göll / 2. Der „Grafensohn“ und Alpinpionier Johann Steiner / 3. Die Lodenwalke in Ramsau / 4. Irg St

Bahr und Anna Bahr-Mildenburg im Arenbergschlößl

sich Wege zu seiner inneren Entwicklung zu erschließen, sucht nun diese Naturwelt auf, um in der meditativen Fortbewegung des Wanderns und Gehens das gestörte Gleichgewicht der Körperkräfte wieder ins Lot zu bringen. Die Landschaft von Salzburg schien dafür besser geeignet als jeder andere Platz der Welt. Hier lag Hermann Bahrs geistiger Geburtsort. Hier hatten sich die Einflüsse der Antike, des imperialen Rom und des christlichen Barock für den Streiter der Moderne, der nun seine Einheit mit Gott und Region suchte, synthetisch verschmolzen.

Hermann Bahr war ein Meister der Legierungen. Er schaute an blauen Tagen vom Gaisberg ins Tal und erblickte die römische Campagna. Er ließ sich in der Provinz nieder, um diese mit dem Weltgeschehen zu verbinden.

Dieser letzte Orientierungswandel seines Schaffens, der ihn zurück in die Provinz bringt, ist nicht zuletzt ein erwanderter, untermalt von zahllosen Märschen, Touren und Ausflügen, die bergauf bergab durch die Salzburger Landschaft führten.

Hier trifft er auf die einfachen Leute, Wirte, Förster, Mägde, Bauern, Knechte, Bergführer, die er in den Österreich-Spiegel seiner Werke einbindet. Unter den Zielen, die er auswählt, erscheinen immer wieder dieselben Namen: Guggental, Gersberg und Gaisberg, die er von Gnigl aus, wo das Grab seines Urgroßvaters Kaspar Reisinger liegt, ersteigt.

„10. Dezember 1912. Gnigl, Urgroßvater; Guggental. Die grellweißen, verschneiten Matten, silbrige Luft, schwarze Fichten, kahle Stämme violett, der blaßbläuliche Himmel. – Beim Zurückgehen von Guggental, rechts steil bergab, wieder ein phantastischer Blick wie gestern: Das Proszenium der Straße mit den angeschneiten Hügeln, links und rechts durch Kulissen von dunklen Fichten, scharf gezackt, schwarz herausstechend, abgeschlossen, dahinter ein wogendes Meer von Silbernebel, auf dem die Gipfel der Loferer Berge und des Staufens schwimmen."

Von einer Vortragsreise geschlaucht, schreibt er am 30. Jänner 1913 an seine Frau Anna Mildenburg: „... Und Montag geht's nach Salzburg und dann jeden Tag in die Bergeinsamkeit hinauf, wo man alles Menschliche vergißt, das da ganz tief unten in der Ferne liegt, lächerlich klein und dürftig anzusehen, wo man nichts hört als den großen Adlerschrei der Ewigkeit. Das wird mir sehr gut tun."

Es ist der an moderner Malerei geübte Blick, der die Fülle der gebotenen Aussichten erfaßt, ordnet und die Sprache findet:

„4. März 1912. Kapuzinerberg: Links ganz kahle, voneinander lose Bäume, grau, dann der dichte Wald, hauptsächlich verschleiertes Rot (wie benebelt), ganz wenig mit einzelnen weit voneinander entfernten saftig grünen Fichten durchsetzt. Auf Fürberg mehr Fichten in zusammenhängenden Beständen, ihr Grün dunkler. Die sie durchziehenden Laubpartien dunkelviolett (vermutlich durch das stärkere Grün, in das sie gebettet sind, ins violett getränkt, während am Kapuzinerberg mehr rosa)."

Aber es findet sich auch Stoff für Volks(Fest)Spiele:

„8. Juni 1913: Wir fuhren um sieben Uhr nach Grödig, punkt acht Uhr schlugs vom Kircherl, als wir zum Steigen begannen, erst zum Grödigertörl, dort muß man dann leider wieder tief hinab, dann gings die schönsten Bergwiesen zwischen Enzian, Steinnelken und Almrosenknospen hinauf. Auf einer lagerte eine große Salzburger Gesellschaft, ein Prachtkerl darunter, der mir auffiel, so romantisch sah er aus, wer war's? Ein Bruder Richard Mayers. Nun kletterten wir den Doppler-Steig hinauf, der etwas kühn, aber ausgezeichnet mit Ketten und Drahtseil versorgt ist; nur Buschbeck, der an Angst und Schwindel leidet, war komisch, er sah niemals rechts oder links, sondern krampfhaft vor sich auf den Boden, war aber sehr tapfer. Drei fast nackte Buben kamen uns entgegen, der erste blieb verwundert vor mir stehen und schrie: ‚Mein Gott, der alte Herr geht a no auf'n Untersberg!' Erste Ovation! Punkt zwölf kamen wir zur Stätte des abgebrannten Untersberger Schutzhauses; Sonntag sind da Bierfasserln und Gießhübler zu haben. Ich soff vier, aber nicht Fasserln, sondern Hübler. Zu essen gibts gar nichts und Buschbeck jammerte sehr nach einem Schnitzl. Um eins waren wir auf dem Geiereck, wo der H. einmal erzählt hat, daß ein Schneider, in seiner Bergbesoffenheit die Nase in der Luft immer weitergehend, in den Abgrund gestürzt ist. Von dort auf den Salzburger Hochthron. Ein Arbeiter, oder was es war, umarmte mich fast: 'Braver, alter Herr, brav, daß a do sind – ja mit dem Willen kann man alles!' Zweite Ovation! Und lauter halbnackte Jünglinge, nur mit Lederner, Bergschuhen und Rucksack bekleidet und eine Masse Maderln, leider nicht nackt: das werden auch die Suffragetten einführen, Hoch (Ethel) Smyth! Um fünf Uhr waren wir wieder in Glanegg unten, ich trank Kaffee und aß soviele Butterbrote wie noch nie. Um acht war ich zu Hause."

Zwei Jahre später verraten die Wanderbriefe und Notizen Hermann Bahrs bereits die Kondition eines Marathon-Gehers, der auf seinen gewaltigen Märschen ein resches Tempo vorlegt und mit offensichtlichem Vergnügen an dieser gesteigerten körperlichen Leistungsfähigkeit unterwegs ist.

„17. Oktober 1915. Auf der Gaisbergspitze sitz ich und warte auf einen Kaiserschmarrn. (Wenn ich denke, wie ich als Bub den Kaiserschmarrn gehaßt hab, lieber verhungerte und dadurch meinen armen Vater in solche Wut bringen konnte – und jetzt schwelge ich in Kaiserschmärrnen. Aber so sieht das ganze Leben vom Anfang bis zum Ende aus, man regt sich über lauter grundlose Sachen auf.) …

Inzwischen hab ich also den herrlichen, nur etwas zu klein geratenen Kaiserschmarrn verzehrt und da es Milch und Kaffee nicht gibt (Milch bringt erst der Zug, der einzige, der noch geht), nachmittags einen Tee getrunken, wofür man hier eine Krone sechzig Heller zahlt! Im Gaisberghotel fängt schon das Salzkammergut an.

24. Oktober 1915. Mittags schrieb ich Dir von der Gaisbergspitze, dann ging ich diesmal nicht meinen gewohnten Weg über den Fager nach Aigen, sondern wollte wieder einmal den Weg zum Nockstein suchen, den ich immer verfehlte. Diesmal fand ich ihn. Ich bin nämlich sonst immer viel zu hoch oben, gleich nach rechts abgezweigt, man muß fast bis zur Gersbergalm herab, das tat ich diesmal, und dann geht man einige Zeit gerade aus, um schließlich fast ebenso hoch wieder hinaufsteigen zu müssen, als man gerade herabgestiegen ist. Und wenn man wieder oben ist, dann steht der Nockstein da, aber – gegenüber! Ein Tal ist dazwischen, und er sieht mich höhnisch an, weil mir nichts übrig blieb als noch einmal tief hinunter und dann schwitzend wieder hinaufzukraxeln. Oben ist's dann allerdings herrlich, der Blick ins Salzkammergut, auf den Traunstein, Schafberg, Dachstein unvergleichlich. Und so nette Leute lagerten dort, lauter kleine Leute, und alle fraßen massen Äpfel, die scheinen jetzt das billigste zu sein. Über Guggental ging ich heim und erinnere mich, als wir 1912 im Februar im ‚Europe' waren, Guggental für mich schon eine ‚Landpartie' war, jetzt ist mir der Gaisberg ein Spaziergang und der Untersberg macht mir keine Beschwerden, hoffentlich bleibt das noch einige Zeit."

Der Sommer 1916 gehörte zum überwiegenden Teil dem Untersberg, dessen Anforderungsprofil dem mittlerweile geeichten Wanderer Bahr gerade angemessen erscheint.

„11. Juli 1916. Trüb, über Grödig (acht Uhr), Rosittenwirtshaus (acht Uhr dreißig), Reitsteig in Nebel und Rieseln (die vielen pechschwarzen Bergsalamander, oft zwei, drei übereinander, glühende Alpenrosen), zum Zepezzauerhaus, um elf Uhr. Ab zwölf Uhr dreißig über den Dopplersteig zum Schellenbergersattel, drüben um ein Uhr fünfundvierzig, auf der Landstraße um vier Uhr, steige ich in Leonhard ein.

23. Juli 1916. Untersberg: Rosittenwirtshaus ab acht Uhr zwanzig, Reitweg, Zepezzauerhaus um zehn Uhr fünfundzwan-

zig. Oben ein alter Bauer mit Frau, Tochter und kleinem Kind, bei meinem Anblick ausrufend: 'Und wer kimmt jetzt da? Der Kaiser Karl vom Untersberg!' Zepezzauerhaus ab elf Uhr dreiundfünfzig, Hochthron um zwölf Uhr fünfunddreißig, Hochthron ab ein Uhr fünfundvierzig, Törlweg drei Uhr, Rosittenwirtshaus drei Uhr fünfundzwanzig."

Während Hermann Bahr, mittlerweile über fünfzig, wie die Eisenbahn in den Salzburger Bergen unterwegs ist, machte der Irg Steiner Bekanntschaft mit dem Krieg. War zuerst in Galizien, dann im steirischen Weiz und schließlich im Dachsteinmassiv verschwunden. Als einwandfrei kriegstauglich eingestuft, hatte ihn der Stellungsbefehl schon in den ersten Kriegsmonaten erreicht, und der Irg tauschte das Alltagsgewand des Bergführers, Filzhut, Lederhose bis zu den Knien, lange Unterhosen, gestrickte Stutzen, Pfoat, Lodenrock und genagelte Schuhe, mit der Uniform der österreichischen Monarchie.

Irg Steiner geht fort aus dem Krieg

Diese neue, unbekannte Welt des Krieges, für den auch Hermann Bahr etliche ermunternde Schriften verfaßt hatte, ließ der Ramsauer Bergler gelassen auf sich zukommen. Man steckte den durchs Wildern geübten Meisterschützen an die östlichste Front des kriegführenden Kaiserreichs, nach Galizien, wo dem Irg gleich zwei Mann als Zureicher von Munition zur Seite standen. Aus dem urwüchsigen Kraftlackl sollte eine Schießmaschine von kaiserlichen Gnaden werden.

Aber der ließ das nicht mit sich geschehen und verweigerte alsbald den Dienst an der Waffe.

Was er davon, viel später, in vertraulichen Hüttenrunden, weitläufig und genießerisch, zum besten gab, entlud sich in dem entrüsteten Ausruf: „Teifi,Teifi, de schiassen jo auf d'Leit!" Worauf er die Büchse beiseite gelegt und dem Kommandanten

erklärt habe: „Aus. Die Leit da drent, de kenn i r
hamma nix tan! I geh hoam."

Niemand konnte ihn aufhalten. Selbst die Wa
Fahnenflucht stünde die Todesstrafe, brachte diese
auf eigene Faust, dem weder Kaiser, Volk noch Vaterland heilig waren, von der geplanten Wanderung Galizien – Ramsau ab.

Und er ging. Schlief untertags, ging im frühen Morgengrauen, nutzte streckenweise den Weg über die Schiene, wo der blinde Passagier auf dem Dach oder auf dem schmalen Brett an der Unterseite des Waggons lag.

Unbeschadet sah ihn das Dorf am Dachstein wieder. Blickenlassen durfte sich der Deserteur, auf den eine Kopfprämie ausgesetzt war, freilich nur bei den verläßlichsten seiner Freunde und natürlich – bei seiner Geliebten.

Seine Akte muß jedoch im weiteren Verlauf einen sonderbaren Weg genommen haben, denn sie ermöglichte dem Irg die Versetzung ins steirische Weiz, wo er – Verwechslung mit einem herzkranken Namensvetter – einem Offizier zum Stubendienst zugeteilt wurde.

Die von Gerüchten überlagerte Dorfchronik berichtet dazu: Der Offizier liebte Wildbret auf dem Speisezettel und der Irg den Pirschgang ins Gebirge. Daraus ergab sich eine einträchtige Interessensgemeinschaft. Der Irg schoß auf Gemsen und hatte mit dem Menschenkrieg nichts zu schaffen. Der Offizier wiederum gewährte für den delikaten Braten großzügig ausgelegte Freigänge.

Aber irgendwann überschritt der Rekordbrecher vom Dachstein auch diese Grenzen. Blieb nicht nur etwas, sondern weit über die Zeit hinaus fort. Von einem Jäger verfolgt und beinah gestellt, hatte er sich weiter und weiter ins Gebirge verstiegen, suchte Schutz, Nahrung, Schlafstellen und durchwanderte auf verwinkelten Pfaden, weite Schleifen um seinen Dienstort ziehend, das Land. Als er seinen Verfolger endlich abgeschüttelt

.ıatte und ins Tal abstieg, um sich mit gebotener Vorsicht bei seinem Herrn und Dienstgeber zu melden, erfuhr er, daß bereits eine polizeiliche Fahndung auf ihn ausgestellt sei. Der Irg Steiner kehrte als Vogelfreier ins Gebirge zurück. Über zwei Jahre lang zog der Verfolgte um und über den Dachstein. Winter wie Sommer.

Auch er hat Aufzeichnungen gemacht. Kleine Notizen, in Bierflaschen versenkt, die von Augenblicken gesteigerten Glücksgefühls Nachricht gaben. Sie fanden sich unter Geröll oder Felsen, wo sie der Schnee hervorgeschmolzen hatte.

Die Wintermonate dieses zweijährigen Exils waren insgesamt einfacher zu bewältigen als die warme Saison, wenn Almleute, Touristen, Jäger und mitunter Polizei in die himmlische Stille dieser Höhenregion einbrachen, das Leben im Untergrund schmerzhaft zu Bewußtsein bringend. Im Winter war der Irg mit dem Berg all-eins, die Schutzhütten standen dann idyllisch leer und zur uneingeschränkten Verfügung des aus der Welt geratenen Pazifisten, der im Pirschgang über die Höhen wechselte. Vom Dachstein in die Niederen Tauern, dort boten Hütten rund um die Giglachseen ungestörtes Quartier. Zurück ins Ennstal, in das riesige Jagdrevier zwischen Dachstein und Grimming.

Der Kriegsverweigerer in den Bergen besserte den erbärmlichen Speisezettel auf, wo er nachts Wildbret ins Haus brachte. Im Austausch erhielt er, was der Berg nicht geben konnte: Schwarzen Tee, Brot, Schneereifen, Nachrichten, Nähe.

Verwildert ist er zeit seines Exils auf dem Dachstein nicht. Die elterliche Lodenwalkerei, wo neuerdings Pferdedecken für den Kriegsdienst produziert wurden, sorgte für einen anständigen Lodenrock und bergtaugliche Schuhe. Er war versorgt – und versorgte seinerseits mit Wildbret und Geschichten. Anekdoten, die Irgs Mut, Einfallsreichtum und Eigensinn ins schönste Licht setzten.

Irg, der als Bettelweib verkleidet den Jägern entwischt. Irg, der sich, auf einer erlegten Gams übers Schneefeld rodelnd, vor den Verfolgern in Sicherheit bringt. Irg, der sich über Lärchenwipfel davonschwingt, Klüfte überspringend, und immer wieder Irg, der in scheinbar aussichtslosen Momenten seinen Gegnern ein: „Schiaßn tan ma nit!" entgegenhielt, um ihnen dann doch noch zu entwischen.

1918 waren die Greuel des Krieges beendet, und der „Ehrlose" vom Dachstein seines Lebens wieder sicher. Die Laufbahn, die er nun einschlug, führte alsbald auf wohlgeordnete Geleise. Mittelpunkt seines Erwerbslebens war nicht länger der Schladminger Bahnhof, wo er sich zusammen mit der wettergegerbten Kollegenschaft durch ein „Bergführer, angenehm!" den anreisenden Herrschaften aus Wien für die Tour zur Austriahütte empfohlen hatte.

Er heiratete die schönste Gosauerin und zog mit ihr auf den Reitbauernhof, zuhinterst am See gelegen, der ihnen durch ein Erbe zugefallen war. Einige Jahre später wechselte er ins Lager der Jäger über und ging von nun an, streng und gerecht, wie es heißt, mit staatlicher Legitimation auf den Pirschgang. Treu blieb er seinem Grundsatz, nicht auf Menschen zu schießen, Wilderer, denen er hart zusetzte, eingeschlossen.

Was ihm erhalten blieb, war ein Lebensstil in Streifzügen. Tatsächlich einordnen ließ sich der Irg Steiner nicht. Mehr auf der Alm als im Tal zuhaus, zeigte sich sein Hang zu Eskapaden nunmehr von seiner erotischen Seite.

Auf Streifzügen, Pirschgängen und Bergpartien unterwanderte er die Moral des Landes, wurde zum Vater von niemals exakt gezählten außerehelichen Kindern, deren Zahl sich „um die 25" belaufen soll. Amtlich bestätigt ist davon nichts. Einzige Gewähr ist die Erzählkultur des Landes rund um den Dachstein.

1. Wolkenstudie / 2. + 3. Federn-Bartl

Sonndorf
Grabendorf
Vorderdorf
Weisbriach
Fanning
Bruggarn
Maria Pfarr
Seidling
Lintsching
Taurach
Passecken
Mertelsdorf
St. Leonhard
St. Margarethen
Thomatal
Muster Platz
Zulers Wald
Fischer
Boschen A.
Kohlbauer

3

XII. Unmöglich schön: Der Federn-Bartl

I.

Der Landstreicher Bartholomäus Schreilechner, seit September 1988 liegt er neben seiner Schwester Katharina im Friedhof von Althofen, hat ein schönes Leben geführt. „Schön", im Dialekt Bartls „schea", war zu „go schea" und „ummigla schea" steigerungsfähig und bildete in dieser Dreiheit das Urmaß einer Lungauer Vagantenwelt.

Der Federn-Bartl war ein Schönheitssucher. Eingeigelt in den Dünsten seines ungewaschenen Körpers, ohne einen Begriff seines Außenseitertums, ließ er sich allein davon leiten und anführen, zu finden, zu sammeln und sich zu schmücken mit alledem, was das Leben „schea", „go schea" und „ummigla schea" machen konnte.

Das waren Stricke, Bänder, Fäden. Am besten bunte. Am schönsten rote. Federn aller Art. Aus dem Wald und aus dem Stall. „Ummigla schea" war allerdings nur der „Schihohaggl", die Schildhahnfeder als traditionsreicher Ausdruck mannhafter Kampfgesinnung. Begehrenswert schön waren Rehkrickerl und Gamsbärte. Beides schwer zu erlangen. Leichter erfechtbar die bunten Papierrosen der eingemusterten Rekruten und schließlich alles, was gesellschaftlichen Glanz verbreitete.

Feuerwehrabzeichen, Schützenfestmarken, Bergwachtmedaillen. Auch vor Militaria mit Hakenkreuz ist der Bartl nicht zurückgeschreckt. Zwar hatte er nichts mit ihrer politischen Währung im Sinn, aber er schätzte sie als glänzende Abzeichen aus einer Welt der Blasmusik, der Festaufmärsche und großen Ansprachen, eben als das schimmernde Blech der großen Welt, das sich der Schönheitssucher Bartl an sein Stroh, Gefieder, Fadenzeug steckte und es im kunstvollen Nest auf seinem Hut herumtrug.

Er tat es selbstverständlich ohne die leiseste Ironie.

Der Klimbim auf dem dunstenden Kopfputz war ausschließlich dazu bestimmt, Bartls gekränkter Seele zu schmeicheln.

Aus dem eigenen Nest gestürzt war der als Fex und Lapp eingestufte Gruberbauernsohn auf Anstoß der Nazis, die den vorgeblich mit fettem Mehlkoch verfütterten „Heita" und „Deppen" enterbten und zum Knecht heruntermachten. Der aus seinem Erbe Hinausgetretene, der da und dort fürs Holzhacken, Scheiterklieben und Spänemachen verfügbar war, scherte langsam aus und schlüpfte in seine Igelhaut.

Der Beraubte stänkerte nicht, er stank. Ganz nach unten gestellt, machte er sich zum Gipfel des Unerhörten, auf dessen Spitze alle Abzeichen ländlichen Ehrgefühls prangten. Würdig zog er seine Runden, brachte sein „Goa schea toin" (Bitte schön teilen!), „Ho koa Hoamat mea." (Habe keine Heimat mehr.) und „Vadompe Hitla!" (Verdammte Hitler. Aus Bartls Sicht keine Einzelperson, sondern eine Mehrzahl.) vor und forderte Kost und Geld.

Der Wandel vom Hilfsknecht zum Landstreicher erfolgte fließend. Immer eigenmächtiger entzog sich der tageweise Verdingte seinen kleinen Pflichten, nahm, sobald der Himmel aufriß oder ihn die Lust überkam, seinen Sack und zog ab. – Es war schön. Die Luft lind, der Wald duftig, die Himbeeren reif. Der Bartl wollte gehen.

Härte und Kälte, zwei rücksichtslose Gegner im Leben des Unbehausten, hielt er sich mit dicken Schichten aus Stroh, Lumpen, Papier, Stricken und Draht vom Leib. Der Bartl war gut gerüstet. Das Verstörte seines Lebens quittierte er mit Ticks. „Tuck" heißt es im Dialekt der Region.

Er dickte seinen Körper unter Schichten von Stroh und kotigen Lumpen ein und verordnete ihm kuriose Verschnürungen mit Fäden, Bändern, Tüchern, Schnüren, unendlich vielen Schnüren, sodaß er fest verstrickt seiner Wege ging.

Für eine schöne Feder oder einen Strick wurde er mitunter auch zum Dieb und saß für diese Leidenschaft ein paar dunkle Tage im Gemeindekotter von Mariapfarr ab.

Die Nachkriegszeit war dürftig und die Bauern leicht ärgerlich, wenn der „narrische" Bartl die Stricke wegholte oder plötzlich im Hühnerstall stand, auf der Jagd nach einer schönen Feder das Hühnervolk panisch machend. Die Kühe brummten, die Schweine – sie konnte der Bartl nicht ausstehen – schrien.

Er fand trotzdem seine Kostgeber und Strohquartiere, hielt auch etwas auf Takt und Form. Nie aß er ohne ein kurzes Gebet. Der Hacklbäurin, die ihn am besten versorgte und am besten verstand, küßte er den Rocksaum, damit sie sich Zeit für ihn nehme und zuhorche: „Muata, bleib stea und los zua!" Der Bartl war wider Erwarten sehr mitteilsam und zudem von hochgradiger Neugier. Gepaart mit seiner ausgeprägten Menschenscheu verursachte dies empfindliche Druckstellen.

Zwanghaft verstopfte er seinen Gastgebern die Schlüssellöcher, dazu schwer entfernbare Hölzchen verwendend, weil er sich durch diese beobachtet fühlte. Als genießerischer Schauer betätigte er sich seinerseits, woimmer er unter grünem Heckenschutz seitlich des Weges lagerte. „Ummigla schea" wurde ihm dieser Aufenthalt alljährlich zum Prangtag, zu Fronleichnam also, wenn unter den Klängen der Blaskapelle Schützen, Dorf und Pfarrer ausrückten, um über birkenreisgeschmückte Feldwege ihren Flurumgang zu halten. Dann saß der Federnbartl irgendwo still im Gebüsch und verging vor Seligkeit.

Eine vergleichbare Wonne löste „sein" Tag, der dem Hl. Bartholomäus geweihte 24. August aus, zu dessen Feier im benachbarten Mauterndorf ein traditionsreicher Kirchtag mit Buden und Rösslmarkt stattfand. An diesem Tag forderte der Bartl seinen Gönnern etwas mehr ab als sonst und erhielt von der Hacklbäurin einmal sogar einen Pinoggl, ein Fernglas, worüber er sich kaum zu fassen wußte.

Der leidenschaftliche Durchschreiter von Waldraum, Dauerwanderer über Straßenlängen, zerfelnder Schlenderer in Frühlingswiesen, brauchte dieses Wunderglas nur anzusetzen und alles Ferne rückte zum Greifen nah.

Es war „ummigla schea".

Der eigentliche Genuß des Lebens blieb freilich das Wandern. Wandern, das hieß, die Sonne, den Weg und das Waldgrün genießen. Ein blaues Schusternagerl, einen Almrausch, eine Federnelke abzwicken und auf den Hut stecken. Moosfeuchte Schwämme aufspüren, die der Bartl im Schneuztuch sammelte. Mit Sack und Pack im Himbeerschlag sitzen.

Zu wandern, das bedeutete auch, Appetit bekommen, und der Bartl wußte seine Wege so zu bemessen, daß sie im richtigen Abstand von Kostplatz zu Kostplatz führten. Vom Hackl zum Schlicken, vom Schlicken zum Goschpei, vom Goschpei zum Koa, vom Koa zum Weißhapl, vom Weißhapl zum Schoba, vom Schoba zum Köbl, vom Köbl zum Toman in Seitling. Und damit sind noch lange nicht alle Stationen aus dem ungeschriebenen Wanderbuch des Federn-Bartl erfaßt.

Er war ein starker Esser, der die fetten Speisen liebte. Nichts ging über Speck und Kraut. Und noch einmal: Speck und Kraut. Dazu Tee, stark, süß, mit Rum. Manchmal löste der Bartl sein kulinarisches Wohlbehagen in Musik auf, summte, juchzte, sang.

II.

Seinen Leib hat er über Jahre, vielleicht über Jahrzehnte, als geheime Verschlußsache behandelt. Umwickelt, eingebunden, verstrickt, gepolstert, von Schlingen und Stricken aus Draht, Hanf, Papier, Wolle und Leinen labyrinthisch eingesponnen. Erleichterung verschafften hastige Entleerungen, die der Bartl meist am Misthaufen vornahm. Waschungen oder gar Bäder hat er sich nicht aufzwingen lassen. Dazu bewegen wollten ihn viele. Im Spaß, mit Nachdruck, unter Androhung von Gewalt. Der Bartl, mit feiner Witterung für Menschen, die ihm etwas nehmen wollten, wehrte sich und wich aus.

Irgendwann ist er doch weichgeworden und hat nachgegeben. Im Stall des Hacklbauern wurde unter dem mißtrauischen Gezeter des Bartl ein Holzschaff mit warmem Wasser gefüllt, und dieser stieg schließlich hinein.

Seine äußerste Schale mußte mittels Drahtschere entfernt werden. Die inneren Schichten lösten sich leichter. Wie eine russische Puppe wurde der Bartl, unter Entweichen beklemmender Gerüche, aus Lumpen und Unrat geschält, bis endlich der rosige Körper zum Vorschein kam, weder Grind noch Aussatz, weder Beulen, noch Befall von Parasiten zeigend. Die Nägel allerdings waren grausig ausgewuchert.

Wirklich ungesund, so mußte man zugeben, war das Streunerleben des Federn-Bartl nicht. Eher schon war es haarsträubend gesund.

Man seifte den Bartl ein, spülte ihn ab und machte ihm anschließend Gusto auf ein sauberes Gewand. Was nur halb gelingen wollte. Aber er kam nun öfter ums Waschen. Blieb aber mißtrauisch und wählerisch, wenn er sein Zeug wechseln sollte.

Drei bis vier Paar Schuhe vertrat er im Jahr. Die neuen, die ihm die Hacklbäurin als sein Vormund besorgte, mußten unverrückbaren Ansprüchen standhalten: Schwarz, hoch, aus Leder, mit Riemen zu schnüren. Nicht mit Ösen, sondern mit Haken versehen. Und – gutes Profil und Undurchlässigkeit gegen Nässe.

Die Schuhe tauschte er auch bereitwillig ein. Auf sanften Zwang bequemte er sich in ein sauberes Kleidungsstück. Nie aber hat er seinen Kopfschmuck abgelegt. Sein Hut war sakrosankt.

An einem glühheißen Nachmittag im August war der Federn-Bartl, mittlerweile über 60, bewußtlos neben der Straße zusammengesunken. Touristen verständigten den nächsten Bauern, daß „dieser Mann mit den Federn“ einen Rettungswagen benötige. Der war alsbald verständigt und lieferte den noch immer benommenen Landstreicher ins Krankenhaus nach Tamsweg ein.

Die Säcke blieben zurück.

Medizinisch war der Bartl rasch versorgt. Aufwendiger gestaltete sich seine Anpassung an die hygienischen Richtlinien einer Krankenanstalt. Wie noch nie zuvor erfuhr der Federn-Bartl die Leiden der Sauberkeit, bis er schließlich, einigermaßen verdutzt, im hellblauen Anstaltspyjama im Gitterbett saß.

Aber auf seinem Kopf thronte die gerettete Zier. Der Hut war die Conditio sine qua non der ganzen Prozedur gewesen. Auf soviel Latein verstand sich auch der Bartl.

Noch selbigen Tags nahm er seine Wege wieder auf. Posierte weiter für knipsende Touristen und wollte dafür Geld. Zwischen seinen Kost- und Logisplätzen hin und her pendelnd, brachte er Neuigkeiten, klaubte Federn und Bandeln für seinen Hutschmuck auf, sprach in finsteren Stunden davon, „sich den Strick zu geben“ und drängte auf Wanderschaft, wenn nach einem Landregen die Wolkendecke aufriß und die Sonne am Himmel stand.

Ein solcher Tag war „go schea“, der Bartl mußte in den Wald hinaus, durch die Wiesenfluren, über Hänge hinweg.

III.

20. September 1988. Ein Sommer, nicht übermäßig trocken und schön, ging auf sein Ende zu. Der Federn-Bartl stand in seinem 83.Lebensjahr, die Feier seines Namenstages lag über drei Wochen zurück.

Er überquerte in Pichl an unübersichtlicher Stelle die Asphaltstraße, lief in ein Auto, wurde niedergestoßen und war auf der Stelle tot. – Stiller Abgang eines Vaganten.

Die Fama machte rasch die Runde und stellte im Dorf Einigkeit her. – Der Bartl hatte einen schönen Tod gehabt. „Ummigla schea" natürlich nicht, aber welche Todesart könnte das schon sein? Mit einem Begräbnis, das „go schea" war, wurde ihm ein würdiger Abschied gegeben.

XIII. Gehlust heute

Bodo Hell: Übergänge

ob sie nun deutlich oder nicht vorm inneren Aug erscheinen, sind es zumal die Übergänge, die uns locken, ist es die Sehnsucht, dort ums Eck zu biegen, im Rückblick dieses, dann dieses andere weite, weitere Areal zu lassen, auf einen neuen, wieder vorläufigen Abschnitt zu, als wollten wir schon jetzt anstatt dereinst den Paß erreichen, wo die vorm Türeingang gekreuzten Stecken stehen, wie lange braucht man für den Aufstieg zu dieser Stelle, wo der Schutt sich rührt, zwischen festen Rasenzeilen, an Schächten mit Schneeresten am Grund vorbei, wo haben sie Gelegenheit und Wiederholungsmöglichkeit, wo nehmen Sie sich Zeit, den Kleinraum angelegentlich zu untersuchen, am Wandfuß wird das Steinschlagmaterial in Halden abgelagert, das heißt: die in bestimmten Fällen ausgeprägte Spitze solcher Kegel wächst unter Kerben, Runsen, Rinnen unmerklich wandaufwärts, dem Liefergebiet des Lockermaterials entgegen, das hat man uns gesagt: der Schüttwinkel, also die Steilheit einer Halde, ist von der mittleren Größe des jeweiligen Gerölls abhängig, da queren wir sacht aufsetzend schräg hinauf, da machen wir uns leicht, damit Untergrund unter der jähen Last nicht rutscht, da sucht der Fuß nach größeren festen Brocken, da schleichen wir uns an die obenliegende Wand heran, folgen der Wildspur, die diese leichteste Querung nützt, weit draußen im Gelände liegen die Dolinen, Erdfälle, drüben im Unbestimmten öffnet sich ein kegelförmig einstürzendes Loch, der Höhlung im Erdinneren angenähert, als Querschnitt vorgestellt labil den drunterliegenden Kavernensystemen aufgesetzt, vor jeder neuen Sichtplattform verhalten wir den Schritt, erscheinen ohne viel Aufsehens auf der täuschend reglosen Bildfläche, wohl wissend, daß dieses Gelände versteckten Augenpaaren, überempfindlichen Lauschern angehört, da bist du zwar gesehen, darfst hoffen: dennoch zugelassen, es wird dir nicht durch hastige Beinflucht, steinekollernd, dein störendes Erscheinen schreckhaft kundgetan, weit oben weiß man einen Windschirm, auf einem Vorkegel, unausgeprägt, aus gröberen Feldsteinen aufgerichtet, halb wieder eingestürzt, in den kannst du dich ducken, doch eh du ihn erreichst, hat dich die tönende Umgebung, in ihr das Wild, verhoffend, bereits wahrgenommen

Ernst Gehmacher: Bekenntnisse eines Geh-Süchtigen

Wieviel ich eigentlich gehe, weiß ich nicht. Vor Jahren habe ich mich dem wissenschaftlichen Appell gefügt, für ein paar Alltags-Tage einen Schrittzähler zu ertragen; er registrierte einen Werktags-Durchschnitt von sechs Kilometern. Das wird auch heute noch ziemlich stimmen, mit meinen Fußwegen zwischen Büro, Ministerien, Universitätsinstituten und Kaffeehäusern zuzüglich abendlicher Heimgänge von Empfängen, Heurigen und der Donauinsel.

Es stimmt: ich würde am liebsten alle Wege in Wien zu Fuß machen. Doch bei meiner beruflichen Mobilität schließt sich das aus. So habe ich zu meiner eigenen Orientierung eine Annehmlichkeitsskala der Fortbewegung: das Gehen (in wechselndem Tempo vom Schlendern bis zum Joggen) nimmt da eindeutig den ersten Rang ein, dahinter folgen ziemlich gleichwertig das Tram- und U-Bahnfahren (mit guter Lektüre oder in guter Gesellschaft) und sommerliches Radfahren (auf angenehmen Radrouten, fürs Verkehrsgewühl bin ich zu ängstlich), weit abgeschlagen bleiben da die oft notwendigen Taxi-Fahrten.

Fürs Reisen ließe sich diese Reihung ergänzen: Speisewagen und Flugzeug lassen da das eingesperrte und langweilige Mitfahren im Auto weit hinter sich (Selberlenken schneidet da noch besser ab) – Wandern wäre mir aber auch da am liebsten. Es kommt vor, daß mich Bekannte bei einer Tagung in Baden, Villach oder Nizza fragen: „Zu Fuß gekommen?“ (Insbesondere Journalisten lieben solche Illustrierten-Fragen.) Meistens lautet die Antwort: „Leider, nein. So gut geht es mir nicht.“

Doch muß ich gestehen, solche Einladungen und „Dienstreisen“ gern für meine Geh-Sucht zu mißbrauchen – was von Wien nach Baden über den Wienerwald ja nur ein paar Stunden kostet, anderswo aber oft einige Urlaubstage verbraucht. Aber im Urlaub bin ich ja auch meist auf den Beinen.

So mischen sich, wenn ich ins Prahlen komme, klassische Wanderrouten mit ungewöhnlichen Spaziergegenden: Jakobsweg und Ruhrgebiet, Haute Route und Wadi Kelt, Appalachian Trail und Paris-Versailles, die schottischen Highlands und Nischnij Nowgorod-Touren, Wallfahrten, Abenteuer, Luftschnappen.

Was es mir gibt?

Vielleicht sagt das ein Wortspiel am knappsten. Mir reicht es nicht, eine Gegend, also ein Stück Leben, nur zu „erfahren“, ich möchte darauf „eingehen“, was auch „In-sich-Gehen“ impliziert, allerdings auch oft ein Quentchen Angstlust – man kann dabei ja auch „eingehen“, die eigenen Grenzen erreichen. Aber gemeinsam zu wandern ist auch die zweitbeste Gelegenheit, auf andere Menschen „einzugehen“. Die beste – nun, man „kehrt“ ja auch gemeinsam „ein“. Wenn es darum geht, meine Geh-Lust zu rechtfertigen, fallen mir viele Pläne und Ideen ein, die bei Wandergesprächen entwickelt wurden, viele Freundschaften, die sich im Gehen festigten.

Und zum Rechtfertigen neige ich, weil ich nicht leugnen kann, daß mein Gehen etwas von einer Süchtigkeit an sich hat. Mein Körper ist darauf eingestellt, Gehen und Laufen machen mir offensichtlich mehr Spaß als der Mehrheit meiner Altersgenossen - und man kann auch Entzugserscheinungen diagnostizieren, wenn ich nur zwei Tage am Auslauf behindert bin. Insbesondere nach einem Ärger oder einem guten Essen brauche ich ein paar hundert flotte Schritte wie der Raucher seine Zigarette.

Vor einem habe ich mich aber gehütet – das Gehen zum Beruf oder zum Sport, also zur Leistung, werden zu lassen.

Soviel – oder so wenig – über meinen persönlichen Zugang zum Gehen. Als Wissenschafter kann ich aber nicht umhin, mir auch Hypothesen über die Gehlust als soziales Phänomen zu machen.

Von der Biologie her betrachtet, müßte der Mensch, der sich als Sammler, Jäger und Nomade in Savannenlandschaften entwickelt hat, mit dem Urinstinkt zur aufrechten Fortbewegung wohl versehen sein. Und für die Kinder scheint das ja zu gelten: sie toben sich gern im Umherlaufen aus. Wieso siegt aber schon vor der Lebensmitte bei der Majorität zivilisierter Menschen der Energiespartrieb über die Bewegungsfreude?

Hat hier die Domestikation, wie bei Rind und Schwein im warmen Stall, das Triebleben zur Bequemlichkeit umgelenkt? Oder hat es sich, in der Evolution der Hochkulturen, für Eliten und nun sogar für ganze Gesellschaften als erfolgreich erwiesen, wenn ihre Triebenergie, von den simplen Freuden ungehemmter Geh-Lust weg, für die höheren Leistungen sublimiert wurden: etwa für die disziplinierte fleißige Arbeit im Sitzen, für die mühsame Wahrung würdiger Haltung (in Krawatte oder Stöckelschuhen), für den Stechschritt des Militärs und die Gestikulation der Redner?

Die zweite Erklärung scheint mir stärker. Denn von einer erblichen Laufschwäche des zivilisierten Menschen, als Folge jahrtausendelanger „Häuslichkeit“ kann doch kaum die Rede sein: der Finne Nurmi gehört wohl derselben Spezies von Lauftieren an wie die afrikanischen Lauf-Olympioniken oder das wachsende Heer der modernen Leistungs-Jogger. Plausibler ist da schon, daß im Prozeß der Zivilisation auch die spontane Geh-Lust unter den Würgegriff der Triebkontrolle gekommen ist: das genüßliche Spazieren und Marschieren hat immer weniger Ansehen – wer pure Gehfreudigkeit mit gesellschaftlicher Anerkennung aufmöbeln will, muß schon Leistung oder Luxus damit verbinden. Oder sein Gehen ins Abstrakte von Literatur und Wissenschaft heben.

Muß das so weitergehen? Hat der erdnahe Gehgenuß keine Chance in der Jet-Auto-Bike-Ära – oder kündet sich doch schon die Renaissance des Bio-Moves an, die Emanzipation des Fußgängers? Es möge genügen, diese Frage mit der größeren Frage zu verknüpfen (und damit stumm zu machen), wohin sich unsere Kultur entwickeln könnte oder dürfte – zur Perfektion der Selbst-Manipulation des Menschen oder zum gebändigten Chaos der Süchtigkeiten. (Ende. Warnung des Wahrheitsministers: Gehen kann nachdenklich und subversiv machen.)

Literaturverzeichnis

Die verwendeten Primärtexte wurden orthographisch normalisiert, teilweise gekürzt und damit den sprachlichen Standards von heute angepaßt.

I. STURM UND DRANG AUF DEM UNTERSBERG

Goethe Johann Wolfgang von, Tagebücher. Gedenkausgabe der Werke, Briefe und Gespräche. Hg. v. Ernst Beutler. Zürich und Stuttgart 1964

Haller Albrecht von, Die Alpen. In: Deutsche Literatur. Reihe Aufklärung. Hg.v. Fritz Brüggemann Bd. 4: Vorboten der bürgerlichen Kultur. Johann Gottfried Schnabel und Albrecht von Haller. Darmstadt 1964

Pezzl Johann, Biographisches Denkmal Riesbecks, Verfasser der Briefe eines reisenden Franzosen und anderer Schriften. Kempten, recte Wien 1786

Riesbeck Johann Kaspar, Briefe eines reisenden Franzosen über Deutschland. An seinen Bruder zu Paris. Zürich 1783

Rousseau Jean Jacques, Emile oder Von der Erziehung. München 1979

Weisz Leo, Die Redaktoren der Neuen Zürcher Zeitung bis zur Gründung des Bundesstaates. 1780-1848. Zürich 1961

II. NATUR IM KOPF – NATUR IN DER ERFAHRUNG

Goethe Johann Wolfgang von, Dichtung und Wahrheit. Bd.X der Hamburger Ausgabe. Hamburg 1959

Hofmann Karl und Johann Stüdl, Wanderungen in der Glockner-Gruppe. In: Zeitschrift des Deutschen Alpenvereins Bd.II (1870/71), Heft 4. München 1872

Moll Carl Ehrenbert, Tagebuch einer Reise auf den Glockner. In: Jahrbücher der Berg- und Hüttenkunde. Bd.IV, 2.Lieferung. Salzburg 1800

Schultes Joseph August, Reise auf den Glockner, an Kärnthens, Salzburgs und Tyrols Grenze. 4Bde. Wien 1804

Vierthaler Franz Michael, Reisen durch Salzburg. Salzburg 1799

ders., Meine Wanderungen durch Salzburg, Berchtesgaden und Österreich. 2 Bde. Wien 1816

III. TAUERN-TREKKING IM JAHR 1785

Hacquet Belsazar de la Motte, Plantae Alpinae Carniolicae collectae et descriptae. Wien 1782

ders., Mineralogisch-botanische Lustreise, von dem Berg Terglou in Krain zu dem Berg Glokner in Tyrol, im Jahr 1779 und 1781. Wien 1784

ders., Physikalisch-politische Reise aus den Dinarischen durch die Julischen, Carnischen, Rhätischen in die Norischen Alpen. Im Jahre 1781 und 1783 unternommen. 2 Bde. Leipzig 1785

ders., Reise durch die Norischen Alpen. Physikalischen und andern Inhalts. Unternommen in den Jahren 1784 bis 1786. Erster Band. Nürnberg 1791

Host Nikolaus Th., Flora austriaca. 2 Bde. Wien 1827 und 1832

Huber J., Die Anfänge der alpinen Forschung in den Ostalpen und im Karstgebiete (bis 1800). Würzburg 1907 (Zuerst: Diss. d. Techn. Hochschule München 1906)

Jahrbücher für Berg- und Hüttenkunde. Hg.v. Carl Ehrenbert Moll. Vierter Band. Erste Lieferung. Salzburg 1799

Jakob Georg (Hg.), Belsazar Hacquet. Leben und Werk. München 1930

Kürsinger Ignaz, Lungau. Historisch, ethnographisch und statistisch aus bisher unbenützten urkundl. Quellen. Salzburg 1853

Moll Carl Ehrenbert, Briefe über eine Reise von Kremsmünster nach Moosheim im Salzburgischen. Im Herbst 1780. Abgedruckt in: Bernoulli, Sammlung kurzer Reisebeschreibungen Bd. XI, XII.

ders., Verzeichnis der Salzburgischen Insecten. In: J. F. Füßli's Neuem Magazin für die Liebhaber der Entomologie. Zürich 1782

ders., Abhandlung über die Schädlichkeit der Insecten. Aus des Ritter Carl von Linné „Amoenitt. academ.". Aus dem Lateinischen mit vielen Anmerkungen übersetzt. Salzburg 1783

ders. und Franz von Paula Schrank, Naturhistorische Briefe über Österreich, Salzburg, Passau und Berchtesgaden. 2 Bde.. Salzburg 1785
ders., Nebenstunden des Berg- und Hüttenmannes. Salzburg 1797
ders. (Hg.), Jahrbücher der Berg- und Hüttenkunde. 5 Bde., Salzburg 1797-1801

IV. WANDERWELTEN UM 1800

Heinse Johann Jakob W., Ardinghello und die glückseligen Inseln. (5. Aufl.) Leipzig 1961
Hohenwart Sigmund von, Tagebuch einer Reise auf den Glockner. Abgedruckt in: Schultes J. A., Reise auf den Glockner. 2.Bd.. Wien 1804
Journal des Luxus und der Moden. Hg. v. F. J. Bertuch und G. M. Kraus. 1787-1807
N.N., Reise von Venedig über Triest, Krain, Kärnten, Steiermark und Salzburg. Samt historischen, statistischen Bemerkungen über die Regierung und Einwohner dieser Länder. Frankfurt und Leipzig 1793
Richter Eduard, Die Erschließung der Ostalpen. Bd.I: Die Glocknergruppe. Berlin 1853
Schultes Joseph August, Reise auf den Glockner, an Kärnthens, Salzburgs und Tyrols Grenze. 4 Bde. Wien 1804
Seume Johann Gottfried, Spaziergang nach Syrakus im Jahr 1802. (= Bd. 2 u. 3 der Werkausgabe) Berlin 1879
Vierthaler Franz Michael, Die Reise auf den Großglockner 1800. Vierte Sondergabe der Gesellschaft alpiner Bücherfreunde. München 1938
ders., Meine Wanderungen durch Salzburg, Berchtesgaden und Österreich. Erster Band. Wien 1816

V. FUSSVOLK IM GEBIRGE

Frommann Friedrich Joh., Taschenbuch für angehende Fußreisende. Jena 1843
Handbuch Alpingeschichte im Museum. Katalog des Alpinmuseums Kempten. Hg.v. Helmuth Zebhauser. München 1991
Hofmann Karl und Johann Stüdl, Wanderungen in der Glockner-Gruppe. Zeitschrift des Deutschen Alpenvereins Bd. II (1870/71), 4.Heft. München 1872
Koch-Sternfeld Joseph Ernst Ritter von, Die Tauern, insbesondere das Gasteiner Thal und seine Heilquellen. München 1820
Kürsinger Ignaz, Lungau. Historisch, ethnographisch und statistisch aus bisher unbenützten urkundl. Quellen. Salzburg 1853
Leopold Fröhlichs Universal-Reise-Taschenbuch. Ein unentbehrliches Handbuch für Fußreisende, insbesondere für Handwerker und technische Künstler. Berlin o. J.
Moosleitner Fritz, Die Tauernregion in ur- und frühgeschichtlicher Zeit. In: Hohe Tauern. Mineral und Erz. Eine Ausstellung des Naturhistorischen Museums Wien. 1995
Pirckmayer Friedrich, Die Salzburgischen Tauern, mit besonderer Rücksicht auf Tauernhäuser und Tauernpfründe. Archiv-Bericht im Regierungsauftrag. Salzburg 1886

VI. SCHRITTMACHER UND MESSKÜNSTLER

Die Jugendbriefe Alexander von Humboldts 1787-1799. Hg.v. Werner Hartke, Edgar Lehmann und Günther Rienäcker. Berlin (Ost) 1973
Alexander von Humboldt. Leben und Werk. Hg.v. Wolfgang-Hagen Heinz. Frankfurt a. M. 1985
Hübner Lorenz, Reise durch das Erzstift Salzburg. Zum Unterricht und Vergnügen. Nebst Stundenzeiger und Straßenkarte. 1796
Kürsinger Ignaz, Lungau. Historisch, ethnographisch und statistisch aus bisher unbenützten urkundl. Quellen. Salzburg 1853
Moll Carl Ehrenbert, Nebenstunden des Berg- und Hüttenmannes. Salzburg 1797
Nicolai Friedrich, Beschreibung einer Reise durch Deutschland und die Schweiz, im Jahre 1781. Nebst Bemerkungen über Gelehrsamkeit, Industrie, Religion und Sitten. 12 Bde. Berlin und Stettin 1783-96
Reichard Heinrich August O., Der Passagier auf der Reise in Deutschland, in der

Schweiz, zu Paris und Petersburg. Ein Reisehandbuch für Jedermann. Erster Band. Wien 1816

Schmidt Joseph, Die Spinne als die beste Wetterprophetin, welche die bevorstehende Veränderung des Wetters mehrere Tage voraus ankündigt, und auf die man sich, in dieser Hinsicht bei weitem mehr, als auf ein Barometer, Thermometer, oder anderes dergleichen Instrument, verlassen kann. München 1800

VII. BLAUE BLUMEN UND ANDERE GEWÄCHSE

Hippolyt Guarinoni, Die Grewel der Verwüstung menschlichen Geschlechts. Ingolstadt 1610.

ders., Schilderung eines Ausflugs in die Tiroler Berge. In: Eduard Amthor, Der Alpenfreund Bd. VI. Gera 1873

Hoppe David Heinrich, Botanische Reise nach einigen Salzburgischen, Kärnthnerischen und Tyrolischen Alpen. 1799

ders., Bericht über meine diesjährige botanische Reise.

ders. und Friedrich Hornschuch, Tagebuch einer Reise nach den Küsten des adriatischen Meers und den Gebirgen von Krain, Kärnthen, Tyrol, Salzburg, Baiern und Böhmen; vorzüglich in botanischer und entomologischer Hinsicht. Regensburg 1818

Freisauff Rudolf, Aus Salzburgs Sagenschatz. Salzburg 1914

Novalis, Heinrich von Ofterdingen. In: Novalis Werke. Studienausgabe. Hg. v. Gerhard Schulz. München 1987

Reiner Joseph, Botanische Reise nach einigen Oberkärntnerischen und benachbarten Alpen. Klagenfurt 1791

Schubert Gotthelf Heinrich, Wanderbüchlein eines reisenden Gelehrten nach Salzburg, Tirol und der Lombardey. Erlangen 1823

Schultes Joseph August, Reise auf den Glockner, an Kärnthens, Salzburgs und Tyrols Grenze. Bd. II. Wien 1804

Stanig Valentin, Meine Erfahrungen bei den Exkursionen auf den hohen Göhl. Mit Notiz über die erste Watzmann-Ersteigung. In: Zeitschrift des Deutschen und Österreichischen Alpenvereins. Bd. XII. Wien 1881

Sternberg Franz Josef Graf, Bemerkungen über Menschen und Sitten auf einer Reise durch Franken, Schwaben, Bayern und Österreich. Im Jahre 1792

Storch Franz, Skizzen zu einer naturhistorischen Topographie des Herzogthums Salzburg. Bd. I: Flora von Salzburg. Salzburg 1857

Sturm Jakob, Deutschlands Fauna. 40 Hefte: Vögel, Amphibien, Mollusken, Käfer. o. J. 1797-1856

Wulfen Franz Xaver, Plantae rariores carinthiacae. In: Miscellanea austriaca ad botanicam, chemiam et historiam naturalem spectantia. Hg. v. Nikolaus Jacquin. Vol. I, Wien 1778 und Vol. II, Wien 1781

VIII. BÄR, WOLF UND GEIER

Chezy Helmina, Norika. Neues ausführliches Handbuch für Alpenwanderer und Reisende durch das Hochland in Österreich ob der Enns, Salzburg, die Gastein, die Kammergüter, Lilienfeld, Mariazell, St.Florian und die obere Steyermark. München 1833

Eugippius, Das Leben des hl. Severin. Hg.v. Rudolf Noll. Berlin 1963

Hacquet Belsazar de la Motte, Mineralogisch-botanische Lustreise von dem Berg Terglou in Krain zu dem Berg Glokner in Tyrol, im Jahr 1779 und 1781. 1784

Narobe Franz, Das Bärenwunder auf der Radstädter Tauernhöhe. In: Mitteilungen der Gesellschaft für Salzburger Landeskunde 123 (1983)

Pirckmayer Friedrich, Eine Bärenjagd in Gastein. In: Mitteilungen der Gesellschaft für Salzburger Landeskunde 39 (1899)

Schaden Adolph von, Neuestes Taschenbuch für Reisende durch Bayerns und Tyrols Hochlande, dann durch Berchtesgadens und Salzburgs romantische Gefilde, nebst ausführlicher Beschreibung der Gastuna (Gasteins) und des Salzkammerguts. München 1833

Schubert Gotthelf Heinrich, Wanderbüchlein eines reisenden Gelehrten nach Salzburg, Tirol und der Lombardey. Erlangen 1823
Vierthaler Franz Michael, Meine Wanderungen durch Salzburg, Berchtesgaden und Österreich. Bd. I. Wien 1816

IX. BETTINA BRENTANO UND DIE RITTER VOM WATZMANNORDEN

Arnim Bettina von, Goethes Briefwechsel mit einem Kinde. Hg. v. Jonas Fränkel. Jena 1906
dies., Bettinas Leben und Briefwechsel mit Goethe. Auf Grund des von Reinhold Steig bearbeiteten handschriftlichen Nachlasses neu hg.v. Fritz Bergemann. Leipzig 1927
Bäumer Konstanze, Bettine, Psyche, Mignon. In: Bettina von Arnim und Goethe. Stuttgart 1986 (= Stuttgarter Arbeiten zur Germanistik 139)
Goethe Johann Wolfgang von, Briefe Goethes an Sophie von la Roche und Bettina Brentano nebst dichterischen Beilagen. Hg. v. Gustav von Loeper. Berlin 1879
Grimm Ludwig Emil, Erinnerungen aus meinem Leben. Hg. v. Adolf Stoll. Leipzig 1911
Martin Franz, Aus Salzburgs Vergangenheit: Der Gaisberg im Wandel der Jahrhunderte. In: Mitteilungen der Gesellschaft für Salzburger Landeskunde 82/83 (1942)
Spaur Friedrich Graf, Spaziergänge in die Umgebungen von Salzburg. Salzburg 1834
Wolf Christa, Nun ja! Das nächste Leben geht aber heute an. Ein Brief über Bettine. In: Die Dimension des Autors. Essays und Aufsätze. Reden und Gespräche. 1959-1985. Darmstadt und Neuwied 1987

X. LUST UND SCHRECKEN DER ALPENWELT

Der Deutsche und Österreichische Alpenverein. Ein Blick auf seine Ziele und seine bisherigen Leistungen. Graz 1879
Albrich Thomas, Exodus durch Österreich. Die jüdischen Flüchtlinge 1945-1948. Innsbruck 1987
Ball John, A Guide to the Eastern Alps. London 1869
Barth Hermann, Aus den nördlichen Kalkalpen. Gera 1874
Grassauer J., Skizzen zur Beleuchtung der Culturzustände im Mölltale und Oberpinzgau. In: Zeitschrift des Deutschen und Österreichischen Alpenvereins. Bd.II. (1870/71) München 1871
Hofmann Karl, Der Untersberg. In: Der Alpenfreund Bd.I., hg.v. Eduard Amthor. Gera 1870
Kohl J.G., Hundert Tage auf der Reise in den österreichischen Staaten. Bd. V: Steiermark und bairische Hochlande. Dresden und Leipzig 1842
Purtscheller Ludwig, Die Salzburger Kalkalpen. In: Zeitschrift des Deutschen und Österreichischen Alpenvereins. Bd.32. München 1901
ders., Zur Entwicklungsgeschichte des Alpinismus und der alpinen Technik.
Ruthner Anton, Aus den Tauern. Berg- und Gletscherreisen. Wien 1864
Schöpf J.A., Peter Carl Thurwieser. Salzburg 1871 (Verlag des dt.AV.)
Sonklar Karl A., Reiseskizzen aus den Alpen und Karpathen. Wien 1857
Stadler Georg, Die Geschichte des Salzburger Fremdenverkehrs bis 1803

XI. HIMMELSLEITERN. LEBENSWEGE DES HERMANN BAHR UND GEORG STEINER

Bahr Hermann, Selbstbildnis. Berlin 1923
ders., Salzburger Landschaft. Aus Briefen an seine Frau Anna Bahr-Mildenburg und aus seinen Tagebüchern. Mit Zeichnungen von Anton Steinhart. Innsbruch und Leipzig
Daviau Donald G., Der Mann von Übermorgen. Hermann Bahr 1863-1934. Wien 1984
Maix Kurt, Im Banne der Dachstein-Südwand. Salzburg 1952

Bildverzeichnis

Der Hintergrund aller Bildseiten ist entnommen: Spezialkarte des Herzogthums Salzburg vom k. k. österr. Generalquartiermeisterstabe. 1807-1810.

Seite 14, 15:
1 Alm im Pinzgau. Radierung von Franz Seraph Günther (1787-1846). Salzburger Museum Carolino Augusteum (= SMCA).
2 Salzburger im Pinzgau. Zeichnung von Karl Ludwig F. Viehbeck. 1817. SMCA.
3 Herd eines Pinzgauer Bauernhauses. Gemälde von Sebastian Greiderer (1862-1928). SMCA.
4 Der Paß Lueg. Kolorierte Radierung von Anton Amon nach Franz von Naumann. Ende 18. Jh.. SMCA.
5 Salzach mit Untersberg. Ölgemälde von Johann Fischbach. 1859. (Privatbesitz)
6 Johann Kaspar Riesbeck. Porträt von unbekannter Hand. (aus: Leo Weisz, Die Redaktoren der Neuen Zürcher Zeitung.)

Seite 40, 41:
1 Der Großglockner mit dem Pasterzengletscher. Ölgemälde von Hubert Sattler. 1867. SMCA. (Foto: H. Strasser)
2 Die treuen Freunde Vierthaler und Nesselthaler auf ihren Streifen im Gebirge: Am Wasserfall. Lavierte Zeichnung von Andreas Nesselthaler (1746-1821). SMCA.
3 Auf hoher Alm. Kupferstich von E. Boutibonne. OeAV-Museum Innsbruck.
4 Der Großglockner. Mit den Teilnehmern seiner Erstbesteigung. Ölgemälde von Markus Pernhart. 1857. Kärntner Landesgalerie. (Foto: H. Strasser)

Seite 60, 61:
1 Boschalpe im Obersulzbachtal. Aquarell von Josef Mayr von Wald. 1862. SMCA.
2 Zillertaler Hausierer. Kolorierte Lithographie. Anf. 19. Jh. SMCA. (Foto: C. Schneider)
3 Naturstudie aus: Joseph Reiner, Botanische Reise. (Foto: H. Strasser)
4 Schwarzer Turmalin, aus: Belsazar Hacquet. Leben und Werk. Hg. v. Georg Jakob.
5 Naturstudie aus: Joseph Reiner, Botanische Reise. (Foto: H. Strasser)
6 Belsazar de la Motte Hacquet. Kupferstich von J. S. L. Halle nach einer Zeichnung von Thomas Klimesch. Österreichische Nationalbibliothek. Bildarchiv.
7 Carl Ehrenbert Freiherr von Moll. Ölbild. SMCA.

Seite 86, 87:
1 Blick von Maria Plain nach Osten. (De Knigl et de la Maison de Plaisance. Maria Plan cote de L'Orient.) Kolorierte Radierung von Therese de Barisani. Ende 18. Jh. SMCA. (Foto: H. Strasser)
2 Die treuen Freunde Vierthaler und Nesselthaler auf ihren Streifen im Gebirge: Tauernpaß. Lavierte Zeichnung von Andreas Nesselthaler (1746-1821). SMCA.
3 Wanderer mit Uniform auf der Straße über den Radstädter Tauern. Ölgemälde von Anton Reiffenstuhl (1786-1848). SMCA. (Foto: C. Schneider)
4 Älteste Darstellung des Glockners. Radierung aus Belsazar Hacquets Bericht seiner Glocknerreise.
5 Wanderer in alpiner Ausrüstung. Bleistiftzeichnung von Alfred Streibig. Um 1830. SMCA. (Foto: H. Strasser)

Seite 106, 107:
1 Saumschlag über den Tauern. Stich von Traugott Faber (1786-1863) nach einem Gemälde von Gustav von Mandelsloh. 1832. SMCA.
2 Goldscheider am Radhausberg. Lithographie nach Georg Pezolt. SMCA. (Foto: C. Schneider)
3 Hirte. Collage 19. Jh. SMCA. (Foto: C. Schneider)
4 Radstädter Tauernpaß mit Botenwagen. Bleistiftzeichnung von Wilhelm F. Schlotterbeck (1777-1817). SMCA.

5 Lungauer Schneeschaufler. Collage 19. Jh. SMCA. (Foto: C. Schneider)
6 Felsenhöhle mit Zechern bei Mondschein. Aquarell von Joseph Mayr von Wald. 1857. SMCA. (Foto: C. Schneider)

Seite 120, 121:
1 Winkelmessung.
2 Distanzenmesser.
3 Alexander von Humboldt. Lithographie von Rudolf Hoffmann. 19. Jh. SMCA. (Foto: C. Schneider)

Seite 142, 143:
1 Unterstand im Gebirge. Bleistiftzeichnung von Emma Fenzl. 1860. SMCA. (Foto: C. Schneider)
2 Naturstudie, aus: Joseph Reiner, Botanische Reise. 1792. (Foto: H. Strasser)
3 Almszene. Collage auf Karton. 19. Jh. SMCA. (Foto: C. Schneider)
4 Naturstudie aus: Joseph Reiner, Botanische Reise. 1792. (Foto: H. Strasser)
5 Der Weißsee im Stubachtal. Farblithographie von C. Grefe nach einer Zeichnung von Max Haushofer sen. Um 1850. (Foto: C. Schneider)
6 Friedrich Hornschuch. Lithographie von Hause & Hennig. 19. Jh. SMCA.
7 David Heinrich Hoppe. Lithographie von Erminy Ludwig. 19. Jh. SMCA.

Seite 168, 169:
1 Ein Landschaftsmaler vom Jahr 1743. Kupferstich nach einem Original von Moritz von Schwind. Mitte 19. Jh. SMCA.

Seite 190, 191:
1 Erinnerung an den Gaisberg. Lithographie von An. Stießberger nach einer Zeichnung von A. Pflauder. Mitte 19. Jh. SMCA. (Foto: H. Strasser)
2 Granatschmuck. (Foto: G. Steiner)
3 Zistel Alpe auf dem Gaisberge. Stich von W. Knocke nach einer Zeichnung von G. Pezolt. Mitte 19. Jh. SMCA. (Foto: H. Strasser)
4 Bettina Brentano. Jugendbildnis. Pastellgemälde nach einer Aquarellminiatur von unbekannter Hand. Nationale Forschungs- und Gedenkstätten der klassischen deutschen Literatur. Weimar.

Seite 208, 209:
1 Karl A. Sonklar. Porträt aus: Christine Schemmann, Die Tauern im Zeitraffer. Salzburg 1990.
2 Viktor Knopf führt jüdische Flüchtlinge über den Krimmler Tauern. (Foto: V. Knopf)
3 Jüdische Flüchtlinge beim Verlassen der Stadt Salzburg, Foto aus: Thomas Albrich, Exodus durch Österreich. Die jüdischen Flüchtlinge 1945-1948. Innsbruck 1987 (Bildarchiv der Österreichischen Nationalbibliothek Wien).
4 Aussicht vom Gamskarkogl (Ausschnitt), Johann (?) Ruf und Franz Xaver Stöber nach Thomas Ender. SMCA.

Seite 228, 229:
1 Anton Faistauer, Hoher Göll. Öl auf Karton. Um 1920. Rupertinum, Salzburg.
2 Der „Grafensohn" und Alpinpionier Johann Steiner. (Foto: Archiv Franz Steiner)
3 Die Lodenwalke in Ramsau. (Foto: H. Strasser)
4 Irg Steiner. (Foto: H. Strasser)
5 Hermann Bahr und Anna Bahr-Mildenburg im Arenbergschlößl. Bildarchiv der Österreichischen Nationalbibliothek Wien.

Seite 238, 239:
1 Wolkenstudie von Johann Fischbach (1797-1871). Öl auf Papier. SMCA.
2 Federn-Bartl. (Foto: K. Perner)
3 Federn-Bartl. (Foto: W. Gappmayer)

Ortsregister

Aarau 33
Althofen/Mariapfarr 240
Altötting 185
Angelberg 116
Ankogel 42
Aquileia 76
Augsburg 51
Auschwitz 213, 214
Bad Aussee 119, 167
Baden/Wien 207
Bainsiza/Görz 149
Bayern 20, 30, 122, 185
Bayreuth 158, 227
Berchtesgaden 21, 188
Bergheim/Salzburg 195
Berlin 110, 118, 122, 180, 184, 185
Bern 33
Bischofshofen 200, 202
Bischofsmütze 222, 223
Böhmen 185, 189
Brenner 33, 101
Breslau 207
Bretagne 68
Bruck a. G. 204
Bruck a. d. M. 206
Bukovany 185, 189
Bulgarien 167
Bundschuh/Lungau 65
Burghausen 47, 48
Byzanz 219
Dachstein 198, 199, 223, 224, 225, 227, 233, 234, 236, 237
Dänemark 77
Deutschland 24, 85, 123, 136
Dienten 24, 85, 123, 136
Döllach 79
Dürrnberg 95, 99, 119, 155
Ebensee 212, 213
Elixhausen/Salzburg 152
Erlangen 172
Eschenau/Lend 152
Felbertauern 101, 102
Fichtelgebirge 157
Finkenberg/Zillertal 50
Flattach 175
Frankfurt a. M. 94, 181
Frankreich 122
Friesach 104
Fritzlar 181
Fusch 70, 152
Fuscher Törl 139
Gaisberg 123, 124, 144, 185, 186, 187, 188, 198, 200, 230, 232, 233
Galizien 77, 234, 235
Gastein(ertal) 45, 56, 70, 103, 104, 132, 144, 156, 164, 165, 172, 173, 176, 204, 207, 210
Gerlos 70
Glanegg 204
Gmünd 42, 104
Görz 144, 145, 149
Goldegg 76
Gosau 223
Graz 85
Greifswald 157
Griechenland 221
Grimma/Leipzig 85
Grödig 231, 233
Großarl 70
Großeyting 116
Großglockner 37, 44, 79, 80, 81, 82, 83, 84, 99, 146, 156, 198, 217
Großkirchheim 43
Großvenediger 205, 217
Gurk 80
Hall/Tirol 33, 131, 132
Halle 118
Hallein 25
Hallstatt 223
Harz 136
Heiligenblut 38, 43, 79, 80, 81, 135, 139, 140, 156
Heiligenbluter Tauern 136
Hochkönig 25, 199, 217
Höchst/Mannheim 13, 16
Hoher Göll 141, 145, 146, 147, 148
Hohe Tauern 38, 43, 45, 46, 68, 98, 100, 102, 137, 202, 206
Hüttschlag 45, 70, 152
Immenstadt 116
Innergebirg 19, 200, 201
Innsbruck 33, 206
Innviertel 97
Israel 218
Istrien 69, 144
Italien 9, 16, 36, 89, 122, 151, 158, 183, 215
Julische Alpen 69, 141
Kärnten 37, 42, 65, 76, 100, 111
Kals 44
Karlsbad 33
Karpaten 77, 206
Kasern/Prettau 216
Kassel 85
Katschberg 101, 112, 170, 172
Kempten 116
Klagenfurt 79, 80, 158
Korntauern 67, 98, 100, 104
Krain 69, 99, 144
Krakau 213
Kramsach 195
Kremsmünster 46, 178
Krimml 70
Laibach 45, 66, 68, 141, 158, 166
Landsberg 116
Landshut 182, 183, 184
Laufen 192
Lausitz 150
Lemberg 77
Leoganger Steinberge 217
Leipzig 85, 88
Liezen 207
Lintsching/Lungau 109
Linz 16, 123, 220
Loferer Berge 230
Lombardei 156
London 199
Lungau 42, 47, 65, 71, 76, 97, 109, 144, 151, 156, 170, 177, 178
Mainz 13, 16, 35, 90

Mallnitz 100, 103, 174, 175
Mariapfarr 242
Matrei 102
Mautern/Krems 170
Mauterndorf 55, 68, 95, 104, 111, 112, 152, 160, 242
Meran 216
Misko/Llublin 213
Mittersill 102, 204
Moosham/Lungau 101, 164, 170
München 20, 116, 146, 151, 182, 183, 221, 222, 227
Murwinkel 67
Naßfelder Tauern 103
Nepal 202
Niedere Tauern 119, 236
Nürnberg 16, 77, 118
Padua 131
Palästina 215
Paris 33, 85, 119, 199, 221, 222
Paß Lueg 172
Pasterze 69, 84, 176, 206
Pichl/Mariapfarr 245
Piemont 23
Pinzgau 71, 136, 201, 205
Polen 212
Pongau 71, 136, 151
Prag 16
Preußen 205
Radhausberg 98, 100, 103
Radstadt 56, 111, 151, 155
Radstädter Tauern 55, 57, 58, 63, 64, 65, 67, 94, 95, 101, 116, 144, 151, 158, 159, 170, 171
Ramingstein 65
Ramsau/Dachstein 222, 235
Ranten 161
Rauris(er Tauern) 38, 45, 70, 80, 100, 102, 136, 151
Regensburg 16, 80, 135, 136, 155, 156, 157
Reschenpaß 101
Rigi 47
Rom 101, 219
Ronzina/Görz 149
Rußland 214
Saalfelden 212, 215
Salzburg Land 45, 46, 69, 94, 117, 140, 152, 177, 192, 230
Salzburg Stadt 9, 10, 13, 16, 21, 24, 31, 33, 37, 45, 47, 55, 79, 80, 111, 119, 122, 123, 124, 136, 144, 145, 149, 151, 155, 156, 158, 165, 170, 184, 185, 186, 187, 188, 193, 195, 200, 202, 203, 204, 206, 214, 219, 220, 225, 226, 231
Salzburghofen 158
Salzkammergut 232, 233
Savoyen 23
Schladming 207, 227
Schlesien 212
Schwaz/Tirol 33
Schweiz 19, 23, 24, 36, 100
Seebach/Stmk. 161
Seetal/Lungau 162
Serbien 69
Siezenheim/Salzburg 195
Sizilien 85
Slowenien 166
Spital a. D. 170
Steiermark 76, 161
Steinernes Meer 25, 199, 217
St. Gotthard 36, 100
St. Johann 207
St. Michael/Lungau 111
St. Moritz 100
St. Peter i. H. 170
Stubach-Kalser Tauern 99, 108
Tamsweg 45, 57, 65, 67, 70, 95, 116, 119, 161, 245
Taxenbach 201
Teplitz 189
Teschen/Llublin 212, 215, 218
Thalgau 46
Thüringen 136
Tibet 202
Tirol 74
Trient 131
Triest 158, 166
Triglav 69, 144
Turracher Alpe 66
Tweng 55, 65, 160
Ungarn 136
Unternberg/Lungau 56, 164
Untersberg 19, 20, 21, 22, 23, 34, 136, 139, 144, 151, 155, 156, 167, 196, 199, 201, 203, 220, 231, 233, 234
Untertauern 49, 55, 158
Uppsala 151
Venedig 172, 205, 226
Vesuv 78
Vigaun/Hallein 167
Villach 104, 105, 161, 175
Vorarlberg 206
Wagrain 70
Wals/Salzburg 154
Wattens 135
Watzmann 21, 146, 149, 193, 198, 199
Weimar 181, 183
Weißkirchen/Banat 206
Weiz/Stmk. 234, 235
Westindien 122
Wien 16, 33, 77, 85, 184, 185, 189, 199, 205, 206, 219, 221, 223, 227
Wiener Neustadt 206
Winklern 175
Zederhaus 45, 69
Zell a. See 70, 140, 152, 201, 218
Zell/Zillertal 50, 52, 67, 72, 74, 76, 122
Zillertal 33, 45, 46, 47, 48, 49, 50, 51, 70, 72, 74, 76
Zürich 10, 11, 31, 32